第 2 季

哲学100问

人，诗意地栖居

书杰 著

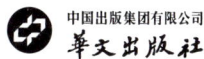
华文出版社

图书在版编目（CIP）数据

哲学100问：人，诗意地栖居 / 书杰著. -- 北京：华文出版社，2019.11（2025.1重印）
ISBN 978-7-5075-5184-6

Ⅰ．①哲… Ⅱ．①书… Ⅲ．①西方哲学－现代哲学 Ⅳ．①B505

中国版本图书馆CIP数据核字(2019)第205488号

哲学100问：人，诗意地栖居

作　　者：	书　杰
责任编辑：	方昊飞
出版发行：	华文出版社
地　　址：	北京市西城区广外大街305号8区2号楼
邮政编码：	100055
网　　址：	http://www.hwcbs.cn
电　　话：	总编室 010-58336239　发行部 010-58336202
	编辑部 010-58336269
经　　销：	新华书店
印　　刷：	三河市航远印刷有限公司
开　　本：	880×1230　1/32
印　　张：	16.5
字　　数：	365千字
版　　次：	2019年11月第1版
印　　次：	2025年1月第12次印刷
标准书号：	ISBN 978-7-5075-5184-6
定　　价：	68.00元

版权所有，侵权必究

自序

人，诗意栖居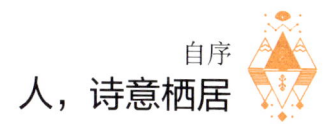

大家好，欢迎来到《哲学100问》第2季——西方现代哲学的篇章。我是书杰，很高兴与大家相遇！

通过对《哲学100问》第1季（古希腊哲学、中世纪基督教哲学、近代理性主义和德国古典哲学）的学习，相信大家对哲学有了全新的认知，哲学并非那么枯燥与晦涩，哲学是美妙的，且和生活息息相关。《哲学100问》第2季将延续第1季的脉络，为大家系统阐述现代西方哲学的相关内容。

现代西方哲学可谓流派众多，精彩纷呈。现代哲学家们以更开阔的视角，探讨更丰富的哲学主题：

叔本华的"痛苦的智慧"；

尼采的"酒神精神"；

克尔凯郭尔的"孤独"；

柏格森的"绵延"；

弗洛伊德的"性本能";

维特根斯坦的"语言游戏";

胡塞尔的"现象学还原";

海德格尔的"诗意栖居";

萨特的"存在先于本质";

加缪的"对抗荒谬";

马克思的"人的解放";

……

这些鲜活的哲学命题都围绕着"人的话题"——人的情感、欲望、语言、存在以及人类的政治和现代文明而展开。

《哲学100问》第2季的内容分为七个篇章：生命的本能、功利与实用、分析的时代、现象学魔力、存在与真理、自由与荒谬以及人的幸福与解放。

我们将系统学习非理性主义、功利主义、实用主义、分析哲学、现象学、存在主义和马克思主义等哲学流派的思想精髓。

"人，诗意地栖居"是德国著名诗人荷尔德林的诗句。后来海德格尔对其进行哲学阐发，"人，诗意地栖居于大地上"，成为海德格尔倡导的生活方式。我认为将这句话作为《哲学100问》第2季的主题，最合适不过了。

学习哲学，能让我们以诗意的姿态应对人生的种种境遇：在大喜和大悲面前泰然处之，在得到和失去之间灵活变通，在相聚和别离间自在洒脱。希望大家通过对哲学的研习，通达悠然自得、宁静致远的诗性人生。

接下来，让我们开启这段美妙的现代西方哲学之旅！

目录 contents

第一篇章 生命的本能

01 叔本华：为什么人生如此痛苦　003

02 叔本华：作为意志和表象的世界　007

03 叔本华：如何摆脱人生的痛苦　011

04 叔本华：禁欲能让人获得永恒宁静吗　014

05 尼采：一部鲜活的生命赞歌　020

06 尼采：悲剧是如何诞生的　025

07 尼采：极力痛斥苏格拉底主义　031

08 尼采：强力意志　037

09 尼采：重估一切价值　040

10 尼采：上帝死了　044

11 尼采：凡杀不死我的，都使我强大　048

12 尼采：精神三变——骆驼、狮子和孩子　051

13 尼采：不辜负这仅有一次的生命　057

14 克尔凯郭尔：孤独的个体　061

15 克尔凯郭尔：人生道路的三个阶段　065

16 柏格森：绵延　069

17 柏格森：直觉　073

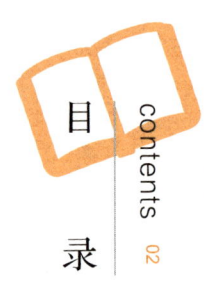

目录

18 弗洛伊德：精神分析学的鼻祖　　075

19 弗洛伊德：无意识世界　　078

20 弗洛伊德：性本能　　082

21 弗洛伊德：本我、自我和超我　　086

22 弗洛伊德：文明与本能　　090

小结：生命的本能　　094

第二篇章　功利与实用

01 边沁：什么是功利主义　　104

02 边沁：从"电车难题"到最大幸福原则　　107

03 密尔：对功利主义的新说明　　111

04 密尔：快乐越多越好，还是越优越好　　114

05 皮尔士：实用主义的开创者　　117

06 皮尔士：确定信念的四个方法　　121

07 詹姆士：哲学家的气质和彻底的经验主义　　125

08 詹姆士：真理的"有用性"　　129

09 杜威：对传统哲学的改造　　132

10 杜威：经验自然主义与思想探究五步法　　136

11 杜威：真理是行动的指南　　140

小结：功利主义与实用主义　　142

目录

第三篇章　分析的时代

01　什么是分析哲学　　152

02　一场哲学的危机　　155

03　一次重大的转向：语言的转向　　158

04　弗雷格：分析哲学之父　　162

05　弗雷格：含义与指称（上）　　166

06　弗雷格：含义与指称（下）　　170

07　罗素：生命中的三种激情　　173

08　罗素：外在关系说　　177

09　罗素：逻辑原子主义　　181

10　罗素悖论　　187

11　罗素：金山是否存在、当今法国国王是否是秃子　　193

12　维特根斯坦：告诉他们，我度过了极好的一生　　200

13　维特根斯坦：可说的与不可说的　　209

14　维特根斯坦：把可说的说清楚，对不可说的保持沉默　　213

15　维特根斯坦：语言是关于世界的图式　　217

16　维特根斯坦：语言和世界的逻辑结构　　221

17　维特根斯坦：对传统哲学问题的解决　　229

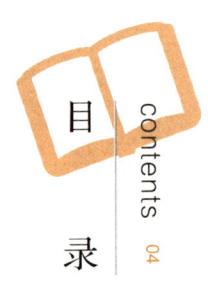

目录

18 维特根斯坦：神秘的不可说之物　234

19 维特根斯坦：日常语言的回归　237

20 维特根斯坦：对"奥古斯丁语言图画"的质疑　241

21 维特根斯坦：语言活动是一场游戏　247

22 维特根斯坦：反本质主义的"家族相似性"　251

23 维特根斯坦：遵守规则的悖论　255

24 维特根斯坦：不存在私人语言　259

小结：分析哲学　264

第四篇章　现象学魔力

01 胡塞尔：批判"自然的思维态度"　274

02 胡塞尔：回到事情本身　279

03 胡塞尔：中止判断，拨云见日　284

04 胡塞尔：本质还原　288

05 胡塞尔：先验还原　293

06 胡塞尔：意向性　298

07 胡塞尔：内在的超越　302

08 胡塞尔：欧洲科学的危机　308

09 胡塞尔：向生活世界回归　312

小结：胡塞尔的现象学　315

第五篇章 存在与真理

01 海德格尔：一个时代的新路标　325

02 海德格尔：对存在的遗忘
　　——关于存在与存在者　332

03 海德格尔：对现象学方法的继承和超越　337

04 海德格尔：面向未来的"此在"　340

05 海德格尔：在世——在世界之中存在　344

06 海德格尔：牵挂、牵念和牵心　348

07 海德格尔：沉沦　353

08 海德格尔：不能承受的生存重负　358

09 海德格尔：畏与死亡　363

10 海德格尔：真理的本质　368

11 海德格尔：艺术作品的本源　373

12 海德格尔：危险！现代技术！　379

小结：海德格尔的存在主义　386

目录

第六篇章 自由与荒谬

01 萨特：时代的良心　398

02 萨特：从"反思前的意识"出发　404

03 萨特：自在和自为　408

04 萨特：存在先于本质　413

05 萨特：人是绝对自由的吗　417

06 加缪：遭遇荒谬　421

07 加缪：反抗荒谬　425

小结：法国存在主义　430

第七篇章 人的幸福与解放

01 马克思：一位熟悉的陌生人　438

02 马克思：解释世界，更在于改变世界　449

03 马克思：资本主义的经济秘密　453

04 马克思：经济危机是如何爆发的　462

05 马克思：为什么工作让你不快乐　466

06 马克思：历史唯物主义的总逻辑　471

07 马克思：现实的人　476

08 马克思：生活决定意识　480

目录

09　马克思：共产主义的原貌　　484

10　马克思：人的解放与复归　　489

小结：马克思的学说　　496

参考书目　　503

后　记　　509

第一篇章

生命的本能

18—19世纪的欧洲，弥漫着强烈的理性气息。黑格尔恢宏的"绝对精神"将传统形而上学推向顶点，在这个无所不包的体系里，传统哲学的终极关怀精神得到完美诠释。但现实却具有浓烈的讽刺意味——黑格尔去世后，他的哲学体系很快崩溃，传统形而上学日薄西山，哲学家们纷纷开始探索新的领域。西方哲学从近代走向了现代，哲学的发展也呈现百花齐放的态势。众多流派纷纷涌现，为现代哲学的发展书写了绚丽篇章。

传统哲学以理性为武器，但过分强调理性必然会导致一种极端——人最终也会被理性支配。实际上，人的非理性因素，即情感、欲望、身体的本能冲动以及奋发向上的激情等，都不是能通过理性的逻辑推导得出的。于是在黑格尔体系崩塌后，一股非理性主义思潮迸发而出。此后，哲学家们的论说有了更多的生命意识。

本篇章概览

哲学家

叔本华 | 尼采 | 克尔凯郭尔 | 柏格森 | 弗洛伊德

本篇章流派

非理性主义 | 生命哲学 | 精神分析理论

本篇章话题

⊙ 痛苦与欲望　　⊙ 生命的激情

⊙ 超人哲学　　　⊙ 孤独的个体

⊙ 时间绵延　　　⊙ 性本能

⊙ 文明

01 叔本华：
为什么人生如此痛苦

> 生命是一团欲望。欲望不能满足就会痛苦，满足了就会无聊。人生，就像是钟摆，在痛苦和无聊之间摇摆。

这是 19 世纪著名哲学家叔本华的一句名言，它道出了叔本华悲观主义的人生态度：人生是一趟痛苦与无聊的旅行，没有快乐和幸福可言。世间的一切都被蒙上了一层灰色的面纱。人存于世，注定要遭受无尽的苦难。

亚瑟·叔本华（Arthur Schopenhauer，1788—1860 年）德国著名哲学家，开创了非理性主义哲学的先河，是唯意志论的创始人和主要代表之一，认为生命意志是主宰世界运行的力量。

不同于以往的哲学家,叔本华第一次将人的"非理性因素"纳入哲学范畴,去讨论人生和生命的话题。接下来,让我们一同走进叔本华的世界,去认识这位非理性主义的奠基者。

绝望的叔本华

1788年,叔本华出生在一个富商家庭,父亲是一位精明能干的商人,母亲是当地小有名气的小说家。不幸的是,父亲在他年少时便意外去世,这给处在人生十字路口的叔本华以巨大打击。叔本华与母亲的关系极其不好,他很看不惯母亲的言行,两个人经常吵架,这成为叔本华后来一直厌恶女性的原因之一。

在这样的家庭环境中长大,叔本华没有感受到来自外界的更多关怀,父亲在世时也常常表现得很沮丧,所以叔本华的性格也变得敏感多疑。他缺乏安全感、缺乏人世间的爱,他总是郁郁寡欢、吝啬而且自私。他蔑视妇女,很难与常人相处。生活对于叔本华而言是沉重的,也正是这实实在在的人生体验成为他理论的巨大源泉。

叔本华生活在一个动荡不安的年代,欧洲的战乱使人们在恐慌中艰难度日。法国大革命失败后,死神成了战争的唯一胜利者。封建王朝开始不断复辟,欧洲的境况跌入低谷,整个欧洲的灵气仿佛一下子消失了。面对满目疮痍的世界,叔本华感到了深深的绝望。

理想的破灭让人们走上了一条复兴之路——一切都要从头开始。历史的大环境和叔本华生长的小环境加在一起,使他形成了自己独特的悲观主义哲学观。

1818年，叔本华完成著作《作为意志和表象的世界》。在充满美感的文字中，叔本华表达出了对于世界的表象和意志的认识，对于痛苦以及怎样摆脱痛苦的各种主张。

人生如此痛苦

叔本华认为：人生的本质便是痛苦。这时你可能要问，叔本华是不是太过悲观了？在我们大多数人看来，痛苦只是短暂的，人生大部分时间还是充满幸福和愉悦之感的，为什么叔本华把痛苦描述得如此绝对和极端呢？

是的，叔本华提出的正是悲观主义的人生观：人生就是苦难，世界就是地狱。在他看来，人之所以承受痛苦的折磨，是因为欲望使然。人的欲望是痛苦的根源。人又是千百种欲望的综合体，所以人总是不自觉地受到痛苦的折磨。

如果人的各种欲望得不到满足，人就会陷入求之不得的痛苦中；当人们采取行动去满足自己的欲望时，人与人之间便会产生各种利益纠纷，人的主体感受也不再美好，沮丧之情油然而生；当人的欲望得到满足后，人便会陷入无聊和疲惫中，此时一个新的、更大的欲望又会产生，人又要投入对新欲望的追逐中，从而不断填补新的不同的欲望。

所以，无论人处于何种状态，人总能感受到痛苦。或许每个人都曾有过这样的体验：你对某一样东西极度渴求会让你陷入痛苦，但当你得到后又会感到空虚和无聊，此时又会产生新的欲望，从而再次陷入痛苦中。

叔本华与佛教思想

叔本华的悲观主义人生观和东方佛教思想有着相似之处。佛教倡导"苦海无边，回头是岸"，而叔本华则把人生比喻为一场悲剧。中国人在读叔本华时总是会产生某种共鸣，因为叔本华的哲学和东方哲学有着某种共通性，即对"道"（生命至深的体悟）的阐述。

人生，是一场痛苦的旅行。人有欲望就会产生痛苦，欲望得到满足后又会产生新的欲望，从而再次陷入新的痛苦中。欲望是无限的，而欲望的满足是有限的。如此循环往复，人总是处于痛苦之中。

如果再深入探究，人的欲望究竟是什么？欲望的基础和欲望的本质又是什么？这里是不是有一股劲儿，一直推动着人们产生各种欲望呢？要解答这些问题，我们便要从叔本华对世界的两个划分讲起。

02 叔本华：作为意志和表象的世界

1818 年，叔本华完成了著作《作为意志和表象的世界》。在书中，叔本华把世界划分为两个世界：一个是作为意志的世界，一个是作为表象的世界。但归根到底，这其实就是一个世界，只不过是一个世界的两种表现形式。世界既表现为意志，也表现为表象。这是叔本华的理论出发点。

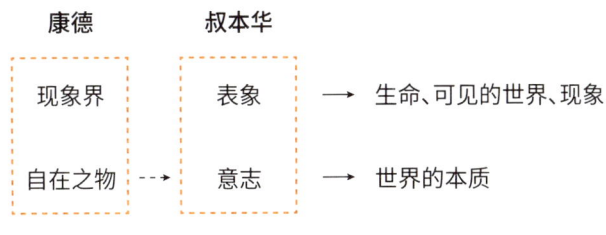

●○● 叔本华与康德理论比较

叔本华深受康德哲学的影响，康德哲学也是叔本华哲学的理论来源之一。在第 1 季中，我们详细介绍了康德对世界的两个划分：一个是现象界，一个是"自在之物"。现象界，是我们通过感官感受到的世界，现象世界的背后是不可知的"自在之物"。叔本华吸收了康德哲学的部分观点并做出了改进,他把康德没有"说"出来的"自在之物"给"说"了出来。

叔本华认为,世界是作为表象而存在的,表象的背后有一个更为根本的东西在起作用,那就是——"意志"。叔本华所谓的"意志"就是康德所说的"自在之物"。

世界是我的表象

《作为意志和表象的世界》开篇指出:"世界是我的表象"[①]。

这句话的意思是,客观世界是作为现象对我们的呈现,客观世界就是它向我们表象出来的样子。我们看到的太阳、山川与河流,感知到自然的四季交替,这些都是作为现象呈现在我们面前的。现象和主体之间具有某种关联性——人只能通过自己的眼睛去看世界,通过手去触摸世界。世界呈现出来的模样与人主体的视觉系统、触觉系统有关,这一点在康德那里已经有所提及。

但叔本华的探索又往前走了一步。他提出,现象的背后其实还有一个更为本质的东西——"意志",一切现象都是从"意志"生发而来的。现象界的万事万物都是意志的客观化的展现罢了。这就是叔本华最为著名的意志本原论(唯意志论)。

---

① [德]叔本华.作为意志和表象的世界[M].石冲白,译.北京:商务印书馆,1982:25.

意志：现象界发展的原动力

如何理解"意志"？

我们生活中常听人说"人要有坚强的意志"，这里的"意志"指的是人的一种心理状态。但叔本华说的"意志"并非我们常识中理解的意志，而是指推动现象界发展的原动力。

比如"水往低处流""树上的果子熟了会掉落在地上"，这两个现象背后是不是有一股力量驱使着"水总是流向低处""果子总是要落在地上"？这股力量就是"意志"。当然，这并不是从科学角度进行的解释，只是叔本华从哲学的角度去做的阐释。

现象界的万事万物都是意志的外化体现，不同的事物有不同的体现方式，所以世界才千姿百态。

人的各种行为的背后，也有着一股意志的力量在驱使行为本身。比如，人们找对象、恋爱、结婚生子等行为的背后，是"生殖意志"在起作用，正是这股力量驱使着人们采取这样的行为。

意志的本质是求生存

既然意志是现象背后的本原动力，那是不是说意志是一种有目的性（一定要达成什么，得到什么）的意志呢？不是的。

在叔本华看来：意志是盲目的、无意识的。用一个不太恰当的比喻，意志就像无头苍蝇一般没有方向地乱撞，且意志自身总有源源不断的动力。

意志表现为盲目的冲动和不可遏制的欲望，意志的本质是求得生存。人们饿了会寻找食物，以满足食欲获得生存；人有了性的欲望就要寻找伴侣，这个行为的背后是传宗接代的生存意志在起作用；在自然界中，水和阳光促使植物生长，动物则通过自己锋利的爪牙捕捉食物求得生存。

无论是在人类世界还是在自然界，一切现象都可看作求生存意志的外化体现。

总体来说，叔本华的"意志本原论"是他独到的理论洞见。"意志本原论"并非从逻辑推理、论证中得出，因此叔本华也被视为"非理性主义的开山鼻祖"。

03 叔本华：
如何摆脱人生的痛苦

世界和人的本质是意志，而意志意味着欲望的无限生成，人总是在满足欲望和产生欲望之间徘徊，必定痛苦不堪。这便是叔本华悲观主义人生观的内在哲学原理。

那么，人该如何摆脱人生的痛苦呢？

叔本华提出了两种摆脱人生痛苦的方式：一个是进行艺术的审美活动；另一个是实行彻底的禁欲主义，断绝对世界的迷恋以获得"寂灭中的极乐"和"不可动摇的安宁"。

艺术的审美活动

我们听一首音乐、看一场话剧、欣赏一幅名画，这些都是艺术的审美活动。当贝多芬的《命运交响曲》响起时，我们仿佛听到了命运的敲门声，一种无以名状的压迫感足以让我们感到窒息。我们也会因为话剧中的人物情节而落泪，也会因为读了一首诗或者看了一幅画而感慨万千。

当我们沉浸在艺术作品中，会和作品本身产生某种联结，从而产生各种情绪体验。这时我们不禁要问，为什么艺术的审美过程，会让我们产生如此不同的感受呢？

人生的喜怒哀乐、大自然的生存法则、宇宙的奥妙都在艺术作品中以不同形式展现：有些是通过音乐呈现出的情绪抒发，有些是通过戏剧演绎的悲喜命运，有些是通过诗歌韵律表达出的生命赞颂，有些是通过绘画技艺描绘的美好蓝图。

所有的艺术作品，最终要表达的都是人生的喜怒哀乐；所有的艺术作品，都是大自然的呈现。

所以当我们进行艺术的审美活动时，大自然的丰富多彩、人生的曼妙仿佛一下子就展现在了我们眼前。我们走进电影院、音乐会，走进能把我们从现实中剥离出的艺术世界，那一刻，我们似乎摆脱了现实世界的纷纷扰扰。一切因欲望产生的困苦、压力、情欲、恐惧和忧虑，在这种奇妙方式下都将烟消云散。

我们沉浸于艺术的极乐世界里——天人合一，物我相忘。这就是艺术的审美活动带给人的宁静和喜悦。

在这个过程中，我们摆脱了平日里痛苦挣扎的欲望，摆脱了被欲望裹挟前行的困境，说到底是我们跳出了欲望对自身的摆布。我们以一个冷静的旁观者的姿态去观察自己和欲望的关系，以一种审美的、不带任何感情色彩的态度去观照自身。于是，我们忘了自我、忘了欲望、忘了烦恼，从而进入另一个没有欲求、没有差别、没有伤害的世界，进而获得喜悦之情和解脱之感。

音乐是意志的直接写照。在所有的艺术形式中，叔本华特别强

调音乐艺术的重要性。在《作为意志和表象的世界》中,叔本华说:

> 音乐不同于其他艺术,决不是理念的写照,而是意志自身的写照,尽管这理念也是意志的客体性。①

这句话的意思是,音乐艺术无须通过表象为媒介,能够直接对人产生影响。我们知道,绘画艺术需要有一幅画作为媒介,小说作品需要有书籍或纸张作为媒介。但音乐不同,音乐旋律自然流淌而来,是能够被我们的听觉直接感受到的。音乐的运动、挣扎,其实就是我们意志本身的运动和挣扎②。

艺术:短暂的解脱

艺术的审美活动是摆脱人生痛苦的唯一且根本性的方法吗?并不是。艺术活动,只能使人获得短暂的解脱。

音乐会是要散场的,电影也是要落幕的,人们一旦从艺术的世界中走出,重新回到现实世界,欲望又会不断扑面而来。人们的注意力又将聚焦于生活的琐事上,人便又痛苦起来。

那么,有没有一种彻底摆脱人生痛苦的方法呢?

---

① [德]叔本华.作为意志和表象的世界[M].石冲白,译.北京:商务印书馆,1982:357.
② 叔本华对音乐的见解深深地影响了瓦格纳和尼采,尼采的著作《悲剧的诞生》最初的题目就叫《悲剧从音乐精神中诞生》。

04
叔本华：
禁欲能让人获得永恒宁静吗

人要彻底摆脱痛苦，就要从根源处解决问题。人生痛苦的根源在于欲望和生命意志的无限冲动。人们之所以被欲望裹挟前行，是因为人们承认了欲望，并对生命意志表示认同和肯定，之后又不断感受到欲望带来的痛苦。

因此，解决办法就是对意志本身进行彻底否定，禁止一切欲望，断绝对世界的任何迷恋。唯有如此才可进入无我之境，达到超然状态，从而获得人生永恒的宁静与解脱，实现人生的涅槃。

无欲，是人生最后的目的

我们大多数人都对"放不下"有过很深的体会。放不下这个，放不下那个，在患得患失中，迷失自己。我们要赚更多的钱、要买更大的房子、要考更高的分数、要升职……人生路漫漫，何时是个头？欲望何时才能得到最终的满足？

在叔本华看来，欲望永远得不到满足，这是生命意志的自然本性使然。肯定生命意志，就意味着人要受到生命意志和无限欲望带来的煎熬。

该如何摆脱这生生世世的烦恼？叔本华的答案是彻底否定生命意志，彻底禁欲，不再对世间的花花草草有丝毫迷恋。叔本华说："无欲，是人生的最后目的"。

无欲，是一切美德和神圣性的最内在本质，也是人从尘世得到解脱的途径。这有点像佛教里说的涅槃境界——意志的寂灭：向这个世界屈服，把自我欲望和意志降至最低点，以最为卑微的姿态面对这个世界。

彻底否定生命意志，是一种对人生的绝望态度。当你不再有任何希望，也就不再有任何痛苦。那些撩动你人生的骚乱，还有灯红酒绿的花花世界，在你眼中不过是过眼云烟。

你或许会说，如果真是这样，那就选择死亡吧！一死了之，一了百了，不再留恋世间的一切。但叔本华认为，死亡并不是对生命意志的否定，而是对生命意志的肯定。因为生、老、病、死都是世间的常态，生生死死也都是意志演化的结果。在叔本华看来，自杀并不是否定意志，恰恰是肯定了生命意志。况且，自杀也不能成为我们人生的指南。

既然死亡不是明智选择，人存于世，该如何做到彻底否定生命的意志，从而彻底摆脱痛苦呢？叔本华认为，有如下三个步骤。

一是彻底禁止性欲。

叔本华说：

> 两性关系是一切行为举止的中心，它虽然不可见，被重重遮掩，却处处显示自己的力量。它是战争的根源、和平的末日……它像一个竭尽全力登上祖传宝座、一统天下的世袭君主，我们时时刻刻都能看到它居高临下，带着讥讽和轻蔑俯看着人类的低劣行径……

在叔本华看来，性欲是生命意志最坚决的表现。一方面，性欲的不断膨胀让人处在不断寻找性欲对象的状态里，身体的饥渴也会让自身处于痛苦中；另一方面，即使性欲的满足能让人获得短暂的身体快感，但这也带来了一种不可避免的结果：生殖活动。新生命的诞生也意味着这个新生命即将开启一趟新的痛苦旅程。

所以叔本华对"性欲"嗤之以鼻，他认为只有彻底地戒除淫欲，才能做到对生命意志的否定。

二是甘愿受苦。

痛苦是个净化炉，人只有在痛苦的炉火中不断经受煎熬，体验到绝望之后才会转向对内心世界的关照，重新认识自己与世界的关系。"甘愿受苦"就意味着不去抗拒自己经历的痛苦，当痛苦来袭时不要反抗，去享受痛苦的过程，去体验生命的绝望之感。

当有人对自己做了不义之事，欣然接受别人的不仁不义，接受自己遭受的任何损失；当有人对自己傲慢无礼时，欣然接受，把这当成磨炼自己的方式。这里分享特蕾莎修女的一首诗：

人们常常不讲道理，不讲逻辑，自以为是；

无论怎样，原谅他们。

如果你心地善良，人们可能会指责你别有用心；

无论怎样，要心地善良。

如果你成功了，你会赢得一些虚假的朋友和一些真正的敌人；

无论怎样，要争取成功。

如果你诚实坦率，人们可能会欺骗你；

无论怎样要诚实坦率。

你数年苦心营造的东西，可能会毁于一旦；

无论怎样，要努力营造。

如果你找到祥和与幸福，他人可能会嫉妒你；

无论怎样，要享受幸福。

你今天去做好事，人们往往明天就会忘记；

无论怎样，应去行善积德。

献给世界你最好的一切，也许永远都不够；

无论怎样，去献给世界你最好的一切。

——特蕾莎《无论怎样》

特蕾莎修女的这首诗和叔本华想要表达的是同一意思，无论这个世界怎样不堪，无论外界对自己有着怎样的伤害，我们都要甘愿承受这份伤害并以德报怨，如此才能做到"意志的寂灭"。

三是物我相忘的人生涅槃。

当我们断绝了一切欲望，断绝了对世界的任何迷恋，通过承受痛苦来抑制、降低甚至泯灭意志，最后达到的便是一种真正的超脱——物我两相忘之境，即自己和世界真正融合在一起了。

你的喜悦和忧伤，也是大自然和世界的喜悦和忧伤；你的得到和失去，也是大自然和世界的得到和失去。当你和世界融为一体，当你身处无我之境，便能体会到清心寡欲带来的不可动摇的安宁。尘世间的一切，不过尔尔。一切都将烟消云散，一切都将走向寂灭，如此这般，人生还有什么值得去争、去抢呢？

人生到此，恍然间大彻大悟。于是，你挣脱了欲望的束缚，你不再是欲望的奴隶，成为欲望的主人。

叔本华提倡的意境类似佛教中的涅槃境界。人的贪、嗔、痴、怨会产生人生的烦恼，而消除生死的根本烦恼，就是通过戒、定、慧，达到四大皆空的状态，从而获得一种欲望寂灭的永恒安宁。

极度的悲观主义

叔本华为我们营造的人生状态实在太悲痛了：这个世界貌似不再有什么乐趣，一切都是不幸的。快乐稍纵即逝，痛苦才是人生的永恒状态。人一直被一股盲目的力量推动，只有认识到这股力量的本质，才能真正获得解脱。

我想到了《论语》里的一句话："三十而立，四十而不惑，五十而知天命，六十而耳顺，七十而从心所欲，不逾矩。"人越年轻，就越容易被欲望裹挟，年轻人无法摆脱这股意志的自然力量。而年龄大了，人就会看开很多事情，逐渐摆脱欲望的枷锁。到了老年，人是最自由的，因为那时看清了欲望的本质，跳出了欲望对人的控制——从心所欲，不逾矩。

这就是叔本华——一个极度悲观的非理性主义者。

此时，你也许会陷入深深的疑惑：既然人生处处是艰难和痛苦，那我们生活的意义是什么呢？身处这个物欲横流、急功近利的社会，我们有时很需要叔本华的这种克制精神，但也不能完全否定欲望的积极意义。生命丰富多彩，我们还是要放眼于世界的美好，适当的欲望可以帮助我们更好地成就自我。当然，我们理解叔本华，但也未必全盘接受。

在面对人生的困境层面，叔本华是极度悲观的，而另一位伟大的哲学家则和叔本华形成了鲜明的对比，他宣扬的是一种强有力的强力意志——面对困难、面对人生，要大胆地挑战自我，大胆地去和命运抗争。

这个人就是——尼采。

05 尼采：
一部鲜活的生命赞歌

他是西方哲学史上的一个疯狂人物。

他的一生坎坷不幸；

他孱弱的身体，爆发出惊人的能量；

他充满激情，豪气冲天；

他口出狂言，与时代抗衡。

他宣扬"上帝死了"；

他反对传统理性，奚落一切美德；

他用诗和箴言"重估一切价值"；

他的哲学没有晦涩的术语，

却处处充满神奇的想象力。

奔腾不息的酒神狄奥尼索斯，

具有超人品质的查拉图斯特拉，

权力意志和永恒轮回……

这些命题都是他对生命价值的诠释，

也是他对生命意义的追寻。

他的哲学就是一部鲜活的生命赞歌!
他要告诉世人:人生,就是一场战斗!
人要挑战自我、冲破束缚,
人要向命运进击,要创造奇迹!
无论怎样,要勇敢地成为你自己!
这个人就是——尼采!

探寻生命的意义

尼采的哲学蕴含多维度的主题——酒神精神、强力意志、"重估一切价值"、"上帝已死"、"超人哲学"……这些丰富的命题都在解决一个根本问题——探寻生命的意义。如何让生命更有意义?如何才能活出真正的自我……带着这些问题,尼采开启了他的哲学之路,"为感性生命正名"也是贯穿他一生的工作目标之一。

弗里德里希·威廉·尼采(Friedrich Wilhelm Nietzsche,1844—1900年)。德国人,哲学家、语言学家、文化评论家、诗人。被认为是西方现代哲学的开创者,他的著作对宗教、道德、现代文化以及科学等提出了广泛的批判和讨论。

尼采认为，正是传统形而上学和理性主义对人们思维的禁锢，才使得人们精神颓废；而基督教更是与生命相敌对的伦理道德，基督教倡导的宽恕、仁慈和怜悯，使人们丧失了生命的活力。因此尼采要对它们全盘颠覆，他不认为理性主义、基督教道德和科学能成为人类拯救自身的武器，他认为这些都是削弱人的生命活力的逆生命之流。

于是，他极力宣扬肯定生命价值的酒神精神，他发出"上帝死了"的呐喊，他提出奋进的"权力意志"，他开创"超人哲学"……他热爱生命，并通过哲学论说给予"生命的意义"不同解答。

接下来，我们将围绕"探寻生命意义"这个总话题，通过不同哲学维度来展现一个立体、丰满、鲜活且让人振奋的尼采。

一个疯狂的舞者

1844年，尼采出生在普鲁士的一个虔诚的基督教家庭。5岁时，他的父亲因意外而去世，这给尼采的童年蒙上了一层阴影。6岁时，他的弟弟又夭折了。或许是因为过早经历了人生的生死场景，尼采在10岁时开始作曲、写诗，内容大都是关于生命、幸福的主题，一个单薄的少年已开始酝酿着深刻的思想。

在母亲和姑母的抚养下，尼采长大成人。年轻的尼采进入波恩大学学习，他深受导师里奇尔教授的赏识，尼采在古典语言学方面有着过人的才华。正因此，他跟随里奇尔教授从波恩大学转到莱比锡大学。在研究古希腊文献的时候，尼采读到了泰奥格尼斯、第欧根尼和德谟克利特这三位先哲的作品，大大激发了他对哲学的兴趣。他发现，自己对哲学的兴趣远远超过对语言学的兴趣。于是，尼采开始在哲学领域摸索，并逐渐形成自己的思想。

在这个过程中，有一个人——叔本华真正点燃了尼采的哲学热情。在叔本华去世后的第五年，尼采在书店的一个角落看到了落满尘土的《作为意志和表象的世界》，他随手一翻，便深深喜欢上了这本书。叔本华对世界本质的探索，为尼采打开了一扇门，尼采被眼前的这幅恢宏的画面深深震撼，他仿佛跨入了另一个他苦苦追寻的世界。就这样，尼采踏入了哲学大门。

在人生意义的问题上，叔本华所持的悲观态度，让青年时期本有一些抑郁的尼采深受触动。但尼采不认同"人生如此悲痛，生命如此无意义"的论断，他在继承叔本华哲学的基础上，又提出了截然不同的人生哲学。他将叔本华的生命意志发展为权力意志（强力意志）理论，他对生命的意义持积极的肯定态度——不能被悲痛的命运打倒，要和命运进行抗争。

1872年，28岁的尼采发表了他的第一部作品《悲剧的诞生》，这标志着尼采正式踏上哲学旅程。这部作品集叔本华哲学和瓦格纳音乐于一体，对古希腊艺术做了全新阐释，可谓尼采思想的萌芽。其中"酒神精神"是这部著作要宣扬的核心思想。

当时，身为巴塞尔大学教授的尼采并没有因《悲剧的诞生》而走红，因为这部著作有着强烈的反理性倾向，这恰恰刺激到了当时学术界的神经，学术界的大佬们妄图封杀尼采。但尼采绝不屈服，越挫越勇，接连不断地发出愤怒的吼声。

尼采的思想是震颤人心的，但他的身体却每况愈下。1879年，尼采因身体原因退出大学讲坛,开始了 10 年的漂泊生涯。在欧洲,为了找到最佳的环境来康复身体,他要不断更换居住地,还要忍受失眠、偏头痛和消化不良等疾病带来的痛苦。或许正是这样的病痛之感,给了尼采源源不断的创作动力。人在疼痛中,往往会爆发出惊人的力量,尼采就是这样。《查拉图斯特拉如是说》《善恶的彼岸》《道德的谱系》《偶像的黄昏》等富有价值的作品,都是在这个阶段完成的。

尼采犹如一个疯狂的舞者,他宣扬的思想铿锵有力,对传统的一切嗤之以鼻。但在当时,并没有多少人能够理解尼采,大家把他看作一个疯子,他也如同一个孤独的行者。

尼采是孤独的,他害怕孤独,也渴望孤独。但正是这种对生命的焦渴状态点燃了他对生命的热情。

尼采说:

> 要真正体验生命,你必须站在生命之上!
> 为此要学会向高处攀登,为此要学会——俯视下方!

06 尼采:悲剧是如何诞生的

1872年,尼采的第一部作品《悲剧的诞生》出版问世。这部作品极富文采和哲思,融入了尼采对古典文献和音乐的热爱之情,但它也是一部离经叛道之作。

当时,28岁的尼采还在巴塞尔大学任古典语言学教授。那时的学术界还比较保守,教授们怎么能容忍尼采对社会一直崇尚的理性文化大肆批判呢?《悲剧的诞生》非但没给尼采带来多少正面影响,反而使他遭到同行排挤。

《悲剧的诞生》这本书的内容,我们可简单概括为三个大问题:悲剧的诞生、悲剧的消亡和悲剧艺术的重生。

日神与酒神

在《悲剧的诞生》中,尼采借用了古希腊神话中的两大神——

●○○ **日神阿波罗**

酒神和日神，来阐述"古希腊悲剧艺术如何诞生"的内在原理。[1]

日神：素朴的壮丽

在古希腊神话中，日神阿波罗（天帝宙斯和女神勒托之子）被视为光明之神和太阳之神。阿波罗掌管光明与青春、音乐与诗歌，被尼采用作造型艺术的象征。

日神最大的特点是以深沉而静穆的形象出现，他和平而安逸、克制而理性。当希腊人面对严肃、忧虑而悲戚的景象时，面对命运的捉弄、突如其来的压抑和焦虑的等待时，日神泰然处之，依靠自身的权力支配着人"内心幻想世界的美丽外观"，创造一个美丽的梦境，教人忘却"醒"着的时候要面对真实世界的烦扰和纠缠，给人以活下去的希望和勇气。

日神努力营造的是素朴的壮丽之感与恬淡安宁的氛围。[2]

正如尼采所说，日神只承认一个法则——对个人界限的遵守，也就是希腊人所说的适度。"适度"有点类似于中国的"中庸之道"。日神拥有哲人般的冷静，通过营造美的外观使人获得平静的美感。而酒神则完全不同。

---

[1] 尼采年轻时以研究古希腊文学起家，他对古典语言学有着浓厚的兴趣，也非常热爱古希腊文化。《悲剧的诞生》中说到的悲剧艺术，正是古希腊时期的悲剧艺术。"俄狄浦斯杀父娶母"的故事，就是一个典型的古希腊悲剧。

[2] 这里要强调一点，日神仍然表征着非理性的冲动，他并不是理性的代表，只是在自然的冲动中，日神表现出了一种冷静的态度而已。

酒神：强劲的生命冲动

在古希腊神话中，酒神狄奥尼索斯（宙斯与忒拜国公主塞墨勒之子）是掌管农产与植物的自然神，也是葡萄酒酿制的发明家。狄奥尼索斯流浪于希腊各地，广泛传播葡萄种植和酿酒技术，被人们视为葡萄酒业的保护神。每年秋天葡萄丰收时，民间会举办各种仪式，感谢酒神赐予人间美食与美酒。

●○● **酒神狄奥尼索斯**

与日神截然相反，酒神狄奥尼索斯象征着强劲的生命冲动——要打破一切秩序，在忘我和纵情中挣脱现世的重重束缚，尽情享受永恒的生命狂欢。

酒使人的身体沉浸于醉态，人因此陷入恍惚之境，眼前的一切飘飘然，整个身体也会随之舞动。在酒的作用下，人具有了更大的勇气、更强烈的冲动，升腾出充满幸福的狂喜，迸发出对生命的冒险力量。

这便是酒神精神——打破一切限制，打破日神营造的静穆之感和素朴的壮丽，打破过往的清规戒律，将身体的感受置于首要位置，在醉生梦死般的极乐情境下，忘掉命运女神的恐怖面纱，与大自然尽情嬉戏玩耍，彻底释放人性中的原始本能。

在酒神节上，人心中那头最凶猛的野兽挣脱了缰绳。人们的身

●○● **古希腊酒神节**

体开始解放,当歌乱舞、烂醉如泥,癫狂地放纵性欲、实施暴行。人们就像喝下了妖女的淫药,一次次冲破庄严的规矩。哪怕违背了基本的伦理道德,酒神狄奥尼索斯也要向世界大声疾呼。

当人的"个体化原理"崩溃,人们开始撕毁美的外观下的虚假面具,向世界的本质回归,投向最原始的大自然的怀抱。这时,人的情欲、人的身体、人的本能好似冲破了本有的界限,汹涌澎湃般走向生命最本真的状态。

此时,人的个体生命成为与世界生命融为一体的新生命。如尼采所说:

● ● **古希腊酒神节的狂欢**

在酒神的魔力之下,不但人与人重新团结了,而且疏远、敌对、被奴役的大自然也重新庆祝她同她的浪子人类和解的节日……在世界大同的福音中,每个人感到自己同邻人团结、和解、款洽,甚至融为一体了。……人轻歌曼舞,俨然是一个更高共同体的成员,他陶然忘步忘言,飘飘然乘风飞飏。[①]

这就是尼采极为推崇的酒神精神——对生命意义的极大肯定,在忘我和纵情中挣脱重重枷锁。这是创造性的人生观,它倡导的是在享受永恒的生命狂欢中达到自我价值的升华。

但我们发现,酒神精神中也带有一种毁灭性的甚至是自我毁灭性的冲动(人生的"自弃"),因为极度放纵就意味着对生命力的过度消耗。但尼采认为,个体生命本身就包含痛苦和毁灭的双重因

---

① [德]尼采.悲剧的诞生[M].周国平,译.南京:译林出版社,2011:8-9.

素——酒神狄奥尼索斯要肯定生命的意义也必然要肯定这种毁灭，在对"自我毁灭"的肯定、对生命消逝的肯定中，表达一种终极的肯定。

静穆的日神精神和豪放的酒神精神都是人的生命中非理性的冲动，也是生命的本能状态。尼采认为，悲剧艺术的诞生正是这两种冲动不断斗争与和解的产物。

悲剧艺术的诞生

梦艺术家日神，静穆而克制，其营造的是一个"梦的世界"；醉艺术家酒神，肆意而张狂，其营造的是一个"醉的世界"。悲剧艺术正是来源于两者的艺术气质。

两者从一开始就处于对立与争斗的状态：酒神放纵欲望，日神克制欲望。但两者并没有因斗争而精疲力竭，反而在"彼此衔接的不断新生中相互提高"。日神的克制非但没有使酒神就此收手，反而使其变得更加肆意和张狂。在日神的抵抗和酒神放纵的"撕扯"中，酒神精神占据了主导地位，爆发出了更大的生命能量。最终，日神和酒神的矛盾化解，产生了震颤人心的悲剧艺术。

相比日神，酒神更为重要，更具有本原性。在《悲剧的诞生》中，尼采极力推崇酒神精神，认为正是酒神的创造力使古希腊的悲剧艺术得以产生。

但尼采又提出，古希腊的悲剧艺术很快消亡了。

07 尼采：极力痛斥苏格拉底主义

尼采认为，悲剧艺术的消亡是由"苏格拉底主义"所致。因此，他对"苏格拉底主义"进行了严厉的批判。

苏格拉底主义：逻辑否定本能

我们知道，苏格拉底生活在古希腊的文化繁荣时期，他特别喜欢问问题，经常在大庭广众之下侃侃而谈，他的"精神助产术"给人们留下了深刻印象。苏格拉底有无限的求知欲，他总想探寻世间的真理，因此苏格拉底是理性主义的代表。理性主义最大的特点是用思想做判断，用逻辑否定本能，崇尚科学精神。

苏格拉底曾经说过：知识即美德；罪恶仅仅源于无知；有德者即幸福者。这句话可以用一个公式来表述：理性 = 美德 = 幸福。

苏格拉底将知识、理性和智性的确定性置于首要位置，一切以追寻清楚、明晰的知识为准则，穷究万物之本性、追求科学之真理。

●○● **苏格拉底**

苏格拉底将生活的全部乐趣建立在追求知识和掌握真理的基础上，只有深入事情之根本，具备辨别是非的能力，才算是完成人类真正且唯一的使命。这就是苏格拉底的方式——注重理性。

在尼采看来，正是这种过度发达的理性主义，戕害了生命的本能，使得悲剧艺术逐渐消亡。尼采为什么会这么认为呢？因为悲剧艺术的诞生之源是酒神非理性的冲动，艺术活动是人之本能的释放。而苏格拉底主义（过度发达的理性主义）恰恰压抑了生命的本能。强调理性意味着不允许有过多的身体感受性，而理性和逻辑是高于一切的。酒神精神的那股冲劲儿，在理性面前是不被允许的。理性要克制无限的冲动，要扼杀感官上的非理性快乐。

醉酒后，有些人会发酒疯，疯狂哭闹、大笑，甚至做一些平时不敢做的事儿。但想想，人平时会这样做吗？不会的。因为平日里，理性占据了上风,理性会压抑人的种种冲动。

直觉和知觉

尼采认为,在真正的创造者那里,"直觉是创造和肯定的力量,知觉起到批判和劝阻的作用";而在苏格拉底看来,"直觉从事批判,知觉从事创造"。

这里有两个关键词:直觉和知觉。

通俗理解,"直觉"就是人感性的体验方式;而"知觉"则带有理性的色彩,是经过理性整理后获得体验的方式。

在尼采看来,"直觉进行创造",意味着人的感性体验至上,人从感性出发创造一切,创作艺术作品,"知觉"只是起到批判的作用。但苏格拉底把两者颠倒过来,"知觉从事创造"意味着人的理性至上,世间的一切都要遵循理性和逻辑。"直觉从事批判",意味着人的感性起到的是检验的作用。

尼采认为,正是苏格拉底主义①所持的"过度发达的理性主义"否定了生命的本能,戕害了艺术创作的那股本能的冲动,悲剧艺术才会消亡。

艺术的创作过程本应该是感性的、放纵的、充满激情和变化的。但现在苏格拉底主义拒绝这套花里胡哨的方式,采取规规矩矩、本本分分的理性方式去行事。说白了,苏格拉底太过较真,什么都要

---

① 苏格拉底主义不仅指苏格拉底本人的思想,也指苏格拉底、柏拉图以来的整个西方的传统形而上学。

讲个道理,忽略了人感性的一面,忽略了人本身的性情。

如此一来,苏格拉底主义便摧毁了艺术创作的根基。

欧里庇得斯:苏格拉底的化身

在《悲剧的诞生》一书中,古希腊悲剧作家欧里庇得斯是苏格拉底的化身。在欧里庇得斯之前,剧作家把"酒神受苦"当作希腊悲剧最古老的题材,舞台上的主角,无论是俄狄浦斯还是普罗米修斯,都是酒神的化身。因此悲剧主角具有一种神秘感,也就是说观众和悲剧主角之间是有距离感的。

但欧里庇得斯不同,他把悲剧主角和观众之间神秘的界限打破了。就如尼采所说"欧里庇得斯把观众带上了舞台",他用"平庸的市民生活"代替展现崇高精神的"原始现实"(酒神精神),把希腊悲剧最古老的题材"酒神受苦"改编为一种世俗生活。

把观众(市民生活)带上舞台,会产生一个后果:观众从舞台的戏剧表演(以"市民生活"为题材)中看到了真实的自己,因而观众开始指指点点,开始判断和评说这出戏剧(实则是评判从戏剧里看到的自己的真实生活)……这"判断和评说"的过程,就渐渐掺杂了理性因素。

原始的悲剧本应该以"酒神受苦"为题材,要表达的是酒神精神本身,追求的是本能的释放。但现在欧里庇德斯效仿了苏格拉底的精神,将"酒神受苦"改编为平庸的市民生活,摒弃了"酒神精神"的神秘化,在"理解然后美"的指导下,希腊悲剧艺术的回响戛然而止。

尼采在《悲剧的诞生》中，将这部分内容诠释得非常生动，他也正是透过欧里庇得斯，挖掘出悲剧艺术消亡背后的始作俑者——苏格拉底。

可以说，通过悲剧艺术的诞生和消亡，尼采不仅向我们展现了具有原始冲动和无限生命力的酒神狄奥尼索斯，也为我们挖掘出了一个鲜为人知的苏格拉底，一个冷静的苏格拉底，一个求知欲极强的苏格拉底，一个专横的逻辑主义的苏格拉底。

●○● **古希腊悲剧作家欧里庇得斯**

痛斥苏格拉底主义

对于苏格拉底主义的立场，尼采是绝对不能容忍的，他对这种过度发达的理性主义予以强烈批判。在尼采看来，苏格拉底将理性凌驾于生命之上是愚昧的，他放弃了整个酒神的生命观和智慧，剿灭了生命的希望。

尼采极力强调非理性因素：生命和身体的感受性才是根基，只有身体向世界完全敞开，个体生命才能同世界的存在融为一体，从而焕发生机与活力。

总体来说，尼采的《悲剧的诞生》一书要表达的核心观点如下：

从肯定性维度来讲，尼采极度重视酒神精神，这是对无穷生命力的积极肯定。

从否定性维度来讲，尼采严厉批判苏格拉底主义，对戕害生命的传统理性主义予以强烈反对。

这两个维度贯穿于尼采的整个哲学之中。比如"强力意志"就是对肯定性维度的阐述，而"重估一切价值"则是否定性维度的体现。后面我们会一一介绍。

08 尼采：强力意志

强力意志，是尼采哲学中的一个最为核心的概念，也是尼采的价值标尺。

超越、创造、释放和扩张

在《悲剧的诞生》中，我们从酒神精神中已经体会到了原始本能的释放之感，体会到了生命的激昂状态。其实，这种神秘的精神力量就是"强力意志"的体现，"强力意志"意味着顽强的生命力。

叔本华的"生命意志"是一种求生存的意志。"生命意志"停留于生命本身，求得生存就好。"生命意志"本身是毫无意义的，只有彻底否定"生命意志"才能获得内心的安宁。尼采从叔本华的"生命意志"出发，把悲观的"生命意志"发展为具有积极意义、具有能量爆发感的"强力意志"——一种求得强大力量的意志。生命不再是消极、悲痛与无意义的。

"强力意志"是自我超越的力量、不断向上升腾之生命态度的体现。求生存只是其基本的要求,"强力意志"还要追求更高的目标,那就是——超越、创造、释放和扩张。同时,"强力意志"也是一种征服、掌控和支配的原始冲动和欲望。

生命意志与强力意志

叔本华的"生命意志"理论是消极被动的理论。在叔本华看来,"生命意志"是现象世界背后的"自在之物",也即人和世界的本质,人的各种行为现象都是"意志"的外化体现。如此一来,人就处于被动状态之中,因为人是受意志支配的,人只能消极地接受所遭遇的痛苦,人是无所作为的或者说是没有能动性的。叔本华哲学给人以消极避世之感,教人如何顺应、否定和放弃意志,因而弥漫着一股死亡的气息。

但尼采完全不能接受叔本华悲观的哲学论调。尼采的"强力意志"绝不是消极被动的,也绝不是和人割裂开来的理论,"强力意志"是和人自身的各种存在要素相统一的。欲望、激情、冲动和人的肉身、思想与行为……这些都是合而为一的,这些都是一个整体。人的生命本就是求得强大力量的意志体现,两者并没有割裂开来,也不存在谁附属谁的情况,人的生命个体的呈现意味着"强力意志"的喷涌。

尼采把叔本华消极被动的"生命意志"理论发展成了主动积极的"强力意志"理论。人生命本身的状态不是委曲求全,不是顺应现象背后的绝对存在。人的生命是不受任何外部力量支配的,富有创造力，没有什么外在的规则和道德能束缚人自己。人可以主动去创造和改变一切。人生，并非如叔本华所说的那样痛苦不堪，而是充满了各种挑战和机遇。人可以去塑造未知的自己，未知的自己充满无限可能。

"强力意志"就是生命本身蕴含的永不枯竭的动力。尼采正是通过"强力意志"赋予生命意义和价值。尼采的哲学最终落脚点在于破解生命的意义问题，对生命的意义予以解答。在他看来，人的生命的意义在于不断超越自我，成为生活真正的强者，从而获得最大程度的生命快感。

而叔本华的"生命意志"是求生存的意志，它仅仅停留于活下去的层面，消极被动地接受命运的安排，通过消灭和彻底否定意志达到心灵的安宁，因而叔本华的"生命意志"理论带有悲观避世之感。而尼采的"强力意志"是追求强大的意志，不仅要活下去，而且还要活得更好、活出精彩、活得伟大，活出真正的自己！生命的意义不在于生命的长度，而在于深度。人生固然会有很多痛苦，但人要去创造和超越，去释放和改变，大胆地和传统规则说"不"。

"强力意志"是尼采哲学中的核心概念，具有非常重要的地位。酒神精神（生命的原始冲动以及冲破清规戒律的果敢）是"强力意志"的体现，"超人精神"也是"强力意志"的体现。同时"强力意志"也成了尼采评判事物的价值标准——凡是符合标准的他都要推崇，不符合标准的他都要批判。

在极力宣扬"强力意志"的同时，尼采也对传统发起挑战。除了反理性（对苏格拉底主义的批判）之外，他还反对当时的道德和宗教文化。

09
尼采：重估一切价值

"重估一切价值"，就是重新审视、评估之前的传统价值体系。

那些戕害生命的道德、基督教文化以及科学等到底有没有价值？在他看来，需要重新考量。

尼采"重估一切价值"

《偶像的黄昏》这本书的副标题是——用铁锤从事哲学。尼采要做一个真正的"破坏者"，用铁锤击碎以往的旧传统，颠覆以往的旧价值观，破除被偶像化的文化与价值权威。西方传统的道德观念被人们奉为价值标准，但在尼采看来，这些都需要重新评估。以往的观念不再是标准，尼采要自己创立一套标准。尼采要与时代抗衡，要与当时的整个文化体系抗衡。

尼采批判的对象有理性、道德和宗教。在《悲剧的诞生》中，尼采提出了自己对理性的批判，即反苏格拉底主义。下面，我们来进一步看看尼采对道德和宗教文化的批判①。

欧洲传统文化的危机

尼采为什么要反对传统道德,他的出发点是什么?要理解这一点,就要从尼采生活的时代背景切入。

尼采生活在 19 世纪中后期。在他眼中,这个时期的欧洲陷入了一场现代的文明危机,这也是欧洲传统文化陷入的危机。

自苏格拉底以来,人们越来越崇尚理性的思考方式。随着基督教文明的兴起,人们在痛苦的现实世界中多了一丝慰藉,多了一份对彼岸世界的向往,也因此人们更具有同情心、慈悲和道德感,人们也成了看似很有教养的人;随着文艺复兴和启蒙运动的兴起,自由、民主、平等和博爱等思想逐渐深入人心;工业革命爆发后,科学技术的飞速发展给人们生活带来了更多便捷。这一切看上去很美!

但,敏锐的尼采挖掘出了这表象背后隐藏着的至深危机。传统理性主义虽使人更具理性特质,但它否定了人的生命本能,压抑了人本应具有的生命激情;传统道德剥夺了人的自由,在道德的束缚下,人们变得颓废而没有活力,逐渐丧失个性;随着科学技术的发展,工业时代里的人们陷入机械化的运作中,人沦为操纵机器的工具,变得贪得无厌、唯利是图……从表象繁荣中察觉到的危机,其

---

① 在尼采的众多著作中,《人性的,太人性的》《曙光》《善恶的彼岸》《偶像的黄昏》等都表露出了反道德的倾向。

实涉及西方文明的方方面面。

之所以会出现这样的危机，尼采认为其根本原因正是西方的传统道德、宗教文化和理性主义使然。西方人和西方文明患上了一种严重的、无以名状的疾病，他需要开出药方，对传统价值观进行彻底的清算。

于是，尼采将攻击的目标投向了传统理性主义、传统道德和宗教文化。

用铁锤击碎道德

长期以来，道德在欧洲文化中有着至高无上的地位，但尼采认为传统道德是强加于人的外在束缚，是对人的生命本能的压抑，是对人的毁灭。因此，他对传统道德发起了猛烈攻击。尼采声称，自己是第一个非道德主义者。

在《道德的谱系》中，尼采对道德的来源和历史进行了追溯。

道德起源于什么？尼采认为起源于强者和弱者的等级差异。通俗理解就是，弱者不希望看到强者的出现，所以用一种所谓的"至善"的价值观去约束强者。比如人要有公德心和同情心，要具有节制、谦逊和宽容的品质，这些观念看起来很正派也很高贵，貌似只要人们遵守了这样的价值观，就能真正获得快乐。但实际上，这些道德观的起源十分粗鄙。传统的道德被人们视为普遍美德，并大加赞赏、推而广之。因此人们在公众场所表现得彬彬有礼、有教养，仿佛世界一片和谐。

尼采则反其道而行之，他挖掘出隐藏在表象背后的问题。他认为，这些看起来很美的道德品质，恰恰压抑了人的天性和人的本能。人为什么要谦逊，为什么要宽容，为什么要富有同情心？这个世界本来就是一个弱肉强食的世界，本来就是一个你争我夺的世界，成王败寇，强者统治弱者，不存在什么你好、我好、大家好的境况。社会就是一个不平等的社会，只有不平等才能促进社会的发展。

这些道德的条条框框，实际上是在消除不平等，使社会呈现出你好、我好、大家好的美丽景象。因此每个人不会再有动力去改变，生命中那股激情随着外在的道德束缚而逐渐消失了，人们陷入精神的颓废状态——没有力量，没有激情，啥都不想干了，最后坐吃等死。这是尼采不愿意看到的，他发出了反对传统道德的呼声。

10
尼采：上帝死了

但尼采是不是要批判所有道德？并不是。尼采区分了两种道德：奴隶道德和主人道德。他要批判的是危害生命的奴隶道德，要发扬的是肯定生命力的主人道德。

奴隶道德和主人道德

奴隶道德，这里说的"奴隶"是一个类比。"奴隶"有什么特点？唯唯诺诺、无止境地顺从主人、没有创造力。奴隶道德是一种把富有同情心、怜悯心、宽恕和谦卑当作美德的价值观。遵守奴隶道德的人，没有自我创造力，生命中缺少激情色彩，混沌度日。而且这类人不希望别人比自己强，他们嫉妒、仇视强者。一旦别人比自己强了，就要求别人也来遵守这套奴隶道德，把自己的这套伦理道德强加于强者，以此压抑强者的生命冲动。如此一来，每个人都一样了，不再有差异。

因此，奴隶道德是颓废的道德，是弱者的道德，是阴暗而低沉的。传统道德，如富有同情心、怜悯和宽恕等都是奴隶道德的体现。

而主人道德就完全不同了。主人道德是积极进取的价值观的体现——把一切能发挥出个人创造力以及主观能动性的东西当作善，把自我超越、生命的本能冲动以及增强人类力量感的东西当作美德，把人类的衰弱、萎靡不振、堕落、悲观厌世、无畏的顺从当作恶，从而加以唾弃。主人道德是非理性主义的道德，是和奴隶道德完全相反的的道德。

主人道德是强者的道德，是光明而积极的道德，是"强力意志"的体现。

面对这两种道德的划分，尼采的观点是：批判戕害生命力的奴隶道德，发扬富有创造力的主人道德。

基督教的爱是一朵精巧的怨恨之花

尼采认为，基督教道德是奴隶道德。

耶稣基督把奴隶道德的价值观发挥到了极致。基督教倡导的是原罪救赎、同情怜悯、谦卑顺服、无私精神，人与人之间要拥有平等的价值，享有同等的权利，基督教提倡的核心观念是"爱"。

但尼采认为，基督教这套理论恰恰是弱者的表现，是弱者对强者的怨恨导致的。尼采说："基督教的爱是一朵精巧的怨恨之花"。由于对强者的怨恨，不希望有强者出现，基督教通过宣扬这种道德使人变得软弱、不再有锋芒、不再有自我的个性。

当遭遇痛苦时，人要默默忍受痛苦并祈祷：一切都会好起来，上帝会眷顾我。人把所有的希望都寄托于上帝，等待救世主的降临。如此一来，基督教道德压制了人的激情，使人逐渐颓废，摧毁了创造力，弱化了人性，人最终变得平庸而怯懦。

在尼采看来，基督教文化正是这样腐蚀人心的。它扼杀了生命的冲动，人们变得更加温顺和顺从，变得没有主见，变得孱弱不堪……这都是对生命的戕害。基督教道德扼杀了人的强力意志，这是最大的不道德和最大的恶。

基督教否定了尘世的生活，否定了生命本身的力量和美感，基督教的本质就是仇视生命。西方文化的危机就此而来，因此西方人的精神世界陷入颓废之境。人们整日精神涣散，沉浸在基督教营造的对神灵的无限信仰中，缺乏自我创造的力量，人们试图通过获得短暂的心灵慰藉摆脱世间的苦难，基督教文化无形中吞噬着西方人生命深处的欢乐。人们被"宽恕""仁慈""顺从"这些表面的美德捆绑住，而不再成为自己。

这是尼采决不能容忍的！他像一个勇猛的战士，向传统权威宣战，对基督教进行了猛烈而辛辣的抨击。

上帝死了

尼采大声疾呼：上帝死了。

人要获得自由必须"杀死"上帝，对传统道德进行彻底清算，活出人生的精彩，找到人生的意义。

尼采的"上帝之死"让整个欧洲深深震撼，他抨击了整个西方传统的基督教文化，抨击了人们赖以生存的信仰根基。

之前，"上帝"是人类的最高理想，但现在这个理想崩塌了，筑建在理想之上的所有价值体系也将崩塌，欧洲的传统道德和价值观陷入虚无主义的境地。此时，人们该何去何从？有什么可以替代上帝的位置？人们要如何才能克服生命的虚无之感？

在尼采看来，"上帝之死"预示着新希望的到来。尼采虽然重估价值、批判基督教道德，但他的批判并不仅仅停留于批判本身，而是为了一个更高的目的——价值重建。用新的价值观取代旧的价值观，以此对抗因信仰缺失、道德崩塌带来的虚无主义。

11
尼采：
凡杀不死我的，都使我强大

凡杀不死我的，都使我强大！

这铿锵有力的话语，体现出了"超人"精神。在尼采看来，"超人哲学"是符合人类本性发展的健全的价值观。

超人哲学

在《查拉图斯特拉如是说》中，尼采借查拉图斯特拉之口呼唤"超人"的出现。超人，是一个理想、一种向往，也是对现实人类的超越。

尼采的"超人"，并不是指无所不能的、具有超凡能力的人，而是一种具有强力意志、超越普通人、在"人之上"的人，它是理想化的人格类型。"超人"并不是指现实的人，而是对人类发展要走向一个目的的描述。《查拉图斯特拉如是说》是一部超人的赞歌，但查拉图斯特拉还不是真正的超人，只是预示着超人的到来。

尼采始终没有对"超人"做出非常明确的解释，而是通过"末人"——"超人"的对立面来阐述"超人"的内涵。

末人：庸庸碌碌的众生

什么是"末人"？在《查拉图斯特拉如是说》中，尼采把普通的人比喻为一种疾病、一条不洁的河流、一个不伦不类的东西，这样的普通人就是"末人"。

"末人"是没有生命创造力、唯唯诺诺、庸庸碌碌的众生，这类人由于长期浸染在传统理性的说教和基督教道德的熏陶中，而丧失生命的激情和活力。他们个性泯灭、随波逐流、人云亦云，缺乏旺盛的强力意志，缺乏挑战精神，缺乏对未知的渴望，缺乏打破传统的勇气。说到底，"末人"缺乏对生命意义的认同，沉浸在自我麻痹和消极避世之中，苟且偷生！

超人：去做生活的勇者

而"超人"跟"末人"正好相反。"超人"具有强力意志和旺盛的生命力，敢于冲破传统的旧思维模式，敢于冲破基督教道德的束缚，敢于和命运抗争，敢于做真正的自己！

在尼采看来，"超人"是人实现了自我超越后，走向一种更高级的种类的人。

"超人"更强壮，更有活力，更勇敢，也更有创造力；"超人"

爱冒险，放纵欲望，挑战权威，疯狂地生活；"超人"像一个勇士，像一个狂妄的破坏者，勇于和戕害生命激情的一切决裂。不仅如此，"超人"还对传统价值观发起猛烈的进攻。没有什么道德和规则能束缚自己，所有的道德和规则就在自己的行动中产生，"超人"自己就是道德和规则的制定者。

"超人"精神在酒神狄奥尼索斯那里已经有所体现，"强力意志"更是"超人"品质的核心。如此威力十足的人，在现实中存在吗？或许是不存在的。所以尼采把"超人"当作一个理想和神话，当作心中的一个梦。"超人"，是人类要超越自身而达到的目的，是尼采为人类的未来指明的一个方向。

尼采认为，人应该是一种被超越的东西。人自身也仅仅是桥梁，未来通向——"超人"！

从查拉图斯特拉口中，我们感受了他对"末人"的讥讽以及对"超人"的赞颂，这也是尼采对现代人的批判，对传统理性和道德批判的体现。尽管现实世界是一个被"末人"充斥着的世界，但尼采并没有悲观失望，他仍然对人的自我超越抱有希望。

尼采说，"生命的本质就是占有、伤害、征服异己和弱者……最强大者所献身的事业就是冒险、覆危和与死亡打赌"。

"超人"虽是尼采的一个理想，但我觉得尼采本人正是"超人"的化身。尼采强调个人的价值，在自我超越中找寻生命的意义……这正是"超人"哲学的体现。

那么，人要如何实现自我超越呢？人要如何才能达到"超人"的状态呢？这就涉及尼采著名的"精神三变"理论了。

12
尼采：
精神三变——骆驼、狮子和孩子

在《查拉图斯特拉如是说》一书中，查拉图斯特拉列举了精神的三段变化：精神变为骆驼，骆驼变为狮子，狮子变成孩子。

很显然，这个说法并不是说精神真正变为骆驼、狮子和孩子，而是尼采用类比的手法形象地刻画出三个不同阶段的特点。

精神变成骆驼——你应该

第一变"精神变成骆驼"。骆驼并不是精神的本来状态，而是一种精神的变形。骆驼从何而来，尼采其实并没有交代清楚。

"精神变为骆驼"意味着什么？

骆驼总是给人心甘情愿地背负重物、默默低头前行的印象，也就是说骆驼处于被动的状态，总是听命于外界，总有一个外界的声音对骆驼说：你应该如何如何。那么，精神变为骆驼意味着人的精神处于"你应该"的状态，这时人总是被动地接受命令（如传统的道德和价值观）并被传统束缚，精神也只能在贫瘠的荒漠中行走，这就是传统价值观对人的一种生命戕害的体现。

因此，"精神变为骆驼"意味着人处于"被动"接受外在命令的状态，遵循"你应该"的准则，这是人类生活的第一个阶段。

骆驼变为狮子——我要

随着精神活动的发展，在沙漠深处，骆驼变成了一头狮子。狮子乃万兽之王，狮子比骆驼威猛有力。狮子身上有一种征服一切的欲望，要挣脱枷锁，摆脱传统价值观的束缚，追求自由。但，骆驼如何能够变成狮子呢？这当然要通过一场战斗——和巨龙进行战斗。这条巨龙的名字叫"你应该"[1]。

我们也可以把这条巨龙看作骆驼本质的化身。我们发现，精神的变化过程其实也隐含自我超越的过程。骆驼要在沙漠深处变成狮子，必须经过一场战斗，这场战斗的对象是巨龙。巨龙的本质是"你应该"，而骆驼的本质也是"你应该"。表面上看这是一场两个对象之间的战斗，其实是骆驼对自我的战斗。骆驼只有超越自身的"你应该"，才能够真正升级为一头狮子。那条巨龙只不过是骆驼"唯命是从"的一种象征罢了。

虽然在文中，尼采把这条巨龙描绘为一个金光闪闪的有鳞动物，每一片鳞甲上都闪现着金光灿灿的"你应该"，但这条巨龙正是骆驼本质的化身。骆驼要超越和改变，就要战胜这条巨龙，克服自身"你

---

[1] 尼采的取名很有意思，这条巨龙的名字叫"你应该"，其实这正是骆驼本质精神的体现。

应该"的特性，才能真正变为一头狮子，才能实现"我要"的状态。

"我要"就是狮子的本质，是精神的第二个阶段。"我要"意味着从被动接受变为主动索要的状态——不去听命于以往的价值观，把那套传统的价值击碎，强调自我个性。

但我们要知道，狮子的作用仅仅在于打破旧世界，在于破除传统的那套价值，从"你应该"到"我要"，其实只是从被动的接收到发出一种主观信号，或者说此时已经有了一个内心的愿望，但还没有真正实现你要的东西。

于是，这就到了精神发展的第三次变化，从狮子变为孩子，从"我要"变为"我是"。

狮子变为孩子——我是

精神发展的第三个阶段——"孩子"。我们要明白，尼采一直用的都是比喻。为什么将第三阶段比喻为"孩子"？

尼采说：

> 孩子是纯洁，是遗忘，是一个新的开始，一个游戏，一个自转的车轮，一个肇始的运动，一个神圣的肯定。[①]

孩子就像一张白纸，对所有可能性保持敞开状态。"精神变为孩子"意味着精神复归原点，人不再受到旧价值观和旧道德的束缚，

---

① [德]尼采. 查拉图斯特拉如是说[M]. 钱春绮, 译. 北京：三联书店, 2007：23.

一切都可以重新开始。

孩子的状态是"我是"，这是一种新的价值观。"我是"意味着对当下状态持肯定的态度——对眼前处境无论好坏都全然接受，单纯地、满心喜悦地看待这个世界。只有在这种状态下，人们才能成为自己。"精神变为孩子"是非常高的境界，是需要一定的修为才能达到的。

童年时，父母对你说："长大后，你应该成为一名钢琴家。"这是父母对你的期望。这时的你，还没有能力或者没有形成自己的价值判断，你的精神状态处在"骆驼"的阶段，只能默默地听着父母的话。

随着你逐渐长大，你有了对自我的认知，你发现自己一点也不喜欢弹钢琴，你真正的兴趣是踢足球，于是你内心有了一种"我要成为一名足球运动员"的愿望。

此时，你的精神便走向了第二个阶段——"我要"。你从被动变为主动，你有了自己的愿望。但这时你成为一名足球运动员了吗？没有，你只是发出了这个呼声。那么，怎样才能成为一名真正的足球运动员？你的精神便要产生第三次改变，那就是走向"我是"——精神变为"孩子"。

你如孩子般纯洁，以一颗赤子之心去面对自己的梦想并付诸行动，坚持下去，这对于你来说是一个新的开始。你不再受到传统价值观的束缚，不再听从父母的安排，你唯一听从的是你的内心。由此，你才真正创造了一个属于自己的世界，创造了一个属于自己的人生，你才成为真正的自己。

这就是尼采最为著名的"精神三变"理论：从骆驼到狮子再到

孩子，从"你应该"到"我要"再到"我是"。这里面隐含了极强的自我超越性，也是尼采对人类发展的一种期盼。人只有不断超越自我才能发现未知的自己，挖掘出自身的潜能。

精神三变的现代意义

但并不是所有人，都能真正实现这三个阶段的自我超越。很多人的一生，都停留在"骆驼"状态，没有自己的主见，甘愿被外界的声音左右。很多人或许勉强变为了"狮子"，但梦想和愿望仅仅停留于呐喊阶段，并没有实际行动。而最为难得的是"孩子"的境界，人可以非常纯粹地面对自己和当下，面对心底的梦想，无论好或不好，都坦然接受。

人的成长总会受到外界各种欲望的牵绊，人的内心越来越复杂，因而精神世界也会越来越焦虑。尤其是现代人，内心的杂念太多，大家看似都在不断成长、走向成熟，但内心的负担却越来越重。我们从一个人的眼神中就能看出很多东西，有些人的眼神是清澈明亮的，而有些人的眼神则混浊无光，这其实是一种被生活打磨后的颓废状态。

一个人的真正成熟意味着什么？就是重新走向清澈，甚至复归到孩子的单纯境界。这才是一个人经历了岁月磨炼后走向成熟的真正体现。有一种说法是返老还童，人老了什么都活明白了，人便真正做到了心如止水，复归到了孩子般的纯真状态。

尼采用"孩子"来形容精神最终要达到的境界，这隐含着他对生命的根本态度：保持初心，接纳世界的一切，热爱生命、热爱生活。

"精神三变"理论对我们每一个现代人都有着深刻的意义。让我们成为"孩子"，使自己的精神复归清澈，肯定当下的处境，勇敢做自己，找到人生的意义。

13 尼采：
不辜负这仅有一次的生命

尼采哲学的总主题是"探寻生命的意义"，那么生命的意义到底是什么呢？这是一个极具开放性的问题。笔者个人认为，尼采探寻的生命的意义是——去过一种审美的人生。

悲剧性的审美人生观

什么是"审美的人生"？通俗理解是对人生做审美化的处理——人要以富有美感的状态去生活。这种美感，不是小家碧玉的秀美，不是音乐流淌出的优美，而是具有悲剧意义的壮美。人生，随时随地充斥着壮烈的喜悦之感。

尼采的哲学作品，已经表露了这样的态度。

在《悲剧的诞生》中，酒神狄奥尼索斯和日神阿波罗的艺术二元冲动已经蕴含了一种壮烈的美感。日神阿波罗营造一个梦的世界，酒神狄奥尼索斯营造一个醉的世界。两者在彼此争斗与和解中得到了升华,并在对抗命运的活动中获得极乐的快感。悲剧艺术的诞生使人沉浸于艺术的世界并深深陶醉,尼采也把"艺术"当作生命的最高使命和生命本来的形而上学活动。

去过一种审美的人生,便是艺术化地去处理人生的各种遭遇,坦然接受当下的痛苦,顽强地和命运抗争,最终获得超越后的快感。人生是一场壮烈的战斗,只有亲身战斗过,才能体会到终极的壮烈之美——犹如酒神冲破禁忌后达到的忘我之境。

尼采正是以自己的亲身经历,来践行这样的悲剧性的审美人生观。尼采的一生十分坎坷,年轻时事业遭遇打击,和瓦格纳彻底决裂,身体也一直遭受各种病痛,后来精神错乱……悲剧式的命运非但没有击垮尼采,反而激发出了尼采的生命活力。在不断超越自我中,他找到了人生审美的快感。

推崇酒神精神、强力意志、重估一切价值、走向超人……这些都是尼采审美的人生态度。对人生决不苟且,要摆出一种姿态,在最大限度地摧毁中,进行最大程度的创造。

人的身体解放,人的感官功能解放,人不再是一个被遮蔽的人。人,彻底向外敞开,去直面这个阴暗和光明共存的世界。

尼采生前曾说:"我的时代还没有到,有的人在死后才出生。"这是尼采给自己的预言。在那个时代,没有人能听得懂尼采的话,大家都把尼采的话当作一个疯子的狂妄之言。

但伟大之人就在于此:只有被致命的摧毁,才能自由地创造。

孤独，让尼采疯狂

1888年，尼采出现精神错乱，尼采疯了！他无法忍受长期以来的孤独，他变得更加疯狂，《瓦格纳事件》《敌基督者》都是在他生命的最后阶段创作而成的。他抨击瓦格纳，抨击基督教，他用尽全部生命能量进行抗争。

1889年，在都灵的大街上，尼采看到一个马车夫正在用皮鞭虐待一匹马，他不顾一切地冲上去抱住这匹马，又哭又闹。尼采疯了，他拥抱和亲吻大街上的人，发出一阵阵怪异的神经兮兮的笑声。他一边呵斥这个世界，一边嘲笑这个世界。

孤独，让尼采疯狂；也只有在疯狂中，尼采才能摆脱孤独。在母亲和妹妹的照顾下，尼采度过了生命中最后的黑暗时光。1900年8月25日，尼采去世。

尼采就像生命的强心剂，给我们带来了激昂的生命活力，唤醒了我们的内心。虽然尼采的有些理论具有激进色彩，但这正是尼采的特点：用尽一生去践行自己的哲学主张，耗尽全部生命热情去热爱生命本身！

尼采的影响

尼采的观点对后续整个现代哲学的发展产生了深远影响。他抨击传统理性、道德和基督教文化，这让整个欧洲都深深震撼。他是传统哲学的终结者，同时也是后世哲学的开启者。他对后续的诸多哲学家，如海德格尔、雅斯贝尔斯、萨特、福柯和德里达都产生了一定的影响，现象学、存在主义、解释学、精神分析学、后现代主义等现代思潮，都可以在尼采的理论中找到渊源。

有一句话是这么说的：如果说康德是一座不可逾越的通往古典哲学的桥，那么尼采则是一座不可逾越的通往现代主义及后现代主义的桥。可见，尼采对现代哲学的深远影响。

从"悲剧的诞生"到富有创造力的"酒神狄奥尼索斯"，从"强力意志"到"重估一切价值"，从"超人"哲学到"精神三变"……尼采哲学，就是一首貌似荒谬但充满张力的美丽诗篇。

尼采说：

> 每一个不曾起舞的日子，都是对生命的辜负。

在他生命中的每一天，尼采都疯狂起舞。尽管要与时代抗衡，尽管要与命运抗争，但这所有的努力，他都是为了——不辜负这仅有一次的生命！

14
克尔凯郭尔：孤独的个体

索伦·克尔凯郭尔（Soren Aabye Kierkegaard，1813—1855年）。丹麦宗教哲学心理学家、诗人，现代存在主义哲学的创始人，后现代主义的先驱。他的思想成为存在主义的理论根据之一，他被视为存在主义之父。

除了叔本华和尼采，索伦·克尔凯郭尔也是一位非理性主义哲学家。他同样表达了对传统理性的批判，也强烈关注人的生命和存在的问题。

阴郁的克尔凯郭尔

1813年，克尔凯郭尔出生于丹麦哥本哈根的一个基督教家庭。

他从小体弱多病，还有着先天的生理缺陷（驼背且跛足），他的性格孤僻、怪异，但内心极其敏感细腻。他的家庭环境，尤其是父亲对他影响很大。父亲的不安和忧郁让幼年时的克尔凯郭尔感受到了生活的阴郁气息，这成为他后续思想发展的一个原始因素。后来，克尔凯郭尔读了大学，但不幸接连发生，他总是感到恐惧，生活的空虚之感让他陷入绝望。他的著作《非此即彼》《恐惧和战栗》，无不浸透着悲观的情绪。

克尔凯郭尔关注的是人生体验和生存状态，这跟他的人生经历密切相关。他靠个人的体验感去写作，总能抓住生活的细节并加以反思。他把孤独、绝望、焦虑、选择等当作哲学的研究对象，他一反传统哲学尤其是黑格尔的"绝对精神"的理论，以非理性的情感和个人存在的意义为出发点。他的哲学没有本体论，没有逻辑演绎，只有对生命的体验和对人存在意义的探寻。

如果说叔本华的哲学让我们想到"痛苦"，那么克尔凯郭尔给我们营造的便是"孤独"和"绝望"之境。阅读克尔凯郭尔的著作，我们总能感受到一丝阴郁的气息。

接下来，我们通过两个维度去了解克尔凯郭尔：一个维度是他对黑格尔的批判；另一个维度是他的生活辩证法，即人生道路的三阶段理论。

对黑格尔的批判

我们知道,黑格尔将之前所有的哲学都归为"绝对精神"的范畴，把一切都归于具有普遍性的纯思维的发展层面。传统理性主义追寻的是万事万物背后的本质、"逻各斯"和道。

对生命有着细腻感知力的克尔凯郭尔，完全不认同这一点。他认为，黑格尔哲学的根本错误就在于把逻辑的必然性当作真正的存在，因而忽视了个体性。过分强调逻辑和理性会有一个后果：如果世界发展都可以经由这套"绝对精神"推导和演绎，那么，人的存在也被理性的规则规定着、被这套封闭的体系决定着。人的情感、欲望、个性等要素被遮蔽了，个人只是这套理性体系的一个要素表现罢了，或者说是其中的一个棋子而已。这样，人就没有了自主性、独立性，丧失了选择的权力。当一切都已经被安排好，人还有什么自由可言呢！人的责任感消失，个人的存在价值也将完全被抹杀。

这是克尔凯郭尔不能容忍的。他认为哲学关注的对象是个体的生存，是具体个人感受层面的内容，如非理性的情感和体验、孤独和焦虑、绝望和痛苦，还有信仰。他认为黑格尔的理论牺牲了作为个体的人的地位和尊严，因而他对黑格尔予以严厉的批判。

除了思维方式，在神学和宗教的层面，比如处理信仰和理性的关系，克尔凯郭尔也完全不同于黑格尔。克尔凯郭尔从小生长在一个基督教家庭，他对基督教有着虔诚的信仰。他认为上帝是真正的绝对存在，是超越于理性和逻辑层面的。人只有依靠自己与上帝的接触，对上帝生发出一种信仰，才能真正获得自由。

黑格尔哲学把理性和逻辑当作超越一切的绝对存在，认为宗教是"绝对精神"演绎的一部分。再者，基督教信仰被披上了一层理性化和思辨化的外衣，宗教和哲学结合在一起（基督教哲学就是把信仰理性化，让理性为信仰辩护）。对此，克尔凯郭尔持反对态度。

我们通过以上两个维度的阐释,可以总结出克尔凯郭尔哲学的出发点:从个人的生存问题出发,将个体的孤独、情感、厌烦、苦闷和焦虑等具体的体验当作哲学研究的主题。需要注意的是,这里说的"个人"不是普遍的、抽象的、宏大意义上的人,而是指具体的、特殊的、唯一的"个体"。

那么,为什么克尔凯郭尔会把这些消极的情绪(比如绝望、恐惧和忧郁)当作哲学研究的对象呢?这或许跟他的人生经历有关,因为悲痛的情绪充斥着他生活的全部。克尔凯郭尔曾在日记中写道:"我早年的全部生活环境笼罩在最黑暗的忧郁以及最阴沉的压抑的迷雾里,竟至于弄成我现在的样子,实在是没有什么奇怪的。"

15 克尔凯郭尔：人生道路的三个阶段

关于人的存在状态，克尔凯郭尔提出了生活辩证法，即人生道路的三个阶段。

人生道路的三个阶段，确切地说应该是人存在的三个层次或三个境界：审美境界、伦理境界和宗教境界。这三层境界也有三位代表人物：唐璜、苏格拉底和亚伯拉罕。

审美境界：爱自己

在这一阶段，人是一种感性动物，只追求感性层面的快乐。人被各种欲望、冲动和情绪支配着，没有道德和宗教信仰束缚，人可以为了短暂的快感（比如肉欲上的满足）而做出一些道德败坏的无耻行为。人沉溺于感官的刺激中无法自拔，凭借自己的本能去生活，人的全部生活动机就是娱乐，这一阶段的最大特点就是"爱自己"。

在审美境界，代表人物是唐璜。

唐璜是西班牙民间传说中的人物，他是一个专爱寻花问柳的好色之徒。莫扎特的著名歌剧《唐璜》中的主人公唐璜，就是一个典型的审美境界的代表。唐璜喜欢女人，见一个爱一个，并将其引诱上床。唐璜沉浸在这种占有欲被满足的快感中，是一个被肉欲充斥着的人。他只去寻求感官欲望的快乐，并且非常直接和纯粹。他的生活被感性欲望支配着。

这是人生的第一个境界——审美的境界。就人的一生来说，通过满足欲望获得快感一定是暂时的，因为人的欲望是无止境的。欲望得不到满足，人就会陷入痛苦中，欲望被满足也会产生各种无聊和空虚的情绪。这时，人就要去追求另一个更高级的生活状态，那就是伦理和道德的生活方式，因此进入第二个境界——伦理境界。

伦理境界：爱他人

在伦理境界中，人的生活更加理性。人学会克制自己的欲望，学着去考虑自己的行为对他人和社会产生的影响，而不是一味地追求个人欲望的满足；人开始遵循有意义的道德准则，比如去做一个诚实、正直和善良的人；人意识到哪些事情是可以做的，哪些事情是不能做的。伦理境界最大的使命就是"爱他人"。

苏格拉底的生活方式，就是伦理境界的生活方式。苏格拉底将他的"精神助产术"——通过对话的方式逐渐接近真理——运用于诸如正义、美德等道德层面。苏格拉底是一个理性的英雄，但最后还是被雅典的民主法庭判处死刑。面对死亡，苏格拉底非常从容，他恪守自己的道德责任而毫无畏惧之感。

但在伦理境界，生活也有矛盾的地方。因为在恪守道德和伦理准则的同时，人也会时不时地受到审美境界生活方式的诱惑。人无法完全摆脱世俗的感性生活，很容易回到第一层境界而忘却道德的义务，因为人本身就是一个感性和理性的综合体，有的时候还会被各种现实欲望所诱惑。

这种情况一旦发生会有什么后果？伦理之人因为不能遵守道德而产生罪恶之感，人有了罪恶感就有了忏悔。这就到了人生的第三层境界——宗教境界。

宗教境界：爱上帝

在这一阶段，人的生活达到了信仰之境，这也是人生的最高境界。人摆脱了世俗的诱惑，摆脱了伦理道德的理性制约，面对的只有上帝。在宗教阶段，人最大的使命就是"爱上帝"。

这一层境界的代表人物是亚伯拉罕。在《恐惧与战栗》一书中，克尔凯郭尔通过亚伯拉罕的故事，阐明了他对信仰的理解。这里把亚伯拉罕的故事简单概括一下：上帝要考验亚伯拉罕，让他杀掉自己的独生子以撒来祭祀。亚伯拉罕听到上帝的召唤后，毫不犹豫地把自己的儿子带到山上。他磨好了刀，正准备杀掉儿子时，奇迹出现了，上帝居然现身来阻止亚伯拉罕杀以撒，并且为他准备了代替的羔羊，保住了以撒的生命。

这个故事很简单，却表达了亚伯拉罕对信仰的态度。面对上帝的要求，亚伯拉罕没有犹豫，也没有感到愧悔，他承担起了对上帝的绝对义务和责任。所以克尔凯郭尔称亚伯拉罕为信仰的义士，他认为亚伯拉罕的信仰才是真正的信仰，亚伯拉罕才是真正的基督徒。

这就是人生的第三个境界——宗教境界，也是克尔凯郭尔认为的人生最高境界。克尔凯郭尔是虔诚的基督徒，他认为当人处于孤独、忧郁、绝望和痛苦时，只有把上帝当成信仰的对象，才会有精神的寄托。

这里需要强调的是，这三个境界并不是完全按照递进的关系依次进行，它们只是供人们选择的三种可能性。不同生活方式或不同境界的"飞跃"是每个孤独个体做出的非此即彼的选择的结果。每个人的选择不同，达到的层次和境界就不同。有时还会重叠，比如审美境界和伦理境界有时候会交错进行，只有少数人能达到第三重境界——宗教境界。

16 柏格森：绵延

亨利·柏格森（Henri Bergson，1859—1941年）。法国哲学家，文笔优美，思想富于吸引力，曾获诺贝尔文学奖。

柏格森，是19世纪末至20世纪上半叶影响深远的一位法国哲学家，也是生命哲学的集大成者。

柏格森的生命哲学，可用三句话概括：以生命冲动为基石，以时间为本质，以直觉为方法。

生命的冲动

对"生命的冲动"的讨论，是柏格森生命哲学的基础，也是他

哲学的出发点。

不同于叔本华将"生命的冲动"归结为"生存意志"(求生存的生命本能),柏格森将"生命的冲动"看作宇宙的生成以及生命进化的内在动力,其最大特征是自由创造。

> 在我们看来,整体的生命呈现为一个巨浪,它始自一个中心,向外扩散……在一个点上,这个障碍被突破,而推动力则自由地通过了这个障碍。人类的形式所标志的,正是这种自由。①

"生命巨浪"的中心便是生命冲动的原点,它自由向外扩散,为宇宙的创造进化提供不竭的动力。在柏格森看来,这股"生命的冲动"就是创造万事万物的意志。

关于生命冲动的本质问题,就涉及柏格森对时间的理解了。

对时间的理解

柏格森区分了两种时间:物理时间和纯粹时间。

物理时间就是科学的时间,即度量和抽象的时间。传统哲学将时间和空间置于同一层次,以研究空间的方法(测量的方法)研究时间,用空间的语言谈论时间,于是时间成为"可被测量的时间"。比如,一天被均匀分为 24 个小时,每个小时被均匀分为 60 分钟,

---

① [法]亨利·柏格森.创造进化论[M].肖聿,译.南京:译林出版社,2011:246.

每分钟被均匀分为 60 秒……这种传统的方法，也是我们普通人对时间的认知方式。

但柏格森对此并不同意。他认为，通过传统方式，人们并没有抓住时间的本质特征，也没有真正感受到时间本身，纯粹时间才是"真正的时间"。

柏格森用了一个词"绵延"来形容纯粹时间的特征，同时"绵延"也是"生命的冲动"的本质特征。

绵延：永恒的生命之流

因为"绵延"本身难以捉摸，所以柏格森并未对其做出明确的定义。但我们可以总结出"绵延"的如下几个特征：

"绵延"是一个过去消融在未来之中，随着前进不断膨胀的连续过程。在"绵延"中，过去包含于现在，并向未来"持续地涌进"。

"绵延"是把过去、现在和未来交融在一起的时间之流。它没有开端、没有终点，始终处于连绵不断的流动变化之中，具有不可分割性。

"绵延"像一条生生不息的河流，体现出了生命的永恒性。

柏格森基于对时间的理解来阐释"绵延"，从而表达出对生命本质的体会。

柏格森哲学与传统哲学的不同

传统哲学家将研究对象视为静态的、一成不变的事物,以解剖的方式去剖析万事万物背后的原理。而柏格森则把世界看成一个有着生机与活力的有机整体,认为世界处于不断变化和创造之中,并以此视角重新思考生命。

17
柏格森：直觉

作为生命个体，我们该如何把握"绵延"呢？柏格森提出通过"直觉的方法"（而非"理智的方法"）把握"绵延"。

"理智的方法"注重理性思维，即通过逻辑分析的方式认识事物。此方法适用于科学研究的对象，可解决日常生活中遇到的问题。在柏格森看来，这种方法并不能把握"绵延"，唯有通过"直觉"才能把握"绵延"。

柏格森提出的"直觉"并非我们常识所理解的人内心中突然有的某种情绪上的体验，而是一种认识事物的方法。"直觉的方法"要求人们摆脱逻辑推理的理性思维模式，直接深入事情本身，从而持续获得某种内心的体验。

比如你纵身一跃，跳入大海中。这个"纵身一跃"的动作就是"直觉"式的，这片大海就是"绵延"本身或者是你要感受的对象本身。通过这个"纵身一跃"的动作，你和大海融为一体。你不再从逻辑思维层面对这片大海进行判断，你不再通过理性的思维去分析这片海水的温度和咸淡问题，而是直接跳进去感受它。这就是"直觉的方法"，直接（融入）事情本身去体会它。

当你以"直觉"体悟生命本身时，你便能感受到一股持续的时间之流，即永恒延续的生命之流。此时，你便真切地感受并把握住了生命的本质——"绵延"。

传统哲学从现象抽象出本质，从而建立起一套严密的逻辑体系。而柏格森"直觉"的方法试图打破传统思维模式、突破个体空间化理解世界的方式，回到事实本身，回到体验之流本身。因而柏格森的生命哲学具有反体系、反概念化的特征，表达出非理性主义的倾向。

18 弗洛伊德：精神分析学的鼻祖

提到弗洛伊德，相信每个人对他都有一些了解。他是一位著名的心理学大师，开创了精神分析学说。但为什么哲学史上也要介绍弗洛伊德呢？我们不妨从弗洛伊德的经历中寻找答案。

> 西格蒙德·弗洛伊德（Sigmund Freud，1856—1939年）。奥地利精神病医师、心理学家、精神分析学派创始人。

1856年，弗洛伊德出生在奥地利的一个小镇，他从小聪颖好学，17岁以优异的成绩考入维也纳大学医学院，25岁获得医学博士学位。而后他进入维也纳全科医院工作，开始研究神经系统疾病。这里要明确一点，弗洛伊德首先是一名治疗精神类疾病的医生。

精神病医生要做的就是研究精神病人的反常行为，找到疾病的病因，然后医治。弗洛伊德通过对这些精神病人的研究得出，不能仅仅从这些病理的生理原因去挖掘，还要从这些病人行为背后的更深层次的心理原因去挖掘，探究这些病人是不是因为一些心理原因导致精神性的紊乱和失调。

于是，弗洛伊德在医疗实践中开创了一种方法——自由联想法。自由联想法，就是让病人躺在一个舒适的房间，抛开所有顾虑和外界的压力，进行自由联想，想到什么就说什么。医生通过鼓励病人回忆过往受到的精神创伤和挫折，挖掘出病人的致病原因和发病经过，从而找到和病情有关的心理因素。

弗洛伊德开创的这个方法，其实就是一种精神分析的方法，自由联想法的确立也意味着精神分析方法的确立。1886年，弗洛伊德出版了《关于歇斯底里症状的研究》，这也标志着精神分析学派的诞生。

简单来讲，精神分析方法最开始是一种治疗精神病的方法和技术，只不过这个方法是建立在弗洛伊德独特的心理学理论研究的基础上，把人的"潜意识"当作研究对象，以此来解释人出现精神紊乱后的各种症状。

随着弗洛伊德对精神分析理论日渐深入的研究，他于1916年发表了《精神分析引论》。他认为精神分析理论已经远远超出治疗精神病的狭隘范围，他把研究对象扩大到了整个人类。他探讨的问题也越来越一般化，甚至用"无意识"理论和"性本能"理论去解释人类的各种现象，把精神分析拓展应用到了人文科学领域。至此，弗洛伊德的学说就已经哲学化了，他的理论不再只是一种治疗精神病的心理学研究，也成为一种哲学和社会历史学说。

这就是为什么我们要在哲学史中介绍弗洛伊德的原因。《梦的解析》《精神分析引论》《自我与本我》《文明及其缺憾》这些著作的相继发表，也意味着弗洛伊德开创的精神分析方法从医学领域拓展到了人文科学领域，拓展到了人类的历史和文明中，从而具有一定的哲学意义。

弗洛伊德的理论发展分为两大阶段：

第一阶段，弗洛伊德前期在医学实践中开创了精神分析学说，包含"无意识"理论和"性本能"理论。

第二阶段，弗洛伊德将这两大发现在社会历史领域进行了广泛应用，提出了人格理论和他特有的社会文明观。

19
弗洛伊德:无意识世界

自笛卡尔以来,传统理性主义使人们产生这样一种观念:人的精神世界是一个有意识的世界,有意识的活动是人类精神世界的全部。意识领域是人自身能够察觉到的精神活动的领域。

但弗洛伊德认为,在"意识"领域之外还有一个不被人们察觉的"无意识"的领域,这也是一个精神活动的领域,也是一种心理活动。"无意识"深深地潜伏在人的内心深处,对人产生影响。

弗洛伊德早年做精神科医生时,发明了一种自由联想的方法来治疗精神病。他发现,在这些精神病人的内心深处,有一些情绪被极度压抑着,得不到释放。这些情绪被压抑久了,就会造成诸多心理问题,从而导致精神病的发生。那么,这些被压抑的情绪存在于哪里呢?就存在于人的"无意识"领域。

"无意识"随时随地影响着人们,但人们却对它一无所知。弗洛伊德认为"无意识"才是人的精神活动的核心。

意识、前意识和无意识

弗洛伊德把人的整个精神世界分为三个层次：意识、前意识和无意识。这三个层次分别是精神世界的表层、中间层和最底层。

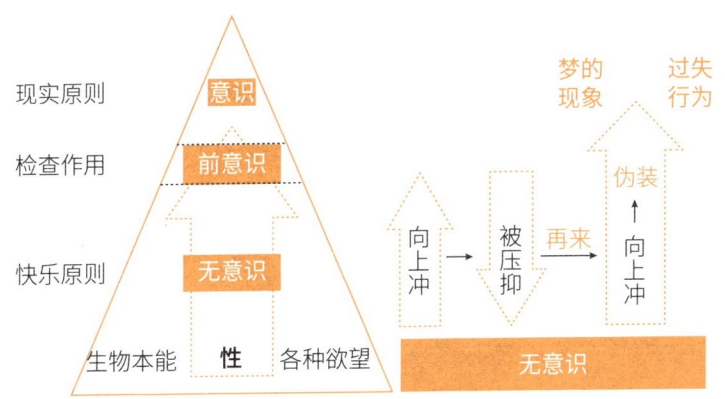

●●● 弗洛伊德的无意识理论

如图所示，我们可以把人类的整个精神领域看作一座巨大的冰山。浮出水面的山尖部分就是意识的领域，它处于精神领域的表层，这一层内容是人们能觉察到的心理活动。意识的领域和外界连接，可以感知外界环境，接受外界的刺激，并对现实有着意识上的反映。这部分的精神活动要考虑的是现实的原则，比如外界的各种规则、规范等。

但浮出水面的冰山必定是小部分，"意识领域"只是我们精神世界中的小部分而已，还有一个巨大的潜藏在水下的山体，这部分就是"无意识"的领域。弗洛伊德认为，这个领域才是真正的核心。

"无意识"领域其实就是人的本能、欲望、原始冲动的储藏室，而这个储藏室本身又是难以被人察觉和意识到的。它潜藏在人的内心深处，隐隐地起着作用。但别小看"无意识"，它有着强劲的心理能量。人的各类动机和意图的源泉都来自这个"无意识"世界。

"无意识"遵守"快乐原则"，怎么快乐怎么来，人们的各种欲望和冲动在"无意识"中像动物般野蛮、疯狂。正因如此，"无意识"领域中的个别部分有悖于我们的社会习惯、道德、风俗、法律等。

但"无意识"有一个最大的特点——不断向外显现，寻求满足。原始欲望就像火山一样总想向外喷发，潜藏在底层的本能冲动总是想向上蹿出水面，以使原始的欲望得到满足。

这时，在无意识和意识之间出现了一个中间层——"前意识"（也叫"下意识"），这一层的使命就是把那股原始的冲动欲望往下压。为什么要往下压呢？因为在人类的原始本能冲动里，有些是有悖于社会理性的，是不符合社会伦理道德的，一旦"无意识"想要往上蹿到"意识"领域，中间层"前意识"便开始阻止。"前意识"好比一个门卫，当"无意识"敲打"意识"之门，"前意识"就要审视、检查一番，还要把"无意识"里的原始本能冲动压回去。

"前意识"层面也是"无意识"和"意识"的一个过渡阶段，是调节"意识"和"无意识"的中介。"前意识"是临近"意识"的一种心理现象，但还没有真正成为"意识"，比如你对事物暂时的印象和想法都在"前意识"领域，处在"现在虽然没有意识到但可以想起来的"那部分领域。

我们可以这样理解，当"无意识"往上喷发时，有一部分"无意识"被具有检查作用的"前意识"阻挡、压抑下去，然后沉入冰山的底部，还有一部分"无意识"则通过"伪装"的方式避开"前意识"的检查，进入"意识"领域。

梦,就是这样的一种现象。人在睡眠中,"意识"领域因为放松了警惕,"无意识"里的那些被压抑的部分就冒出来,经过伪装后以梦的形式呈现,原始的本能欲望因此得到满足。弗洛伊德最著名的《梦的解析》就是一本探究梦的发生机制的著作,通过梦的表象去探究背后隐藏的那个"无意识"。

除了梦的现象外,还有我们行为上的失误和过失现象(比如口误和笔误),也是"无意识"经过伪装后,通过行为显露出来的一种体现。为什么人们会不经意间出现行为上的差错,因为在"无意识"状态里就有这样的意识存在,原始的欲望得不到宣泄,便通过口误或者笔误等行为展现出来。在弗洛伊德看来,"无意识"理论是精神分析学说的核心。

20
弗洛伊德：性本能

弗洛伊德认为，在人的所有无意识的冲动中，最原始的本能冲动是性欲的本能冲动，即"力比多"。

但弗洛伊德并不像大众那样，仅仅把"性"看作一种以快感为目的的肉体和生殖功能，而是把"性"的含义扩展到和生殖活动无关的活动上，他认为人的大部分活动都和性冲动有关。因此，他的观点也被人称为"泛性论"，即什么都能和性扯上关系。

"性生活并不是在青春期才开始的，而是在婴儿出生后不久就有明显的表现了"。在弗洛伊德看来，刚出生的婴儿就已经有性生活的表现了。性生活伴随人的一生，只不过在人的不同阶段，表现形式不同罢了。

弗洛伊德把人的性欲的发展，分为三个大的阶段：幼儿期、潜伏期和青春期。

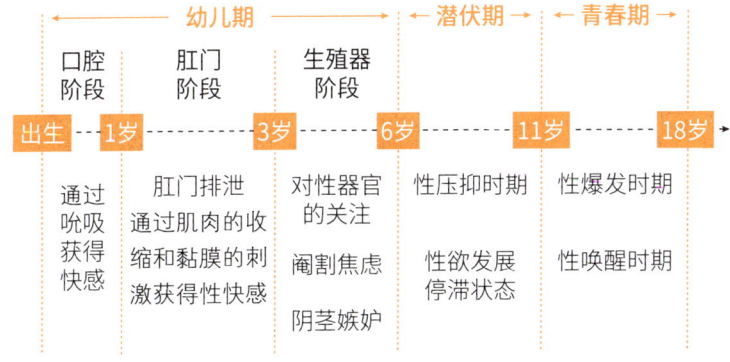

●○● **人的性欲发展阶段**

幼儿期

幼儿期是孩子从出生到6岁之间的阶段。因为在幼儿阶段，性欲的满足是通过不同的器官来实现的，所以以此为标准又分为三个小阶段：口腔阶段、肛门阶段和生殖器阶段。

（1）口腔阶段

从刚出生到1岁这段时间，就是口腔阶段。这个时候婴儿的性快感区域是口腔，即嘴巴。婴儿通过"吮吸"来满足这个阶段的性欲。婴儿吃奶要通过嘴巴吮吸母亲的乳头，一方面是为了获得营养，另一方面是为了满足性快感。在不吃奶的时候，婴儿也会吮吸自己的手指，有时候家长会拿一个奶嘴给婴儿吮吸。

弗洛伊德认为吮吸现象是婴儿的一种性表现，母亲的乳头和自己的手指就是婴儿的性目标。通过嘴的吮吸，婴儿获得一种满足。

（2）肛门阶段

从1岁到3岁，就是肛门阶段。性的快感区域从嘴巴转移到了肛门的位置。

这个时候，幼儿主要通过排泄活动获得快感。当肛门的粪便累积到一定程度，从而引发强烈的肌肉收缩时，大量的粪便通过肛门排出，肛门黏膜就会产生强烈的刺激，从而获得一种轻松的快感。虽然说这种刺激伴随着痛楚，但更多是带给幼儿酣畅淋漓的感觉。这种感觉，成年人也会有。

（3）生殖器阶段

从3岁到6岁，就是生殖器官阶段，儿童的性快感转移到了生殖器官上。这一时期，孩子开始关心男女之间的性差异、性器官的大小以及有没有阴茎等问题。

在这个过程中，男孩因为看到自己的阴茎而产生一种骄傲的情绪，随之而来的也有"阉割焦虑"的情绪①。女孩因为没有阴茎会有自卑情绪，从而产生一种"阴茎嫉妒"的心理。

与此同时，儿童开始向外界寻求爱的对象。之前的口欲期也好，肛欲期也好，性的快感都集中于某一个部位，但这一次由"自恋"转向了"他恋"，而第一个求爱的对象就是自己的父母。孩子对异性父母会产生恋情，而对同性父母产生竞争和嫉妒，乃至憎恨的情绪。这时男孩出现恋母情结（俄狄浦斯情节），女孩出现恋父情结。

---

① 指男孩害怕比自己强大的父亲割掉自己生殖器的一种情绪。

潜伏期

而后,孩子就进入 6 岁到 11 岁的潜伏期。

在潜伏期,性的冲动处在一种被压抑的状态。之前那些"性"的经验,在这个阶段逐渐被淡忘,性欲的发展出现了"停滞"状态。这时,儿童反而有点讨厌和异性相处,转而喜欢和同性相处。这个阶段看似是一个比较平稳的阶段。

青春期

从 12 岁到 18 岁,就是青春期。

这个阶段是性冲动被点燃的阶段。人的性器官成熟了,男孩和女孩分别有了第一次遗精和月经的现象。这时"力比多"的发展进入最高阶段,性的各个快感联合起来,性的冲动被完全唤醒,此时的年轻人表现出了旺盛的性的需求。

弗洛伊德认为,如果以上每个阶段都顺利进行的话,这个人就会成长为一个正常和健康的人,如果哪个阶段遇到了强大的阻力,就会发生性变态、性倒错,最后有可能演变为精神病。

弗洛伊德在研究中把"性"置于一个非常重要的位置,一个人一生的成长都离不开"性"这个主题。

21 弗洛伊德：本我、自我和超我

弗洛伊德对原先的无意识理论做了修正和补充，提出了"人格"理论——本我、自我和超我。这与无意识理论的三个层次有对应之处，但又不完全相同。

弗洛伊德用人格中三个维度之间的相互影响来解释整个社会文明的现象。通过后期的著作《自我与本我》《文明及其缺憾》，他发表了一些惊世骇俗的理论观点，形成他独特的社会文明观。

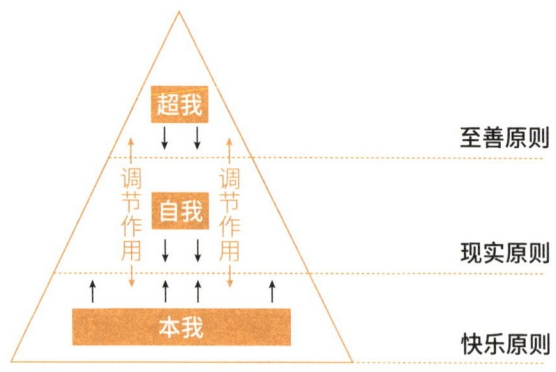

●●● 弗洛伊德的人格理论

本我

"本我"指原始的、与生俱来的那个本能的我,即抛开外界所有的道德伦理及各种规则束缚后的那个最本真的自己。"本我"有着各种原始和本能的欲望。

"本我"处于无意识领域,潜藏于"冰山之下"。"本我"遵守"快乐原则",可以不顾一切,不受任何道德和规则的束缚,只为寻求本能的满足。比如饿了就要吃,渴了就要喝,还要满足身体的性欲……这些都是属于"本我"的部分。

自我

"自我"的领域是人的常识和理性的领域,我们可从两方面对其理解。

第一,"自我"是联结"本我"和外界的中介。"自我"从"本我"而来,奉行"现实原则"。

我们前面讲到,"前意识"是处在中间层的中介,它就像门卫一样,对"无意识"进行审查,而"自我"也起到了同样的作用。

"本我"总想往上冒,但"本我"中的一些想法是违背社会伦理道德的。于是,"本我"中的部分想法被外界影响和改造,变成了一种能被外界接受的形式,这就是"自我"的部分。

比如,"本我"中人的性欲冲动总是不断向外显现。在这个过程中，人的原始欲望的部分就会被外界影响并改造成符合社会道德伦理的部分，人们通过恋爱、结婚这样的方式使其合理合法。

第二，"自我"对"本我"起到调节作用，既满足"本我"的需要，又制止违反道德准则和法律的行为。

这里可以用弗洛伊德的一个比喻——"骑马者和马的关系"来揭示。马相当于"本我"，而骑马者就相当于"自我"。马提供动力前行，但马是自由驰骋的，是没有方向的，也是任意的。如果不加控制就是一匹脱缰的野马，到处乱撞。这时候，就要有一个骑马者来驾驭马前行，指引着马行走的方向。

骑马者，就好比"自我"。骑马者驾驭马，马才能够更好前行。"自我"驾驭着"本我"，延缓"本我"冲动的释放，这样"本我"才能持续提供更好的动力。

"自我"的部分不像"超我"那么严厉，但也不像"本我"那么放肆。在"自我"的层面，两方面都要考虑，既要满足本能欲望，又要考虑道德的约束。

超我

"超我"是人格中最上面的层次，是外界生活规范和社会伦理道德领域，是道德化了的我。"超我"遵循"至善原则"。

同样，"超我"也是从"自我"中分化、发展而来的，是受到了外界的影响（比如儿童时期受到父母道德行为的影响，接受了社会大环境的文化熏陶、传统价值观和意识形态）而逐渐形成的。

"超我"的境界是人类向往的终极理想。人与人之间团结友爱，人们有着极强的道德感，遵纪守法，一切都是和谐美满的。可以说，"超我"就是要指引我们每个人成为一个有道德的人。因此，"超我"要抑制"本我"的冲动，但"超我"又不是直接压抑"本我"，而是通过中介——"自我"来压抑。通过监控"自我"、鼓励"自我"来压抑"本我"的欲望，最后追求的是完善而高尚的境界。

　　我们会发现，弗洛伊德"本我、自我和超我"与"无意识、前意识和意识"有一些相似之处。

　　"本我"处于最底层，是原始的欲望部分，属于无意识的领域；"自我"处在中间层（就如"前意识"处在中间层一样），沟通"本我"和"超我"。"自我"从"本我"中来，通过理性的方式找到一个外界能接受的方式行事，它不否定"本我"的欲望，又要考虑"超我"的要求。而"超我"则高高在上，处在纯粹道德化的状态，用一种良知的形式指导"自我"并鼓励"自我"去压抑"本我"。

　　"本我""自我"和"超我"三者之间存在一定联系，也存在矛盾冲突。如果三者保持平衡，人格就能健康发展；一旦三个系统失衡，人格就会出现异常，人就会产生焦虑，从而导致精神性疾病。

22
弗洛伊德：文明与本能

弗洛伊德将精神分析学从内向度的个体层面拓展到外向度的社会领域，去解释社会文化、文明与历史、战争与革命等一系列重要的社会问题。也就是说，人类历史和文明的诸多现象也可以用"本我""自我"和"超我"这三者之间的冲突关系来解释。这就形成了弗洛伊德独特的社会文明观。

说到"文明"这个词，大家并不陌生。科学技术、文学影视、音乐绘画、法律法规、道德准则等，这些都是社会文明的体现。但弗洛伊德是怎样界定"文明"的呢？

什么是文明

弗洛伊德认为，文明就是"所有使我们生活不同于我们的动物祖先的生活的成就和规则的总和，它们具有两个目的，即保护人类抵御自然和调节人际关系。"①

可以说,弗洛伊德的这段话主要有两层含义:

第一,文明是人类区别于动物的一个象征。人之所以不同于动物,就在于人是有精神思考的,是有理性和理智的,而不单单像动物那样仅仅有生物的本能。

第二,文明是生活成就和规则的总和。人类把精神思考的层面化为一种规则的结果。而这个层面,就是一些无形的东西了,如科学、艺术和思想等较高层次的活动,还有道德伦理等,这些都属于社会文明的范畴。

那么,文明是如何产生的呢?

文明何以产生

弗洛伊德从两个方面对"文明何以产生"进行了解释。

升华

以社会所能接受的方式(文学、艺术、科学技术等)表现

压抑

牺牲自我人格中的原始本能,限制本能的自由

●●● **文明与本能的关系**

一方面,文明是对本能的升华而产生的,文明给人们带来益处;另一方面,文明又是以牺牲人的本能为代价而产生的,文明是对人的本能的巨大压抑。

---

① [奥]弗洛伊德.文明及其缺憾[M].傅雅芳,郝冬瑾,译.合肥:安徽文艺出版社,1987:31.

文明：对本能的升华

弗洛伊德认为，人的本能是推动文明进步的动力。"本我"中的原始欲望，总是向外喷发，但也受到外界的压抑，于是通过一种"升华"的方式，即社会能接受的方式（如文学、艺术、科学技术等）表现出来。最后产生社会文明。

弗洛伊德也认为，原始的最初动力就是人的性冲动欲望。我们会发现很多艺术作品——文学、电影和音乐绘画等，都离不开一个根本主题——人的"情欲"。

这是从积极的方面来解释人类文明产生的原因。

文明：对本能的压抑

从消极意义上来说，文明的产生以牺牲人的本能、压抑人的本能欲望为代价。此时，文明成了个体的敌人，成了本能的敌人。社会要进步，文明要发展，就必然要压抑每一个个体的本能欲望。文明的发展是以抗拒本能、欲望的满足为基础的，是以牺牲个人的幸福为代价的。

也就是说，文明的发展要求每个人牺牲自我人格中的一部分原始本能欲望，比如好胜心、领袖欲、侵略性等，要限制本能的自由，不让人的本能欲望肆意释放出来。虽说本能可通过"升华"的方式释放，但"升华"带给人的满足是平静而温和的，远不如本能欲望的满足那么激烈，而且只有少数人能够真正通过"升华"获得欲望的满足。毕竟那些伟大的艺术家、科学家是极少数的。

所以对大多数人而言，现代文明的发展、社会的进步带给人的是一种心理创伤。社会通过道德准则和法律规范等方式和手段限制人的自由，使人类将"以自我为中心"的倾向转为"利他主义"的倾向。

人的本能欲望一旦向外喷发，社会文明也会通过一系列手段，比如"超我""良心"或者"罪恶感"等对人的本能施压，不让这些欲望肆意流出。我们都有过这样的生活经历，当你做一件坏事时，外界（可能是你的父母或者你的"超我"）会有一个声音对你说：你这样做对得起自己的良心吗？

这就是弗洛伊德独特的社会文明观，他一方面认为文明是本能的升华，另一方面他又对文明持不满的态度，认为社会文明的发展压抑了人的本能，是以牺牲人的幸福为代价的。

如此说来，弗洛伊德是文明的反对者吗？当然不是。弗洛伊德认为，放弃文明，人类就会倒退到原始社会，他主张理性看待，不彻底反对文明的发展方向，但反对文明的特定形式和要求。他认为要给予人的本能生活足够重视，不要让文明的发展捆绑住人们的手脚，从而失去生命的欢乐。

小结:
生命的本能

叔本华

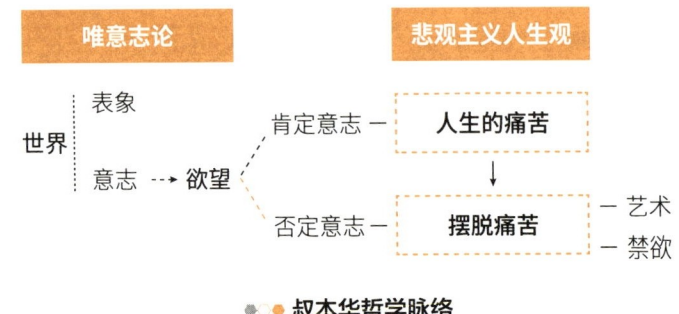

● ● 叔本华哲学脉络

唯意志论

在《作为意志和表象的世界》一书中,叔本华将世界划分为作为意志的世界和作为表象的世界。一切现象都是从意志生发而来的,万事万物都不过是意志的客观化的展现而已。

叔本华所谓的"意志"是指非理性层面的盲目冲动和欲求,即各种不竭的欲望。

悲观主义人生观

面对不断涌现的欲望，人该肯定欲望（意志），还是否定欲望（意志）？

如果肯定欲望（意志），就意味着人要不断去满足欲望。欲望得不到满足就会处于匮乏状态，但欲望是永无止境的，所以人会不断陷入痛苦之中。

叔本华提出可通过两条路径缓解痛苦：不彻底地否定意志，即通过艺术审美的方式获得短暂解脱；彻底地否定意志，即通过彻底禁欲以达到心灵永恒的宁静，并走向人生的涅槃。

尼采

我们可从肯定性的维度和否定性（批判性）的维度来理解尼采哲学。

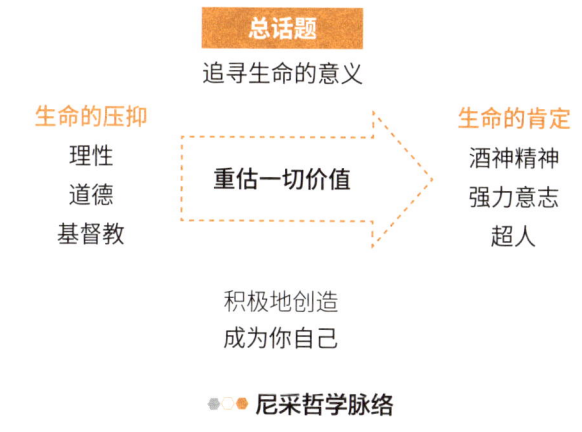

●—● **尼采哲学脉络**

肯定什么？肯定生命的价值和意义。否定什么？否定一切戕害生命的行为和让人颓废的价值观。

在肯定性层面，尼采推崇具有生命活力的酒神精神，提倡"强力意志"。尼采最终要肯定生命的价值，或者说为生命赋予一种价值，在不断的自我超越中获得人生的快感。

在否定性（批判性）层面，尼采反对苏格拉底主义、批判传统的理性主义、道德、宗教文化等所有的旧思想。尼采在重估旧价值的同时也在进行价值重建，他把希望寄托于"超人"身上。现代人唯有通过精神三变，才能实现自我超越，成为"超人"。

肯定也好，批判也好，尼采哲学的所有主题都围绕"探寻生命的意义"而展开。

克尔凯郭尔

克尔凯郭尔的哲学，我们掌握两点："孤独的个体"和"人生道路三阶段"理论。

孤独的个体

克尔凯郭尔将人的生存问题——个体的孤独、情感、厌烦、苦闷、焦虑等体验当作哲学研究的对象。

人生道路三阶段

人生道路的三个阶段，确切地说应该是人存在的三个境界：审

	描述	特点	代表人物
审美境界	只追求感性层面的快乐，人的生活被各种欲望、冲动和情绪支配着	爱自己	唐璜
伦理境界	具有道德感，学会克制自己的欲望，学会遵循有意义的道德准则	爱他人	苏格拉底
宗教境界	到达信仰之境，摆脱世俗的诱惑，摆脱了伦理道德的理性制约，人面对的只有上帝	爱上帝	亚伯拉罕

●●●**克尔凯郭尔：人生的三个境界**

美境界、伦理境界和宗教境界。这三层境界的三位代表人物分别是：唐璜、苏格拉底和亚伯拉罕。

柏格森

柏格森的生命哲学可用一句话概括：以生命冲动为基石，以时间为本质，以直觉为方法。

柏格森把时间的本质理解为将过去、现在和未来交融在一起的生命之流——"绵延"，并提出通过"直觉"的方法把握"绵延"。

以生命冲动为基石	以时间为本质	以直觉为方法
生命冲动	时间 —本质→ 绵延	直觉

●●**柏格森哲学**

弗洛伊德

弗洛伊德是精神分析学说的鼻祖，我们可从两个阶段、四个维度去理解弗洛伊德的理论。

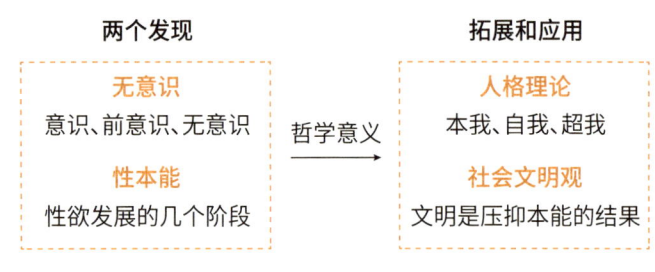

●○● **弗洛伊德理论脉络**

阶段一：前期的两大发现

无意识理论：最底层的"无意识"是人的本能欲望的储藏室；"前意识"是沟通"无意识"和"意识"的中介，起到检查作用；"意识"则是一个现实的有着各种规则束缚的领域。

性本能理论：在无意识领域，性欲冲动是最为根本的动力。弗洛伊德用"性本能"理论解释人类的活动和各种现象，他总结出了人类性欲发展的几个阶段：幼儿期、潜伏期和青春期。

阶段二：拓展和应用

人格理论：从"无意识"理论发展而来，将人格分为"本我""自我"和"超我"三个层次。"本我"是原始的本能部分；"自我"

是"本我"受到外界影响,将其转变为一种外界能接受的形式,同时起到调节作用,平衡"本我"和"超我"的冲突;"超我"则是一个道德化的我,是各种价值观的储藏室。

社会文明观:从积极层面来说,文明是本能升华的产物;从消极层面来说,现代文明的产生是以压抑人的本能、限制人的本能自由为代价的。

第二篇章

功利与实用

本篇章介绍的第一个流派是功利主义。

功利主义哲学，形成于18世纪末19世纪初，代表人物有英国的边沁和密尔。

简单来说，功利主义是以实际功效或利益作为道德准绳的学说，主要讨论如何能够获得最大的功效和利益问题。功利主义判断一件事情正确与否的标准是这件事对人产生了怎样的功效。如果做一件事，可产生更大的功效或者使人获得更大的幸福，那这个行为就是正确可取的；如果没有产生相应的功效或者导致相反的结果，那就是不可取的。

功利主义最早源于古希腊时期的伊壁鸠鲁主义。伊壁鸠鲁曾说："肉体的健康和灵魂的平静乃是幸福生活的目的，就是为了这个目的，我们才竭力以求避免痛苦和恐惧。""趋乐避苦"便是找寻内心快乐，通达幸福生活的方式。

17世纪的经验论者提出的"社会契约论"，在一定程度上也表达出"保障社会上每个人的最大利益"的价值主张。18世纪法国启蒙思想家爱尔维修，以"趋乐避苦"的人性主张反对封建的束缚和禁欲主义。到了19世纪，边沁提出功利主义等主张，并创立功利主义学说。由此，功利主义正式成为一门哲学流派。随后，密尔对边沁的功利主义进行了修正。

本篇章介绍的第二个流派是实用主义[①]。

实用主义是19世纪末以来在美国流行的一个哲学流派。"实用"，强调哲学应该立足于现实生活，立足于经验。实用主义更加注重对实际经验和实践行动在实际应用中可能产生效果的讨论。

古典实用主义哲学有三位代表人物：皮尔士、詹姆士和杜威。

19世纪70年代，皮尔士和一群年轻朋友组建"形而上学俱乐

---

① 实用主义和功利主义之间并没有明显的逻辑上的关联，因本书的内容编排设置，所以将两者放在同一篇章中。

部"，这个团体也被认为是实用主义的发源地。在一次演讲中，皮尔士提出了"皮尔士原则"，但这个理论在当时并没有引起学术界的关注，实用主义哲学也未被大众接受。一直到20年后的1898年，另一位哲学家詹姆士，重新阐释皮尔士的实用主义原则，并对之进行充分的论证和发挥，人们才开始认识到实用主义的真正价值。此后，实用主义迅速风靡美国。

可以说，皮尔士是实用主义的先驱和倡导者，詹姆士则系统阐释了实用主义并将其理论化。而后的一位代表人物——杜威，是实用主义的集大成者。杜威把实用主义发展到顶峰，并将其运用到了社会生活的各个领域。第二次世界大战后，特别是杜威去世后，美国古典实用主义便不再处于重要位置。但美国的实用主义并没有销声匿迹。到20世纪下半叶的美国分析哲学运动中，又出现了一股回到实用主义的思潮，奎因、罗蒂成为新实用主义的代表，实用主义又重新活跃于美国的哲学舞台。

本篇章概览

哲学家

边沁 | 密尔 | 皮尔士 | 詹姆士 | 杜威

本篇章流派

功利主义 | 实用主义

本篇章话题

⊙ 功利主义的内涵　　⊙ 电车难题与最大幸福原则

⊙ 快乐的量与质　　　⊙ 哲学的使命

⊙ 哲学家的气质　　　⊙ 真理与行动

01
边沁:
什么是功利主义

杰里米·边沁(Jeremy Bentham, 1748—1832年)。英国的法理学家、功利主义哲学家、经济学家和社会改革者。他是英国法律改革运动的先驱和领袖,功利主义哲学的创立者。他还对社会福利制度的发展有重大的贡献。

边沁是英国著名的法学家、伦理学家、社会改革家和经济学家,他是功利主义哲学的创始人,也是一位政治上的激进分子。

1748年,边沁生于英国伦敦。他生活的年代,正处于英国第一次工业革命时期,也是农业社会向工业社会过渡的转型期。敏感的边沁对当时的社会问题特别感兴趣,普遍存在的社会不公等现象也促使他更加关注公共道德等问题。他写了大量关于伦理和政治的著作,并努力把自己的思想应用于实践。

1776年,边沁出版了第一部专著《政府论片断》。1789年,他最重要的哲学著作《道德与立法原理导论》问世,他提出功利主义要遵循"最大幸福原则"。后来,边沁也把功利主义运用于法律、政治和伦理等其他社会领域,这也正是边沁的贡献所在。同时,功利主义也为18世纪末19世纪初资本主义的发展提供了理论原则和实践基础。

"功利"这个词,大家并不陌生。我们有时会评论一个人做人做事太"功利"。同时也会把"功利"与追求利益画等号,并时常告诫自己:做事不能太功利。但实际上,西方哲学的"功利主义"完全不是我们常识中理解的意思。这可能跟翻译有关,如果将"功利"翻译成"功效"就更好了,"功效主义"能更好地传达这个思想。

一种行为的对错取决于它带给人们的效果是善还是恶,如果这个行为能带来善的效果(给人带来快乐和幸福),那这个行为就是符合道德的,是可以实施的。如果这个行为给人带来的是恶的效果(给人带来痛苦),那这个行为就是不符合道德的,是不可取的。

边沁说:"功利原则是这样一个原则,它根据增加或减少当事人的幸福的倾向来认可或拒绝一种行为,我指的是任何一种行为,不仅包括任何私人行为,也包括政府的任何措施。"

由此,我们可分析得出如下几点。

第一,功利主义是一个判断行为对错的准则和标准。主要是通过快乐和痛苦这两个要素进行判断。凡能够给当事人增加快乐功效的,这个行为就是可取的;凡给当事人带来痛苦的,这个行为就是不可取的。

为什么要通过快乐和痛苦这两个要素去判断呢?因为在边沁看

来，快乐和痛苦是人生的两个重要感受维度。在《道德与立法原理导论》里，他提道："自然把人类置于两个强有力的主人的控制之下：痛苦和快乐。只是他们才能向我们指出应当做什么，并决定了会做什么。"

人总会受到快乐和痛苦这两种体验的支配。你决定做什么、不做什么，是心中的标准驱使着你。如果有一件事情让你感到很痛苦，你还会做吗？不会的，你当然更愿意逃避痛苦的状态。但如果有一件事情让你感到快乐，你肯定愿意去做，因为这样能获得更多的快乐。

可见，人的行为遵循的是苦乐原则——追求快乐，逃避痛苦。在此基础上，边沁提出了自己的功利主义学说，其本质正是"快乐主义"。

第二，功利主义的"功利"是指"功效"——对快乐和幸福功效的追求、对痛苦功效的逃避。一切能让当事人感到快乐、幸福的行为都要提倡，尽量避免那些会带来痛苦的行为。

第三，边沁的功利主义以个体为出发点，但归宿不是个人，而是社会。之前说到，边沁希望将他的理论运用于政治、社会、伦理等各个领域，他也希望自己的理论能够为社会带来一些变革。

当然这里要注意，边沁的功利主义强调的是个人功利（个人要去追求自己的幸福和快乐）。但当个人组成了集体乃至社会共同体（即利益的"当事人"）之时，此共同体（社会）的利益该如何保证呢？这就涉及边沁提出的"最大幸福原则"，其指向的正是"集体主义"。因此我们说，边沁提出的功利主义的最终归宿是社会。

02 边沁：从"电车难题"到最大幸福原则

要理解边沁的"最大幸福原则"，我们不妨将"电车难题"这个思想实验作为入口。

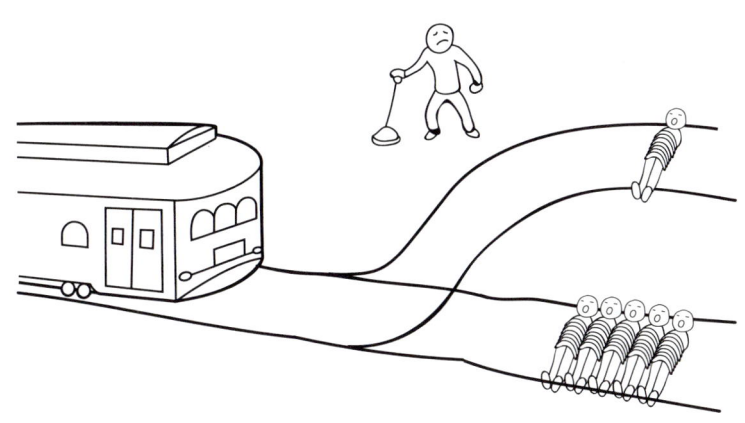

●○● **电车难题**

电车难题

一辆有轨电车朝着一条轨道行使,有个疯子把五个无辜的人绑在了这条轨道上。眼看电车驶来,就要轧向这五个人。此时你的面前有一个拉杆,如果你拉下拉杆,这辆电车可以立马改变方向,驶向另一条轨道。但在另一条轨道上,也被这个疯子绑了另外一个无辜的人。

面对这种情况,你是否要拉动拉杆?

如果不拉动拉杆——电车就会驶向五个人,然后五人牺牲,一人获救;如果拉动拉杆,电车会驶向一人,最后一人牺牲,五人获救。

这就是著名的"电车难题"。

功利主义者的答案是:拉下拉杆,牺牲一个人,让另外五个人获救。这样的做法正是功利主义中"最大多数人的最大幸福"原则(简称"最大幸福原则")的体现。

最大幸福原则

边沁认为,幸福可以被衡量,甚至可以用数字量化。比如,五个人的集体幸福和集体利益,肯定高于一个人的幸福和利益。

在边沁看来,在所有可供选择的行为中,要选择能够获得最大利益的行为,要增加的是社会整体的幸福感,这就是"最大幸福原则"的一个价值标尺。

换句话说,"最大幸福原则"提倡的是集体主义。集体是什么?

就是由很多个个人组成的团体，往大里说就是整个社会。每个人都是社会的一分子，集体利益或者说社会利益优先于个人利益。当个人利益和集体利益发生冲突时，就要牺牲个人的利益，以保全集体利益。这就是"最大幸福原则"要倡导的理念。

在我们的道德实践中，"最大幸福原则"中的"最大"该如何确立呢？或者说怎样判断哪种幸福是"最大"的幸福，哪种幸福还没达到"最大"的程度呢？

这就涉及边沁提出的苦乐计算法。

苦乐计算法

苦乐计算法，即通过单位和数值（比如份额的值）的计算来衡量和确定快乐与痛苦的量的方法。由此便可计算出，一种行为带来的是快乐多一点还是痛苦多一点。可进行计算的指标有：强度、持久性、确定性、远近性、继生性、纯粹性和范围等。

拿"强度"这个指标来说，一个行为如果带来的是快乐的强度多一点，那就在快乐的数值上加1；如果这个行为带来痛苦的强度多一点，那就在痛苦的数值上加1。以此类推，最后通过对量的对比分析，得出：哪些行为带来的快乐大于痛苦，哪些行为带来的痛苦大于快乐。以此判断：哪些行为值得提倡，哪些行为不值得提倡。

需要说明的是，边沁的苦乐计算法强调量的维度，即注重快乐的量而不太注重快乐的质。如果两种行为产生了等量的快乐，那么它们就是同等程度的善。

约束机制

如何才能让每个人遵守"最大幸福原则",从而最大限度地增进人类的整体幸福呢?边沁提出通过立法的方式达到。制定法律,可以约束和制裁那些损害公共利益的行为,促使全社会更加幸福、和谐。

03 密尔:
对功利主义的新说明

约翰·斯图尔特·密尔（John Stuart Mill, 1806—1873 年）。19 世纪英国著名哲学家、经济学家、逻辑学家、政治理论家。早在维多利亚时代，密尔就因其鲜明的自由主义立场以及对自由主义学说的清晰阐释而被称为"自由主义之圣"。

　　密尔出生于 1806 年，从小受到他的父亲詹姆士·密尔的极大影响。身为著名心理学家的父亲对密尔要求极严，在密尔 3 到 14 岁时，父亲更是对他进行了远远超出同龄人的高强度学习训练。密尔后来在自传中说："由于父亲在我身上进行的这种训练，我在起跑线上就领先于我的同时代人四分之一世纪。"

　　密尔的父亲和边沁有着密切关系，密尔本人又深受父亲的影响，

所以密尔在无形中也受到了边沁思想的熏陶。密尔年轻时读了边沁的《道德与立法原则导论》，其中"最大幸福原则"对他的触动很大，密尔说"这成了我思想发展的一个转折点"。之后他慢慢琢磨，也逐渐形成自己的见解。

密尔有一部叫《功利主义》的著作，这本书起初是密尔想要捍卫自己从父亲和边沁那里学来的功利主义的原则而作，但写着写着，他逐渐有了更多自己的思考，于是对边沁的思想进行了修正，提出了自己对于功利主义的新解释：

> 把"功利"或"最大幸福原理"（即"最大幸福原则"——编辑注）当作道德基础的信条主张，行为的对错，与它们增进幸福或造成不幸的倾向成正比。所谓幸福，是指快乐和免除痛苦；所谓不幸，是指痛苦和丧失快乐。……唯有快乐和免除痛苦是值得欲求的目的，所有值得欲求的东西之所以值得欲求，或者是因为内在于它们之中的快乐，或者是因为它们是增进快乐避免痛苦的手段。

这段话，我们可以从以下几个方面进行理解：

第一，道德规范问题。道德的基础是最大幸福原则。行为的对错与幸福与否是成比例关系的，正确的行为带来的是幸福的提升，错误的行为带来的是幸福的降低。于是，判断一个行为对错的最终道德标准就看它是否增进了人的幸福和快乐。

第二，对人生意义问题的回答。什么是值得欲求的？人生唯一的终极价值是什么？那就是追求"善"，追求快乐，免除痛苦。所有值得追求的东西，之所以值得追求就在于这两点。

密尔和边沁的思想基本一致。边沁主张的功利主义是趋乐避苦，最后达到"最大多数人的最大幸福"效果。而密尔也表达出同样的意思：一个人的行为带来的是快乐，那就是"善"；带来的是痛苦，那就是"恶"，并以此为标准来判断行为道德。趋乐避苦，同样也是人生的唯一动机。

密尔也倡导"最大幸福原则"，但他更多强调了一种利他精神——"最大幸福"不是指行为者自身的最大幸福，而是指一切与此行为有关的人的幸福。你希望别人怎样对待你，你就要怎么样对待别人。"爱邻如爱己"就是这个意思。

04
密尔：
快乐越多越好，还是越优越好

总体来说，密尔继承了边沁对功利主义的定义，两人的理论在本质上具有一致性。那么，他们的理论又有什么不同呢？他们的不同之处主要体现在对快乐的"量"和"质"的处理方式上。

快乐的量和质

边沁认为，通过苦乐计算法可以计算出快乐的数值，并以此作为判断行为是否符合善的标准，其"最大幸福原则"特别注重快乐的"量"。

密尔对此进行了修正，他认为不应该用计算的方式评估快乐。快乐不仅有"量"的不同，还有"质"的差异。密尔说：

> 荒谬的倒是，我们在评估其他各种事物时，质量与数量都

是考虑的因素，然而在评估各种快乐的时候，有人却认为只需考虑数量这一个因素。①

做一个不满足的人要比做一头满足的猪要好，做一个不满足的苏格拉底比做一个满足的傻瓜要好。②

人和猪的快乐是有差别的，一个思辨的人和一个不学无术的傻瓜之间的快乐也是有差别的。密尔通过类比的方法，表明对快乐的"质"的重视程度，同时也表达出自己的倾向是追求更高层次的快乐。

精神快乐高于肉体快乐

密尔对快乐的层次进行了区分。一种是低级的快乐，比如肉欲、物质的满足；另一种是高级的快乐，比如人对美德、智力、艺术的追求而获得的精神层面的快乐。

在密尔看来，对精神快乐的满足要胜过肉体快乐的满足。人更愿意选择高级快乐，甚至为此放弃低级快乐。密尔的观点强调了快乐的"质"的优越性，即人们对快乐的"质"的追求优于对"量"的追求。

密尔对功利主义的修正更符合我们当下的大众价值观。从"质"的层面评估快乐，无形中提升了人们生活的品质。因此，他的观点

---

① ［英］密尔.功用主义［M］.徐大建，译.上海：上海人民出版社，2008：9.
② ［英］密尔.功用主义［M］.唐钺，译.北京：商务印书馆，1962：11.

有着很强的伦理价值和实践指导意义。

功利主义的约束机制

在功利主义的约束机制上,前面已经提到,边沁通过立法——一种外在的奖惩机制对大众进行约束,从而达到最大幸福的效果。

密尔也强调外在的强制约束力,但密尔更加注重内在强制力——通过每个人内在的良心、内疚感来约束自己的行为,从而达到整个社会的最大幸福效果。何谓良心?就是当你违背社会责任感产生的一种内疚之情,比如当你自己的行为有害于大众时,你的内心会生发出一种羞愧感。

密尔还认为,良心并非天生,而是通过后天教育,像父母、老师的教导和伙伴间的相互学习逐渐形成的。

05 皮尔士：实用主义的开创者

实用主义哲学是 19 世纪下半叶在美国流行起来的一个哲学流派。可以说，实用主义哲学在一定程度上反映了美国当时社会的一种生活方式。

什么是实用主义

独立战争以后，资本主义在美国发展得很快。追逐利益、追求"实效"，成为资产阶级行为的出发点。实用主义正好反映了美国资产阶级的这种思想，这也是美国人务实和创新精神的一种体现。

实用主义最大的特点就是反传统哲学的思维方式。传统形而上学以追求普遍和绝对意义为目标，注重严密的逻辑推导过程。但实用主义者认为这些都不重要，重要的是理论是否能对人的行动产生实际的效果。如果有实际的效果，这些理论就是有实用性的；不能产生实际效果，这些理论就是没有实用性的。

从某种程度上说，实用主义将理论当作行动的指南，带有一定的功利色彩。实用主义立足于现实生活，强调知识是行动的工具而不是认识的目的，把获得效果当作最终目的。

实用主义是一种非常贴合人们生活实际的理论，也非常符合美国当时的发展状况，所以以成为当时美国的官方哲学。后来，一位美国哲学家路德·宾克莱说过这么一句话："实用主义给美国人只关心实际行动，而不关心崇高理想提供了一个哲学的根据。"可见，实用主义特点之鲜明。

皮尔士：对传统哲学的批判

皮尔士是美国实用主义的开创者。他认为：认识的任务不是反映客观世界的本质和规律，而是认识行动的效果，从而为行动提供信念。

自笛卡尔以来的传统哲学有一个特点，以主客二元对立——人

查尔斯·桑德斯·皮尔士（Charles Sanders Peirce, 1839—1914年）。美国哲学家，逻辑学家、实用主义创始人。

（主体）认识世界（客体）的模式为前提进行哲学研究。笛卡尔的"我思故我在"便是主体性意识的体现，后来的哲学家（无论是经验论者还是唯理论者）都是在笛卡尔搭建的大框架下进行哲学思考。

传统哲学的思维方式类似于人的"视觉的方式"，即"看"的方式。"看"这个行为是被动性的——你一睁开眼睛，世界就呈现在你眼前了，你并不能改变什么，你只能被动地接受世界在你面前的展现。当你看到世界后，脑海中就产生了对世界的各种观念。

在传统哲学中，人处于被动状态，知识是人对世界在内心中的一种反映。此时皮尔士提出质疑：哲学的思考状态为什么不能是一种主体和客体交融的状态呢？

在他看来，人类在对世界探索的过程中，逐渐形成对世界的认识，并形成确定性的知识。主体和客体自一开始并非二元对立，而是一体的。这就如同你走迷宫，一开始你根本不清楚迷宫的全貌，不知道哪条路会通向终点，你只有不断向前探索，才能把迷宫的路线摸清楚。探索迷宫的过程，也可视为主体探索世界的过程。

人在探索世界的过程中建构起来的知识体系，是一个流动的状态。人和世界随时都在变化，而不是世界（客体）就先存在于那里，等着人（主体）去认识。

皮尔士提出的哲学探究方式，也可类比为"触觉的方式"。就好比说世界对人来说是一个不确定的世界，你只有去触摸世界，经历一个探索的过程，才能逐渐认识世界的全貌，形成对世界的认识，获得确定的知识。

可见，实用主义的思维方式表现出了对传统形而上学的批判，并有着反本质主义的倾向。

哲学的使命：确定信念

既然说，人和世界打交道的过程是一个主客交融的探索过程，那么该如何探究这个世界呢？这就涉及皮尔士提出的从"怀疑"到"确定信念"的理论。

人身处世界中，难免会陷入"怀疑"的状态。这里的"怀疑"不是哲学史上讲到的怀疑主义，而是指一种更加宽泛的状态：因遭遇各种不确定性而产生的忧郁、焦虑以及凌乱的情绪等。

如果长时间积累这种情绪，就会陷入更大的焦虑中。这时人要去追求一些确定性的东西，追求那些能让人产生稳定情绪的东西，即可靠的信念。信念，通俗理解就是人心中确信的观念。

皮尔士对"信念"的定义：第一，它是我们意识到的某种东西；第二，它平息了怀疑引起的焦虑；第三，它会在我们的本性中建立起一种行为规则，或者简单地说是一种习惯。

可以看出，"信念"首先是我们思想意识到的一种观念，可靠的信念能够治愈我们的焦虑。同时"信念"也意味着建立一种习惯，指导我们的行动。

在皮尔士看来，哲学的目的与使命、思维的意义就在于使人从"怀疑"到"确定信念"。从焦虑不安到拥有安全感，这其实就要求人建立起一套稳定的信念系统。因为人是身处在对世界的探索之中的，所以人的安全感以及稳定的情绪也是在和世界交融过程中形成的。这个可靠的"信念系统"，就成了关键。

06 皮尔士：
确定信念的四个方法

从"怀疑"到"确定信念"是哲学的探索过程，也是思维的目的。思维的探索需要把东西沉淀下来，需要有一套知识系统把所有要探究的问题总结出来。

传统的哲学方式，是以主客二元对立为前提，通过主体对外部世界的认识，总结沉淀出一套知识系统。这套知识系统是对外部世界的一种反映。

但皮尔士认为，知识只不过是"实用的"信念，知识问题是信念系统（符号系统）的问题。人和世界打交道（人对世界的认知、对周遭的判断）形成的各种观念，都要通过相应符号表现出来。思维的目的就在于确定这套信念与符号系统。

比如语言系统。人与人的沟通正是基于"共同的"语言系统，才得以顺利进行。比如你去商店对售货员说："我要买五个苹果"。售货员听懂了你的话，并给你拿了五个苹果。你确定无误后，付钱给售货员。

这个过程看似正常，但里面却有一套"共同的"符号系统（语言系统）在起作用。当你对服务员说"买五个苹果"时，为什么服务员能准确地明白你的意思，然后拿给你五个苹果？这是因为"苹果"这个概念，是你和售货员都能共同理解的。你和售货员处在同一个语言或者符号系统中，你们有着共同的语言概念体系。我们也只有生活在这么一个确定的概念体系中，才能让沟通顺畅进行。

那么，这个符号系统（信念系统）是通过什么表达的呢？或者说，符号系统（信念系统）是由哪些要素组成的？答案是由一个个概念或者命题组成的。在语言系统中，共同的概念和命题是人与人之间有效沟通的关键。

既然哲学的任务是确定信念，要构建可靠的符号或信念系统，就要去琢磨信念系统的组成要素——概念和命题。

我们在运用各种概念的时候，首先要反思这个概念所表达的意义是否清晰明确。只有先把概念弄清楚了，人与人的交流才有意义。如果概念含糊不清，命题的表达模棱两可，那你如何能和这个世界进行持续、顺畅而有效的沟通呢？

"买五个苹果"，这句话是清晰的表达，意义也是明确的。但如果你不按照这种方式，而是以一种难以理解的方式去跟售货员沟通，售货员自然就不知道你想要什么。这种现象是我们要去杜绝的。要建立一套完善的符号系统，就要先弄清楚我们日常使用的概念或命题是否清晰，思想表达出来的意义能否让别人也清楚明白。只有把这个问题弄清楚后，才能最终确定信念系统。

那么，问题又来了。如何判断一个概念或命题是否清晰明白，表达的意思是否有意义呢？这就涉及皮尔士实用主义的基本准则。

皮尔士原则

关于皮尔士原则,有一段话是这样表述的:考虑一下我们认为我们概念的对象具有一些什么样的效果,这些效果具有一些可以想象的实际意义,这样我们关于这些效果的概念,就是我们关于这个对象的全部概念。

通俗理解,我们判断一个概念是否具有意义,就是要和这个概念带来的实际效果关联在一起去判断。如果说这个概念能产生对应的实际效果,那么这个概念就是有意义的;如果没有实际的效果,这个概念就是没有意义的。

以"重"的概念为例。物体是重的,如何体现"重"的概念是有意义的呢?就看它是否产生了实际效果。我们手握一支笔,松开手,笔就会落地,因此我们可以说"这支笔是重的"。由此可知,有实际效果,概念就是清楚明白有意义的,反之则没有。

这就是著名的皮尔士原则。

如何确定信念

当我们澄清概念和命题的意义后,就要进入"确定信念"的环节。

第一,固执的方法。非常固执地坚持自己的信念,拒绝别人的意见和建议,拒绝接受新鲜的事物和理论,无论外界怎样变化都要顽固地坚守自己的理论,凭借自己的意志去确定信念。

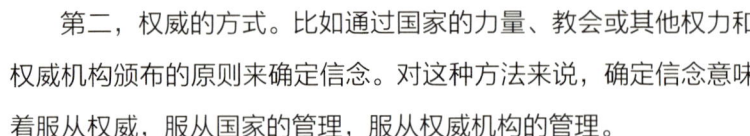

第二，权威的方式。比如通过国家的力量、教会或其他权力和权威机构颁布的原则来确定信念。对这种方法来说，确定信念意味着服从权威，服从国家的管理，服从权威机构的管理。

第三，先验的方法。这种方法是社会中少数人运用到的，比如哲学家按照一种理性原则，通过演绎和推导的方式确定信念。像笛卡尔这样的传统形而上学的哲学家，就比较擅长用这样的方法。

第四，科学的方法。排除任何主观性的偏见、排除盲目的权威崇拜，仅仅从非常客观的外部经验事实出发、从科学的实验和观察出发，描绘客观实在的事物，排除"怀疑"并确定信念。这样的方法有一个好处是不同的人通过这样的方法最终得出的结果是一样的，排除了一些外在因素的影响。

在这四种方法中，皮尔士认为只有"科学的方法"才是确定信念的最好办法。

07 詹姆士：
哲学家的气质和彻底的经验主义

威廉·詹姆士（William James，1842—1910年）。美国心理学之父，美国本土第一位哲学家和心理学家，也是教育学家、实用主义的倡导者，美国机能主义心理学派创始人之一，亦是美国最早的实验心理学家之一。

詹姆士，是美国著名的心理学家和哲学家。他起初研究心理学，而后走上了哲学研究的道路。"意识流"这个心理学概念，最早就是由詹姆士在构造主义心理学中提出的。

关于詹姆士的实用主义哲学，我们从三个维度介绍：关于哲学本身的看法、彻底的经验主义的理论以及真理观。

哲学的理论要为人所用

传统哲学是理性主义的哲学思维,目的是探究抽象的、大写的实在,即探究世界的形而上学问题。但在詹姆士看来,哲学更应该探究的是现实生活中人的实践问题,应该把"人的情感、价值、信仰与传统哲学家们所追求的知识、理性和真理结合起来"。这是詹姆士的出发点,也是他对哲学的基本任务的认识。

从这一点看,詹姆士的哲学具有实用主义的特点,他认为哲学的理论要为人所用。

哲学家的气质

在詹姆士看来,哲学家的思想与哲学家的气质息息相关。哲学家的气质不同,其采取的哲学方式也会不同。哲学史上不同流派的争论,其背后正是不同气质的哲学家的争论。

詹姆士将哲学家的气质划分为刚性的气质和柔性的气质。

经验论者具有"刚性的气质"。经验论者提倡尊重经验事实,事实是什么就是什么,如果事实不是这样,就坚决不相信。

唯理论者具有"柔性的气质"。唯理论者虽注重抽象的逻辑、看重永恒的原则,但抽象出来的理念因其存在于人的思维领域而具有可塑性。

在詹姆士看来,这两种气质的哲学模式都不是哲学的最佳思维模式。能不能有一种哲学刚柔并济，同时拥有这两种气质呢？当然有。这就是詹姆士推崇的实用主义哲学，其特点是既尊重事实经验，又带有理性的气息。

詹姆士说：

> 实用主义能够像理性主义那样保持有宗教性，但同时又能像经验主义那样保持与事实的最丰富的密切关系。①

通俗理解，实用主义以"从经验事实出发、注重实效"为特征，虽表达出反对传统形而上学的倾向，但又把对待经验的态度上升到形而上学的高度。从这个层面说，实用主义具有一定的理性色彩。

可以说，詹姆士正是以不同哲学家的气质为切入点，概括出实用主义的特点——刚柔兼备，具有调和性。

彻底的经验主义

从传统经验论来看，经验是指人感知到的具体的感觉经验（比如红色的、圆形的、硬的），这些具体的感觉经验是彼此分离的。传统经验论以静态的方式看待经验，把重点放在对部分、元素和个体层面的关注。只有把各个具体的感觉经验"加"在一起，才能形成一个整体。如此一来，传统经验论就不彻底了。因为把各种感觉经验关联起来，就是主体心理联想的过程，这已经掺杂了理性思维

---

① ［美］詹姆士.实用主义［M］.李步楼，译.北京：商务印书馆，2012：21.

的加工。

詹姆士提出了彻底的经验主义理论。他将事物的整体（既包含事物的各要素特征，也包含各要素之间的关联过程）看作经验本身。比如，当你感知一个苹果，这个苹果的所有特征要素（红色、圆形、硬）以及各要素之间如何关联在一起的过程就已经蕴含在你的经验里了。这样的理论，彻底排除了传统经验论残留在认识过程中的理性因素——将各个感觉经验关联起来的心理联想。

詹姆士还认为，世界上其实存在一种原始的纯粹经验。它并不是经过人们的反思形成的，而是反思前就已经存在。这个纯粹经验处于流动的自然状态，它是一股生命之流。

彻底的经验主义，是詹姆士打破传统、克服主客二分思维模式的结果。

08 詹姆士：真理的"有用性"

在詹姆士看来，实用主义首先是一种"不讲原则，只讲效果"的方法；然后是一种真理的发生论①。关于真理学说的讨论，也是詹姆士的理论比较特别的地方。

我们首先要明确，讨论真理问题要诉诸观念、命题或信念的真假。因为当你在表达什么为真的时候，其实你是在表达一个命题或观念是否为真的问题。那么，判断一个命题是否为真的标准又是什么呢？

真理符合论

从日常生活出发，我们如何判断"太阳东升西落"这句话为真？很简单，当它与实际情况相符合时，这就是一个真命题。这种判断真理的方式，也是哲学史上的传统方式——真理符合论。

---

① 詹姆士将"真理是什么以及真理如何发生"的问题当作讨论的话题。

命题符合事实,它就是真的;真理是对实在的临摹;事实是什么样,照着事实原本的模样,将其转化为命题,这个命题自然为真。且一旦实现了这种临摹,此命题就成为一条永恒真理。像"太阳东升西落",这便是一条亘古不变的永恒真理。

融贯论

第二种真理观,就是融贯论。与第一种符合论(探讨命题与事实是否相符的问题)不同,融贯论是探讨命题与命题系统是否相符、是否融贯的问题。这有一点儿从纯理论层面讨论的意味。

黑格尔就是融贯论的代表。黑格尔提倡的是一个无所不包的形而上学体系,他将哲学史的问题,乃至世界上的所有问题都归于这个体系之中,这个体系就是一种信念系统或者命题的系统。判断一个命题的真假,只需要看这个命题是否能够与此理论体系相融洽。如果相容,这就是一个真命题,如果不相容,则为假命题。

詹姆士提出了第三种真理观,他不是从命题是否符合事实或体系的角度,而是从实践的角度,即真理的"有用性"的角度,提出了自己的真理观。

实用主义的真理观

判断一个命题是否是真理的标准,就在于其"有用性"。所谓"有用"，就是看这个命题能否帮助我们更好地解决问题，能否有利于我们更便捷地生活。

比如你在森林中迷了路，眼看天就要黑了，如果你不赶快走出去，就会有生命危险。这时你的眼前突然出现一条小路，路上有牛马的脚印，于是你沿着这条路走下去，最终走出了森林。

在詹姆士看来，"你沿着这条带有脚印的路行走"这个观念就是真理。因为在这种思想的引导下你获救了，这个观念能实实在在帮助你，它对你是"有用的"。如果这条路没有引导你走出森林，而是把你引向了悬崖，那么这个观念就不是真理。

09 杜威：
对传统哲学的改造

约翰·杜威（John Dewey, 1859—1952年）。美国哲学家、教育家，实用主义的集大成者。如果说皮尔士创立了实用主义的方法，詹姆士建立了实用主义的真理观，那么，杜威则建造了实用主义的理论大厦。

杜威是实用主义的集大成者，他被誉为"实用主义神圣家族的家长"。美国的哲学家 M. 怀特曾这样评价杜威：

> 虽然他在三位实用主义者当中是最年幼的一位，但人们都认为他是实用主义神圣家族的家长——尽管在逻辑和科学的问题上不像皮尔士那么聪明，也不像詹姆士那么机智和炫赫，他却在很多方面比那两位都显得是一位严厉而有魅力的人物。

可以说，一方面，杜威对实用主义思想做了进一步阐释；另一方面，他又将这种实用精神应用于心理、艺术和教育等更多领域。

相较于皮尔士和詹姆士，杜威对传统哲学的批判更为犀利。

传统哲学：对生活的背离

传统哲学的总目标是试图在变幻莫测的表象世界中寻找不变的终极本质，即"大写的实在"。传统哲学家甚至认为，对终极本质的追求高于一切，探索不变的"一"具有着优越感。传统哲学的探究，其最终目的便是"求真"。人们对传统思维模式习以为常，很少有人会对其加以反思。但杜威的理论正是以对传统哲学的反思而展开的。

杜威综合分析各种学科得出，人类最早的精神活动并非为了"求真"，而是为了"更好地生活"。

人活于世，难免要承受诸多不确定因素（如自然灾害、战乱等）带来的恐惧与不安。随着人类脑力的进化和智力的日益进步，人们开始尝试通过精神层面的探索——宗教活动，如图腾崇拜、祭祀等寻求内心的安宁，只为更好地生活下去。

但这种方式并不具备完全有效性。比如当人遭遇暴雨时，仅靠祈祷神灵就能使雨水停止吗？不能的。于是，人们便在实践层面运用技艺寻求安宁，比如盖个房子遮风挡雨。

比较而言，人们更愿意通过宗教的（精神的）方式寻找寄托、获得安宁。因为实践的方式依赖于技术水平，还会受到外界不可抗因素的干扰。原始社会中人们的技艺能力，并不像我们现代社会这么发达，所以很多实践活动都以失败告终。

通过宗教的形式寻求精神安宁的思维方式，逐渐成为哲学上找寻"万变之为不变"的思维方式。不过，宗教和哲学的表达方式不同。宗教是通过直观、想象和情感的方式进行的，而哲学是通过概念、逻辑和严密的论证方式进行的。

于是，哲学逐渐发展起来。从古希腊到中世纪再到近代，传统哲学家通过概念逻辑，推导构建出一座晦涩艰深的哲学理论大厦，所有的哲学讨论都要在这座理论大厦内进行。

这时我们发现，传统哲学的思维方式问题逐渐显露。

之前说到，人们进行哲学思维（宗教活动的精神探索）的初衷是为了生活本身。人们通过探寻不变的"一"，以摆脱内心的恐惧与不安，从而获得安全感。但随着传统哲学的发展，哲学家把本来作为反省结果的东西（不变的"一"）当作反省的出发点。哲学家的任务便是在一种被构建的体系中，对概念做出反复论证。

如此就会产生一些结果：主客二元对立；精神物质二元对立；"知"和"行"分离；"精神世界"和"实践经验"分离。哲学成了越来越思辨化的纯理论系统，离人们生活本身越来越远。

在杜威看来，这并不是一个好的模式。为避免传统哲学误入迷途，杜威决定对传统哲学进行改造，且以此为己任。

回到生活中去

杜威认为,哲学不应只关注那些认识论层面的技术性问题,不应在哲学家构建的体系中做概念论证,也不应以主客二元对立为前提去思考,更不应将永恒不变的真理当作最终追求的目标。哲学家进行哲学研究,应回到生活中,应加强对人们生活问题的关注。"知"和"行"不能分开。

杜威对哲学的态度,已表露出了实用主义哲学的特点,即强调哲学能给我们的生活带来实际功效的问题。在对传统哲学进行改造的基础上,杜威提出自己的哲学思想。

10 杜威：
经验自然主义与思想探究五步法

在对待"经验"问题上，杜威继承并发展了詹姆士的"彻底的经验主义"，提出"经验自然主义"的理论。①

经验：人和环境相互作用的统一体

杜威跳出认识论的模式，从我们日常生活状态来理解经验。他认为，经验既包含"什么"（What）也包含"怎样"（How），既包含结果也包含过程，经验是"人和环境相互作用的统一体"。

杜威在《经验与自然》一书中对"经验"做了一段通俗易懂的描述：

"经验"是一个詹姆士所谓具有两套意义的字眼。好像它

---

① 传统经验论中的经验是指人的感官接收到的关于对象的各种感觉。各种感觉和要素之间是独立的，各要素之间的关系联结掺杂了理性色彩。詹姆士站在认识论的角度提出彻底的经验论，即经验既包括各种感觉要素，也包括感觉要素之间的关系。

的同类语生活和历史一样，它不仅包括人们做些什么和遭遇些什么，他们追求些什么，爱些什么，相信和坚持些什么，而且也包括人们是怎样活动和怎样受到反响的，他们怎样操作和遭遇，他们怎样渴望和享受，以及他们观看、信仰和想象的方式——简言之，能经验的过程。

……

"经验"指开垦过的土地，种下的种子，收获的成果以及日夜、春秋、干湿、冷热等等变化，这些为人们所观察、畏惧、渴望的东西；它也指这个种植和收获、工作和欣快、希望、畏惧、计划、求助于魔术或化学、垂头丧气或欢欣鼓舞的人。它之所以是具有"两套意义"的，这是由于它在其基本的统一之中不承认在动作与材料、主观与客观之间有何区别，但认为在一个不可分析的整体中包括着它们两个方面。"事物"和"思想"，正如詹姆士在同一个有关的地方所说的，乃是"单套头"的，它们仅指反省从原始经验中鉴别出来的产物而言。

这段话通俗易懂，用一句话解释就是：经验就是经验到的事物和能够经验的过程，这两个要素共同组成经验。经验不是主观性的东西，而是主体和环境之间进行交互后的结果。

传统经验论仅仅把经验到的事物当作经验，而忽略了经验的过程。但杜威的经验论强调，经验既是结果，也包含达到结果的过程。

可以看出，杜威的经验论体现出对传统主客二元思维模式的超越。他将哲学从对外部世界和主观心灵世界的关注，转换到主客交融、主客一体的立场。

知行合一

杜威强调，经验是主体和环境间相互作用的结果，这种相互作用是在实践、生活的领域发生的。而传统哲学对某种确定性的寻求必然会导致"知""行"分离。

在杜威看来，"知""行"分离非但没有让人寻到某种安全感，反而让人错失达到安全感的途径。他认为，认知的问题和实践的问题，这两者应该是一体的——知行合一，在认识层面寻求某种确定性，是为实践服务的，人们需要在行动中获得安全感。"知""行"是不能分离的。

那么，如何让"知""行"实现统一？杜威提出了认知的探究理论来解决知行合一的问题。

思想探究五步法

杜威提出"思想探究五步法"，以阐明认知的过程。

第一步，感觉困难。这一点很好理解，就是感受到了生活中遇到的困难、挫折等。比如一个肥胖症患者，当他感知到肥胖已经影响到健康问题，这就是他遇到的困难。

第二步，确定困难所在及其指定。这位肥胖症患者的肥胖问题出在哪儿？是生活作息不规律、暴饮暴食、不爱运动，还是因为遗传？这就是他要提出的问题所在。

第三步，对不同解决办法的设想。针对第二步提出的各种问题，都有哪些解决办法？针对暴饮暴食，有什么解决方案；针对不爱运动，又有什么解决方案……这些都需要一一罗列下来。

第四步，运用推理对设想的意义所做的发挥。用演绎的方法，把刚刚各种设想方案的效果揭示出来。比如多运动，会有哪些可能的效果；克制饮食，会有哪些可能的效果。

第五步，进一步观察和试验，引导到肯定或否定，即得出可信和不可信的结论。意思就是，他罗列出各种减肥办法，并通过实践的观察、证实哪种方法是正确的，哪种办法是不可靠的。

杜威认为，人的各种思想观念和理论，最终都以指导人类的行动为目的。因此可以说，"知"是"行"的一种工具。

11 杜威：真理是行动的指南

在真理问题上，杜威提出"工具主义的真理观"。在他看来，思想和理论是人的行为工具，其是否具有真理性，在于它们能否指引人们获得成功。

从我们日常经验来说，"工具"就是能帮助我们达到某种预期效果的东西。比如人吃饭要用的筷子和勺子就是工具，锄草用的镰刀也是工具。但原始社会并没有这些工具，这些工具是人们根据对工具的预设效果设计出来的。

在思想和行动层面也是同理。人们最初有没有独立的观念和思想？没有的。思想和观念是人基于达到某种预期目的而进行的假设，也是人为了达到某种实践效果的工具。因此，思想和观念都具有工具性。拿盖房子来说，人们先有了遮风挡雨的需求（即预期的目的和效果），接下来为满足这种需求着手行动。于是就产生了盖房子的各种理论，随后建筑理论成为指导人们实践的工具。

在真理性问题上，杜威大体在继承詹姆士的理论（判断一个理论是否具有真理性的标准在于它的"有用性"）的基础上，提出了工具主义的真理观：观念是指导行为的工具，观念的真理性在于其是否能指导人的实践，并获得实效。用一句话概括：真理是行动的指南。人们摸索出一套建筑学原理，如果这套建筑学原理能帮助人们盖出坚固的房子，那么这个理论就具有真理性。

需要指出的是，杜威的真理观并非探讨"真理是什么"的问题，而是探讨概念和思想具有的性质问题。当一个观念能够有效指导实践时，此观念便具有"真理性"。

小结：功利主义与实用主义

功利主义

关于功利主义，我们可注意两点：

第一，功利主义中的"功利"应该当作"功效"去理解，而不是我们日常语言中带有感情色彩的"功利"。

第二，功利主义是一套道德标准，以"获得最大功效"为准绳判断人们该采取怎样的行为。那些能带来最大幸福和快乐的行为，就是可取的；那些带来痛苦的行为，就是不可取的。

边沁和密尔都是在此基础上，提出了自己的功利主义观点。

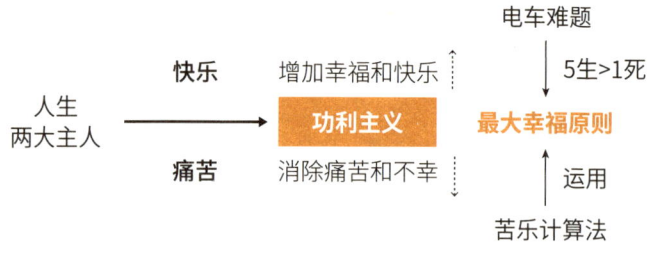

●●● **边沁的功利主义**

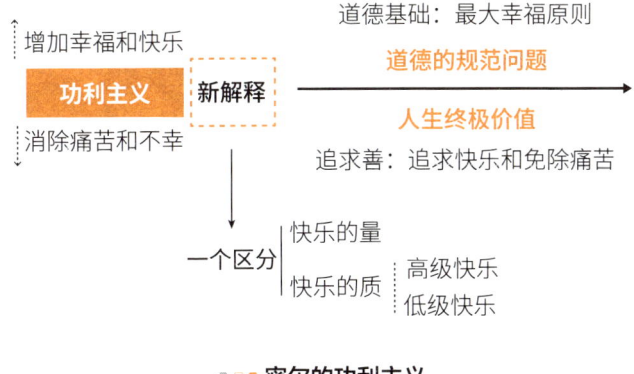

●○○ **密尔的功利主义**

通过以上脉络图，我们可从三个层面对边沁和密尔的理论进行比较。

第一，从功利主义的定义层面，在边沁看来，人遵守"苦乐原则"——追寻快乐和避免痛苦。于是，在道德实践领域，就有了功利主义。凡是能够带来快乐和幸福的行为，我们就要提倡，而带来痛苦的行为，我们就要避免。紧接着，边沁提出了功利主义的核心原则——最大幸福原则。

密尔大体上继承了边沁的思想，并对功利主义定义做了全新的阐释。他将"最大幸福原则"看作道德的基础，正确的行为带来幸福的提升，错误的行为带来幸福的降低。在对人生的意义问题上，密尔认为人生唯一的终极价值就是追求"善"。

第二，从快乐的量和质的层面，边沁提出，人们可以通过"苦乐计算法"（精确计算行为的幸福数值），选择能带来最大幸福和最大利益的行为。这个方法注重的是快乐的"量"。

密尔对此进行了修正。他认为,快乐不仅有"量"的差别,也有"质"的差别。密尔将快乐的层次划分为低级的快乐和高级的快乐。他倾向于追求更高级的快乐。他的方法更加注重的是快乐的"质"。

第三,从功利主义的约束机制层面,边沁主张通过立法和法律的方式——一种外在的奖惩机制对大众予以约束,从而达到最大幸福的效果。

而密尔呢,他也强调外在的强制约束力,但他更加注重通过内在的强制力——良心,即通过每个人自身的内疚感来约束自己的行为,从而达到社会的最大幸福效果。

痛苦	核心问题	快乐
消除痛苦和不幸	最大多数人的最大幸福	增加幸福和快乐

	边沁	密尔
基本定义	提出了功利主义的基本内涵	对功利主义做了进一步阐释
快乐的属性	重视快乐的量	更重视快乐的质
约束机制	外在的机制——立法	更注重内在的强制力——良心

●●● **边沁与密尔的比较**

实用主义

实用主义是 19 世纪末在美国流行的一个哲学流派。我们主要讲解了三位代表人物:皮尔士、詹姆士和杜威。

皮尔士 创立者	詹姆士 发展者	杜威 集大成者
哲学的使命是确定信念	两种气质的哲学	对传统哲学的改造
确定信念的四个方法	彻底的经验主义	经验的自然主义
皮尔士原则与意义理论	有用的真理观	工具主义真理观

●●● **皮尔士、詹姆士和杜威的比较**

皮尔士是实用主义的先驱。詹姆士对"皮尔士原则"进行了阐释，使实用主义成为一股哲学思潮。杜威则进一步发展了实用主义，使之到达顶峰。

这三位哲学家的理论共同点在于强调哲学应该立足于经验和现实的生活，都认为认识的任务是为行动提供信念，都是以反传统形而上学的主客二分模式为前提进行哲学思考。

在对待哲学的态度问题上，皮尔士认为哲学的任务就是"确定信念"，通过思考、"触摸"的方式探究世界，从而更好地与世界打

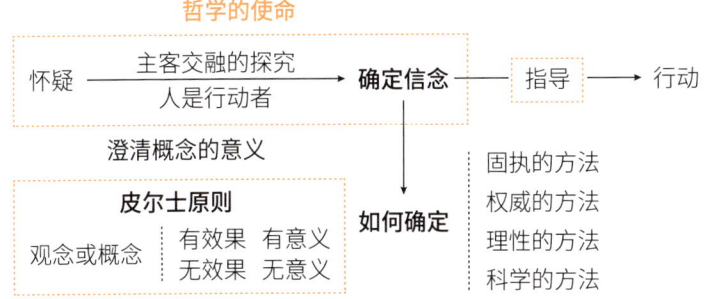

●●● **皮尔士的实用主义**

交道。

在"确定信念"之前,先对信念的组成要素——概念或命题的意义进行澄清。如何澄清?通过皮尔士原则,判断概念和命题之间能否产生实际效果。如果能产生实际效果,这个概念就是有意义的,反之则没有意义。此后便进入"确定信念"的环节。皮尔士提出了四种方法来"确定信念",他认为"科学的方法"最可取。

詹姆士对传统哲学家进行了气质划分,即刚性的气质和柔性的气质。但他对这两种气质均不满意,他更推崇带有刚柔并济气质的哲学思想。

在对待"经验"问题上,詹姆士提出"彻底的经验主义",将事物各要素及各要素之间的关联看作经验本身。与此同时,詹姆士提出了一个反思前的纯粹经验概念。

詹姆士的真理观不同于传统的符合论和融贯论真理观,他将"有用性"作为判断一个命题是否为真理的标准。

对哲学的态度	两种气质	柔性的 — 理性主义 刚性的 — 经验主义	— 刚柔并济 → 实用主义
经验主义	彻底的经验主义 — 经验包含了要素和要素之间的关系		
真理问题	符合论 — 观念对事实的符合 融贯论 — 命题对信念系统的融贯 实用主义真理观 — 命题的有用性	真理何以可能的问题 本质主义思维方式 注重结果和效果	

●○● **詹姆士的实用主义**

●○● **杜威的实用主义**

杜威的理论,可以从三个维度来理解。

第一,他对哲学的态度,不同于皮尔士和詹姆士。杜威以追溯传统哲学何以发生的角度切入,对传统哲学进行了批判:"知"和"行"的分离,导致哲学越来越远离生活。杜威认为这不是哲学应该有的方式,哲学应该回归生活,帮助人们摆脱因世界和周遭环境产生的恐惧之感,找到内心的安宁。

第二,杜威提出"经验自然主义"。经验意味着人和环境相互作用的统一体,经验包含已经经验到的事情和能够经验的过程。正是通过这种交互,主体和周遭环境才能和谐统一,人才能更好地安身立命。

主体和环境之间该如何更好地交互呢?要知行合一。于是,杜威提出"思想探究五步法"以解决此问题。在这个模式中,杜威把人的各种观念和思想作为一种人和世界打交道的工具,因此杜威提出了"工具主义"的真理观。

第三，杜威的真理观与詹姆士的相同之处在于，以理论能否更好地指导人的行为作为判断真理性的标准；不同点在于杜威提出了"工具性"的概念，为"观念"和"思想"赋予工具色彩。

第三篇章

分析的时代

从19世纪末到20世纪,西方哲学进入全新的发展阶段。传统哲学面临危机,非理性主义、分析哲学等新的哲学思潮纷纷涌现。

从总体风格来讲,现代西方哲学分为两大流派:欧洲大陆哲学和英美分析哲学。欧洲大陆哲学,如非理性主义和存在主义等更侧重对人的思考,探讨人的欲望、意志和存在等问题,因而欧洲大陆哲学更贴近人们的日常生活。而英美分析哲学,则离人们的生活比较远,稍显枯燥。英美分析哲学特别注重逻辑分析,即通过对语言形式的逻辑分析,做出对哲学的新诠释,找到关于世界的答案。

这时,大家可能会问:英美分析哲学侧重逻辑分析,其诞生也是以现代数理逻辑的发展为基础,那是不是意味着我们不具备逻辑学素养就无法理解分析哲学呢?确切地说,具备一定的逻辑学素养有助于更好地理解分析哲学,但这并不意味着"必须"。因为分析哲学是通过对语言的分析来澄清概念,然后解决哲学问题。"逻辑分析"仅仅是手段,而非目的,对哲学问题的全新思考才是目的。

本篇章我们将从"是什么"和"怎样分析"两大维度对分析哲学进行阐述。

是什么:从哲学的危机、语言的转向和分析哲学的大致发展阶段进行介绍。从整体上把握分析哲学——为什么会出现分析哲学、分析哲学在分析什么、分析哲学的总体特点等。

怎样分析:结合具体的哲学家,如弗雷格、罗素、维特根斯坦等人的思想进行阐释,搞清楚哲学家对语言进行逻辑分析的具体方法。其中,维特根斯坦的理论是本章重点。

第三篇章　分析的时代

本篇章概览

哲学家

弗雷格 | 罗素 | 维特根斯坦

本篇章流派

分析哲学

本篇章话题

⊙ 分析哲学的概况　　⊙ 语言的转向

⊙ 罗素悖论　　　　　⊙ 金山不存在

⊙ 当今的法国国王是秃子　⊙ 语言是关于世界的图式

⊙ 语言 – 游戏　　　　⊙ 神秘的不可说之物

01
什么是分析哲学

分析哲学兴起于 20 世纪初的英国，是 20 世纪西方哲学思潮之一。因其长期在英语国家的哲学界占据主导地位，所以也被称为"英美分析哲学"。

什么是分析哲学？要搞清楚这个问题，就要理解"分析"的含义。

分析的方法

根据我们的常识理解，"分析"是把复杂的大问题掰开揉碎，拆解成一个个更简单、更小的问题，并找出这些简单问题之间隐藏的逻辑关系。最后通过对逻辑关系的梳理，解决问题。

比如，你的朋友最近心情特别不好，我们不妨按照这种方式帮他将"心情特别不好"这个大问题拆解成一个个小问题。比如导致他心情不好的原因有哪些，是工作、学习，还是恋爱问题？如果是工作原因，是因为工作业绩不达标，还是因为同事关系不好引起的；

如果是学习问题，是因为学习方法不对，还是因为对学科内容没兴趣导致的；如果是恋爱问题，是因为双方性格不合，还是父母原因导致的……当我们把一个大问题拆解成多个小问题，并找到隐藏其中的内在逻辑关系时，也就找到最后的原因了。

这个过程就运用了分析的方法：把一个大问题拆解为构成它的终极逻辑的各个要素，最终找到问题的关键所在。

这是我们从常识层面理解的"分析"的方法和内涵。"分析哲学"其实也是同样的路数。

分析的内容

分析哲学分析的对象是语言。但语言也是可以进行多方面解读的，分析哲学要分析的语言是指什么呢？

通俗理解，语言可分为语言的内容和语言的形式。语言的内容就是语言要表达思想的具体内涵，而语言的形式指的是语言的逻辑结构和句法句式，即语言的逻辑表达问题。

分析哲学分析的不是语言的内容，而是语言的形式，即逻辑表达的问题——复合命题与简单命题、简单命题与单个字词的关系等。

为什么说这样的分析方法分析的是语言的逻辑表达？因为字词组成命题，简单命题组成复合命题。而这其中是不是蕴含某种逻辑关系呢？为什么几个词放在一起就可以组成一句话，而且可以清晰地表达思想；为什么这几句话放在一起就可以组成一段话，而且这段话也能被人理解？这其中的一个核心要素就是逻辑。因为有了逻辑，字组成词、词组成句子、句子组成段落时，才能表达出清楚明白的思想。

所以，分析哲学的总任务是去分析语言的逻辑问题，即语言的表达问题。

未明确的定义

在哲学史上，哲学家对"分析哲学"并没有给出一个十分清楚的定义，也没有得出"分析哲学是一种……的哲学"的结论。

原因是，虽然分析哲学家都是以对语言进行逻辑分析为主要任务，但各个分支流派和哲学家对语言和逻辑的理解是不同的。分析哲学家彼此之间只是具有一些相似的地方，但又彼此独立。他们就像身处一个大家族，每个家族成员都保持自己的独立个性，所以我们很难对分析哲学做一个确切的定义。只能通过对"分析"和"分析对象"的理解得出一个粗略的概念，那就是分析哲学是哲学家运用分析的方法，对语言的表达逻辑进行分析的哲学流派。

02 一场哲学的危机

可能有人会问,为什么分析哲学的研究对象是语言而不是其他?这就涉及哲学史上的一次转向——"语言的转向"。发生这次转向的理论背景是20世纪哲学界面临的一场危机。

哲学的危机

按照康德的说法,传统哲学有三大主题——物质、上帝和灵魂。

在古希腊哲学阶段,哲学家探讨"世界本原",试图解释自然物质世界的本质是什么。

到了中世纪基督教哲学阶段,"上帝"成为讨论的主题。基督教的宗教思想统治了西方思想界,哲学自然也要为基督教辩护,比如对"上帝存在"问题的各种证明。

近代理性主义时期,哲学发生了认识论的转向,哲学家开始关注人如何认识世界、怎样获得确定性的知识等问题。认识的过程是发生在人的心灵和精神世界中的，哲学的任务是探寻精神领域中的认识机制。经验论、唯理论探讨"人的思想世界如何与客观世界相符合"的问题。

物质、上帝和灵魂是传统哲学讨论的三大主题。哲学之所以能够发展下去，是因为还有可讨论的对象。但到了 19—20 世纪时，哲学讨论的话题和对象受到了挑战和威胁，从而发生了一场哲学的危机。

哲学危机发生的原因

外因方面

自 19 世纪以来，自然科学飞速发展。科学的任务是探究物质世界的本来面目，科学家会告诉你"世界是什么"。于是，传统哲学中讨论自然和物质的领域成为多余。

而且，自启蒙运动以来，人们逐渐摆脱专制统治和教会的压迫，从旧有观念中解放出来。后果便是"上帝"不再是哲学领域中最主要的讨论对象了。

在"精神"和"灵魂"层面，威廉·冯特在 20 世纪初开创了实验心理学，研究人的精神现象（诸如人的心灵和意识等）。这原本是传统哲学要去探讨的话题，此时却被心理学侵入。更可怕的是，心理主义的首要目标就是指向数学和逻辑领域。我们知道，逻辑领域其实是独立于感觉经验抽象出来的纯思维领域。但此时心理主义要来挑战这个领域，他们认为逻辑形式只不过是个人心理的过程而已,是因人的心理联想才产生的结果,不存在独立于感觉经验的纯思想的领域。

于是,哲学面临失去"精神"和"灵魂"这一最后研究对象的危机。

以上是外在的因素。总结来看,自然科学的发展、思想启蒙运动的开展以及实验心理学的创立,对传统哲学的研究对象(上帝、物质和灵魂)产生了冲击。

内因方面

传统哲学自身的研究方式和叙事方式,也开始遭受普遍质疑。从古希腊到黑格尔的传统哲学,其研究方式正是基于一个总体的预设——万事万物背后总有一个本质规定,进而对其进行哲学探究。无论用什么样的方法,目的只有一个——探究现象背后的本质。但自黑格尔之后,涌现出的各种流派对传统哲学的研究方式提出质疑:为什么要基于"探究现象背后的本质"的前提去讨论问题呢?因此,哲学自身也孕育着一场革命。

内外因素交织在一起,使哲学失去了研究的对象,甚至研究的方式也受到质疑,看样子西方哲学就快自行消亡了。西方哲学家们当然不愿看到这样的结果,他们要找到哲学研究的新对象,以此来挽救这场危机。

那么,新的研究对象是什么?哲学家们把目标瞄准了语言。语言是一个新的领域。传统哲学仅仅把语言当作表达思想的工具,却不曾专门讨论过语言的问题。此时就发生了哲学史上的"语言的转向",西方哲学也因此得以继续向前发展。

03 一次重大的转向：语言的转向

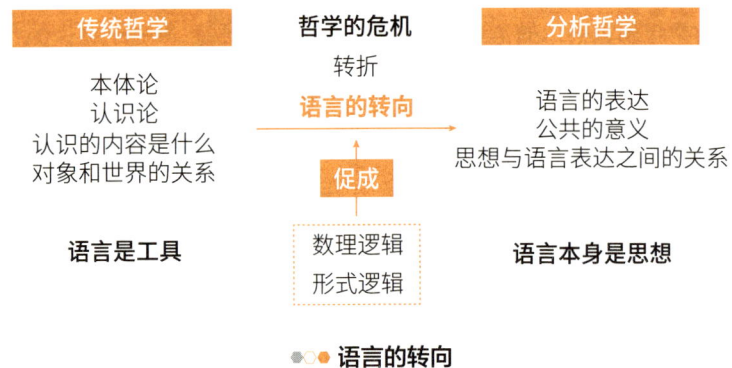

●○ 语言的转向

为什么哲学转向的是语言，而不是其他对象？

要搞清楚这个问题，我们就要思考这样一个问题：哲学到底是研究什么的学科？

哲学研究什么：思想

从古代哲学对本体论的探讨，中世纪基督教哲学对信仰的辩护，到近代认识论的探索，再到现代哲学对人的问题的探索，哲学都是在人的思想层面展开的研究。

西方古代哲学研究"世界的本原"问题，得出的结论都是以思想的形式呈现出来的，"世界的本原是水、火、土、气"的理论就是思想。基督教哲学也是在思想层面展开的探讨，比如"如何为基督教神学辩护"，辩护和论证的过程就是思维过程的体现。认识论——人如何认识世界、如何获得确定性的知识——这也是在思想层面展开的对人的认识模式的探寻。到了现代哲学阶段，哲学家开始对人的问题（人的欲望、人的本能、存在的意义等）进行探讨，这些理论都要归于思想层面。

所以，哲学最终研究的问题是思想。

思想如何显现

思想是个体意识层面的内容，你有你的思想，我有我的思想，但如何使每个人的思想得以显现，如何让不同的人进行思想的沟通呢？答案是通过语言。思想的交流促成思想的发展，思想的发展意味着什么？意味着形成一部哲学史。

除了语言，还有别的方式能够精准表达思想吗？没有了。

关注语言的表达

语言可以划分为语言的内容和语言的形式（逻辑表达）两个方面。传统哲学家把语言当作思想表达的工具，他们关心语言的内容而不太关注语言的表达和逻辑结构。而分析哲学家不同，他们更加关注语言的表达，即语言的逻辑形式。

我们这里不妨来说一说其中的原因。回到我们刚刚说的思想交流层面的问题，人与人进行思想交流，都希望达到一种有意义的结果，就是互相能够精准理解彼此。那么，如何使得我表达出来的东西，你能精准理解，你表达的，我也能精准理解？这就涉及语言的表达方式了。只有找到一个共同的、公共的、大家都能理解的表达方式，大家才能做到彼此理解。

再进一步分析，语言的表达方式归根结底是语言的形式和逻辑问题。只有逻辑清晰，语言才能表达得清晰明白，大家才能够听懂。比如大家或许都有过这样的经历：有两个人给你阐述同一件事情，一个人的逻辑思维混乱，语言表达不清晰，你自然就听不明白；而另一个人逻辑清晰，表达顺畅，你一下子就听明白了。

为什么会出现这样两种完全不同的状况呢？因为语言表达方式问题的核心正是语言的逻辑问题。不同的表达方式应遵循不同的逻辑形式。

于是，摆在分析哲学家面前的任务，就是探索出一种共通的语言逻辑形式。这如同一个公共系统，使每一个沟通者在同一系统中，按照同一种模式讨论问题和表达思想。如此一来，彼此就能清晰理解对方的思想了。

此时的现代数理逻辑的发展给了分析哲学家一些启发：是不是可以将数理逻辑的方法运用于语言的分析层面，以找到语言中内在的、通用的逻辑形式？

于是，哲学史上的"语言的转向"——哲学研究对象转向语言的逻辑形式——慢慢展开。

语言就是思想

你可能会有这样的疑惑：对语言的逻辑分析是对语言的形式层面而非思想本身的研究。可之前强调哲学研究的是思想本身，如此说来，对语言的逻辑分析还是哲学探究吗？

可以说，你会产生这样的疑惑，说明你还持有传统哲学的观点，即把语言当作工具。分析哲学家认为，对语言的逻辑分析，就是研究思想本身。

语言不是在表达思想，语言本身就是思想。语言的表达，其实就是构建思想，不同的构建方式显现出来的思想也会不同。因而，分析哲学的任务就是对语言的意义进行澄清，使表达更加清晰明白。

04
弗雷格：分析哲学之父

人工语言学派和日常语言学派

分析哲学分为早期的"人工语言学派"（本书主要介绍哲学家弗雷格、罗素和维特根斯坦的前期思想）以及后期的"日常语言学派"（这个阶段主要介绍哲学家维特根斯坦的后期思想）。

我们这里不妨先来说一说"人工语言"和"日常语言"的区别。

通俗理解，日常语言就是我们日常生活中实际运用的语言。人工语言就是人工发明创造的一套符号语言。

既然已经有了日常语言，为什么还要另外开创一套人工的符号语言呢？因为在人工语言学派看来，日常语言太模糊了，很多概念含混不清。比如一句话的语法结构成立，但其背后的逻辑结构不成立，如此会导致诸多无意义的问题。于是，人工语言学派就发明一套既精确、严密又通用的人工语言。

人工语言学派倡导的是：对语言进行逻辑分析，分析词和词之间的关系以及词和句子的关系问题，用精确严密的逻辑语言解决日常语言出现的混乱等问题。弗雷格、罗素和维特根斯坦的前期思想都是这样的路数。

但日常语言学派持有不同意见，他们认为逻辑分析无法解决问题。语言出现的问题不在于日常语言本身的逻辑性，而在于人们对日常语言的使用，即在语言的应用层面——如何使用语言会产生不同的结果。要解决语言问题，就要对语言的用法进行分析。因此，日常语言学派更加注重对语言在实际语境中的应用分析，而不太注重对其逻辑层面的分析。维特根斯坦后期的"语言游戏说"正是针对语言的用法层面而提出的理论。

弗雷格：反心理主义

弗雷格的研究领域是数学，他是一位数学家和逻辑学家，开创了现代数理逻辑。但他对哲学非常有兴趣，因此他把现代逻辑的方法运用到语言的分析层面，从而为后续分析哲学的发展奠定了基础。

弗里德里希·路德维希·戈特洛布·弗雷格（Friedrich Ludwig Gottlob Frege，1848—1925年）。德国数学家、逻辑学家和哲学家。

可以说，弗雷格是分析哲学的先驱，也是分析哲学之父。

作为数学家的弗雷格，他的研究初衷是为数学寻找严密的逻辑基础，探寻"是什么推出了数学"的问题。

比如，"1+1=2"是一个再正常不过的数学问题，那么是基于什么使得"1+1=2"就一定成立？

我们用常识理解，"1+1"等于"2"，这是一个客观事实。因为有一个纯粹客观的逻辑在那里，"1+1=2"不会随着你的主观心理变化而改变，它具有客观性。这种客观性正是逻辑必然性的体现。

在当时的背景下，心理主义发展起来，逻辑研究受到了心理学的严重质疑。心理主义的对象就是指向数学和逻辑领域，把数学和逻辑的问题看作一个心理的过程。按理说，数学的逻辑性本应该是客观的。但现在数学的基础是建立于主观的心理主义的层面。"1+1之所以等于2"是心理作用或思维过程的结果。"1"和"1"前后相加，在人们的心里形成一种主观印象——哦！这是"2"的概念。于是就得出——"1+1=2"的过程是人的思维的过程——这样的结论。正是人们有了这样的思维，才会得出这样的结果。

这时，弗雷格就站出来说话了，怎么能把数学的基础归为心理主义呢？数学问题应该是最为客观和精确的，不能掺杂任何主观心理因素。数学的基础应该是建立在具有客观严密性的逻辑学上的，而不是心理主义。

于是，弗雷格为了实现从逻辑上推导出数学问题的目标，他首先从根源上采取一种态度，即反心理主义。在《算术基础》这本书的序言中，弗雷格提出了反心理主义的主张，这也是他提出的研究哲学的第一条原则:"要把心理学的东西和逻辑的东西,主观的东西和客观的明确区别开来"。

"心理学的东西"是什么?心理学要研究的是思维过程和心理过程,这多少都有主观因素掺杂其中。比如,整个近代哲学研究的认识论问题,走的就是心理主义路线。探究"如何认识世界,如何得到世界确定性的知识问题",其实质就是探究思维的过程或心理的过程,以此找到认识的模式。而不同人的思维过程不一样,对这个世界的认知模式也就不同,因而对思维过程的研究,多少都带有主观色彩。

但"逻辑的东西"就不同了。逻辑学不是研究思维的过程,而是研究推理的结构、概念之间的关系问题以及判断的真假可能性的问题。因此,逻辑学研究的领域,是不带有人的经验色彩、不依赖于主观思维过程的客观的领域。

分析哲学正是要去分析语言中公共的、客观的逻辑形式问题。于是在进行哲学研究之前,首先要把主观的东西和客观的东西区分开来,不能将其混淆。这是弗雷格的一个态度,并以此为研究前提。这个前提,也是弗雷格进行哲学研究的第一条原则。

也就是说,以此为出发点才可以开始探寻语言的逻辑形式,以此为基础才能对语言进行分析。

05
弗雷格：含义与指称（上）

在语言的逻辑分析层面，弗雷格提出了"含义与指称"的理论。还有一种说法叫"意义与意谓"。1892年，弗雷格发表了《论意义与意谓》一文，对语言的意义和意谓进行区分，从而开创了分析哲学对意义理论的探讨之路。

下面我们将从词（名称）和句子两个维度对"含义与指称"进行介绍。

词的指称与含义

弗雷格关心的词只是一个名称。关于词（名称）的指称，是指与其对应的实实在在的对象，即客体。比如说"红绿灯"，它的指称就是现实中具体的红绿灯。

为什么当我说"红绿灯"时你能准确理解我说的意思？为什么你可以通过我嘴里说出的一个符号，来理解这个符号所指向的实实在在的对象呢？在符号或名称与真正的对象之外，还有第三种因素作为中介，将符号和对象打通。这就是名称的意义或含义。

含义的领域是一个公共的领域，我们通过这个共通的、共享的领域，自然就能相互理解。当我说"红绿灯"时，其实要表达的是"红绿灯"这个词的含义，你之所以能理解我的意思，是因为你也能理解它的含义、理解这个实物对象。

"0"与"-1"

对"0"这个概念，我们应该都能理解。什么是"0"呢？有没有一个叫作"0"的对象呢？没有的。但你能不能理解"0"的意义？可以的。这是因为"0"这个概念背后有一个关于"0"的含义。我们每个人对"含义"的领域都能理解，且这个含义的空间是共通的。当你说出"0"这个概念时，其实是向我表达了"0"的含义。

再说"-1"这个概念。世界上有没有一个对象是"-1"呢？没有，但是我们大家都能理解"-1"。这说明"-1"的背后是有含义的，正是因为我们对"-1"背后的共通的含义能理解，所以当你提到"-1"时，我就能理解你说的是什么意思。

通过以上举例是想说明，语言中名称的"含义"和名称的"指称"的区别。我们往往会把含义和指称混在一起，以为名称的含义就是名称所指的对象，但弗雷格通过分析，明确地把名称的含义和它所指的对象区别开了。

用望远镜观看月球

通过弗雷格的一个比喻，我们可更加形象地理解名称的"含义与指称"。首先把"用望远镜观看月球"的过程拆解一下，分为三部分：

（1）月球本身——遥远的月球；

（2）呈现在望眼镜凹凸镜片上的月球的影像；

（3）在我们眼睛的视网膜上呈现的月球的影像，即我们内心中形成的月球影像。

我们分析一下：在中间环节中，凹凸镜上的月球影像很重要，它是作为观察对象的月球和我们眼睛之间共享的一个公共领域，正是通过凹凸镜上的客观影像，我们才能够清晰看到月球的样子。我们视网膜上的影像，正是对这个客观的镜片影像的直观呈现。同时，呈现在视网膜上的影像又是主观的，因为每个人眼睛的生理构造都有细微的差异，不同的人可能会得到不一样的图像。

我们将这个原理应用于语言的分析：月亮本身就是名称的"指称"，而望远镜镜片上的影像是名称的"含义"。含义的领域是一个客观的、可共享的领域。我们对对象的把握，要通过中间共享的"含义"领域来完成。

这就是弗雷格对词（名称）的"指称"与"含义"所做的区分。

简单来说，一个词（名称）的"指称"就是指实实在在的对象。而"含义"则是对象所代表的意义，这是一个客观的、公共的、可以被所有人共享的，因而也可以被所有人理解的领域。

"晨星是暮星"和"晨星是晨星"

我们来看两个命题:"a=a"和"a=b"。

传统哲学认为,因为"a=b"是一个综合命题,"a=a"是一个分析命题,所以"a=b"命题比"a=a"命题能够提供更多的知识。

但弗雷格是从含义与指称的角度,对"a=b 要比 a=a 提供了更多的知识"进行解释。比如,"晨星"和"暮星"都指同一个星体,但为什么"晨星是暮星"要比"晨星是晨星"能够提供更多的知识呢?因为"晨星"和"暮星"这两个名称有着不同的含义和意义。

专名

在弗雷格看来,由一个或几个符号构成的名称就是"专名"。专名可分为两类:一是如"苏格拉底"或者"北京"这样的单个对象的普通专名;二是如"那个戴帽子的男人"或者"中国的首都"这样的限定摹状词。这两类词都可充当句子的逻辑主语,也都有含义与指称的区别。

06
弗雷格：含义与指称（下）

弗雷格将对"含义与指称"的区分也应用到了语句的层面。

句子的含义与指称

句子的含义就是语句传递出来的思想，即思维的客观内容。它既不是思维的主观活动，也不是我们内心世界的表象，而是所有人都能理解的客观部分。这一点很好理解。

句子的指称是句子的真值。句子的真值只有两个值：真和假。弗雷格说："一个真正的思想要么是真的，要么是假的"。

一切为真的命题，都有一个相同的指称，那就是"真"；一切假命题的指称就是"假"。"真"和"假"的概念，大家用常识也能理解，就是说句子的对错问题。

在弗雷格看来，一个句子，在有含义的基础上，才能有指称，才能谈得上真假。也就是说，要判断一个命题是真是假，首先要建立在句子本身有意义的基础上。

但是不是所有有含义的句子就一定有指称、一定有真假？不一定的。比如诗歌，就是有含义、无指称（真假值）的句子。"床前明月光，疑是地上霜"这句诗有含义，它表达出了诗人的情感，传递出某种意境，但你不能判断其真假。"真假"是逻辑的维度，诗歌本身是很难讲逻辑的。

还有很多例子，比如文学作品和神话作品中的语句也是如此。"孙悟空三打白骨精"就是一个有含义却没有指称的句子。因为孙悟空和白骨精都是虚构的人物，现实中没有这个对象，这句话是文学作品中虚构出来的事件，但人们还是能理解它的。因此，这句话有含义却没有指称。

对分析哲学的影响

弗雷格的初衷是为数学寻找严密的逻辑基础，但这个研究过程却为分析哲学开辟了一条道路——把数理逻辑的方法引入语言的逻辑分析层面。他对语言的"含义与指称"所做的区分，使"语言的意义问题"逐渐被单独"拎出"，并作为后续的分析哲学家探讨的主题之一。

分析哲学的目标就是分析语言的逻辑形式，找到语言逻辑中公共的东西。那么，如何找到这个公共的东西呢？答案是通过对语言的意义问题的探讨。因为语言的含义（意义）是一个被大家理解的、共享的领域，因而对这个问题进行澄清，就能找到语言中公共的逻辑形式。于是，后续的分析哲学家开始讨论语言的意义问题，即意义何以可能的问题。

可以说，弗雷格的工作是具有开创性意义的。

07 罗素：生命中的三种激情

罗素是西方哲学史上一位非常重要的人物，相信很多人都读过罗素的《西方哲学史》。但实际上，罗素在分析哲学领域也有着很大的贡献。

伯特兰·阿瑟·威廉·罗素（Bertrand Arthur William Russell， 1872—1970年）。英国哲学家、数学家、逻辑学家、历史学家、文学家，分析哲学的主要创始人，世界和平运动的倡导者和组织者。

罗素，活到了98岁，结过四次婚，两次入狱；20世纪初，他提出了震惊数学界的"罗素悖论"；而后，他又从哲学角度阐释了逻辑原子主义，提出最为著名的"摹状词理论"。1950年，罗素获得诺贝尔文学奖，以表彰他为"人道主义理想和思想自由"而创作的文学作品；罗素还是捍卫世界和平的坚强战士。

罗素是一位极具个性的哲学家，他的思想丰富而多变。除了哲学著作外，他还写了很多像《幸福之路》这样的人生哲理散文和随笔。

罗素的一生，有三种激情一直驱使着他：对知识的不可遏制的探寻；对人类苦难不可遏制的同情；对爱情不可遏制的追求。

对知识的不可遏制的探寻

1872年，罗素出生在英国的一个贵族家庭，父母早亡，罗素由祖母抚养长大。罗素的祖父曾任英国首相，祖母对罗素的管教非常严厉，所以童年时的罗素很孤独，并不快乐。他经常一个人在花园里静静地思考。家中的藏书开启了罗素认识世界的大门，他长期沉浸在书籍的海洋中，享受着知识带来的无限乐趣。可以说，这样的成长环境奠定了罗素为追求知识而不懈努力的人生方向。

1890年，罗素考入了剑桥大学三一学院学习数学。但他渐渐地发现自己对哲学越来越感兴趣，他起先接受了新黑格尔主义的唯心主义思想，后来在摩尔的影响下，他放弃了唯心主义，转而研究现实主义。

罗素在哲学上的贡献，是将数理逻辑的研究方法运用于哲学研究，尤其是对语言的研究。他和老师怀特海合著的《数学原理》便是这方面理论的经典之作。正因此，罗素也成为分析哲学非常重要的开创者之一。

1920年到1921年，罗素来中国访问，在北京讲学一年。期间，罗素生了一场大病，差点客死他乡。那个年代的国人对罗素的思想还是比较熟悉的，而罗素对中国也怀有很深的感情。他后来回到欧洲，写了《中国问题》这本书，孙中山也因此称罗素为"唯一真正理解中国的西方人"。

对人类苦难不可遏制的同情

除了对知识有着无限渴求，罗素对人间苦难也有着不可遏制的同情。在他年轻时，因为反对第一次世界大战而被剑桥大学开除，也因为写了反战文章而被关进监狱。在他89岁时，他又因静坐示威而再一次被关进监狱。他反对越南战争，谴责以色列袭击埃及和巴勒斯坦难民营，在生命的最后时刻，他还在为世界和平和人类的前途奔走。正是根植于内心中的对人类苦难的深切同情，才让罗素有如此大的勇气与权威抗衡。

罗素的一生撰写了大量的文章，除哲学作品以外，还有很多追求人道主义和自由思想的文章。1950年，罗素获得诺贝尔文学奖，可见，他的文采与见解确实非同一般，对人生也有着独到的见解。

对爱情的不可遏制的追求

在情感和婚姻方面，罗素是个性情中人。他一生经历过多次婚姻的变故，共结了四次婚。"对爱情的不可遏制的追求"是他的人生信条。他敢于表达自己的真情实感并付诸实践，毫不掩饰自己对爱情的真诚的向往。

可以说，罗素的一生充满传奇色彩，他和其他哲学家的风格也很不一样。我们在影像资料中看到的罗素更多的是一位叼着烟斗、略显忧郁的沉思者，但其实，罗素并没有学院派的古板气质，而是具有极强的人格魅力。正是基于这样的人生经历，罗素所呈现出来的作品显得格外不同。

爱因斯坦曾评价罗素说："阅读罗素的作品给我带来了数不清的快乐时光。"

怀特也说："一位英国哲学家兼有如此多的理智力量，如此多的文化教养，如此多的对自由的热爱，从密尔以来，只有罗素一个人。"

08 罗素：外在关系说

罗素一直强调"逻辑是哲学的本质"，他注重的是逻辑的分析方法。他认为可以通过分析语言的逻辑——语言中词和命题的关系、命题和命题的关系，最后达到构建出理想的人工语言的效果。

对哲学命题做出准确的表述，并以此来找到精准的哲学结论，这就是罗素哲学的一个大方向。落实到具体的理论中，就可以细化为：外在关系说、逻辑原子主义、罗素悖论和摹状词理论。其中"逻辑原子主义"最能体现罗素的哲学精神，而"摹状词理论"是罗素分析哲学中最重要的成就。接下来，我们先介绍"外在关系说"。

最初，罗素为了反对布拉德雷等人提出的"内在关系说"，提出了"外在关系说"。

内在关系说

"内在关系说"，从字面意思理解，是指事物和事物之间的关系

内在于某一个"绝对本体"之中,一切的事物或者现象都因为这个"绝对本体"而联系为一个整体,不存在"绝对本体"以外的关系。也就是说,外在的关系是不存在的,任何一个表示关系的事实都是一个所涉及词的性质的事实。

比如"北京在南京的北边"。"内在关系说"认为此命题并非表示北京和南京存在某种位置关系,而仅仅表示"北京"具有"在南京以北"的性质,"南京"具有"在北京以南"的性质而已。

"内在关系说"否定关系具有任何独立存在的意义,只承认一个包罗万象的实体。一切表达关系的命题,都可以转化为其所涉及词的性质的体现。"北京在南京的北边"蕴含的南北关系的问题,仅仅是对北京和南京自身的性质的描述,而不是对两者关系的客观描述。

从"内在关系说"的角度看,地球好似一个整体,至于地球上发生的一切,都仅仅是地球内部运作的体现,不存在事物和事物之间独立的关系问题。如此就导致一个后果:绝对唯心主义的一元论。

罗素最初追随新黑格尔主义,对布拉德雷的观点也予以肯定,后来在摩尔的影响下,他从绝对唯心论转向了新实在论。这个转向就表现在罗素对"内在关系说"的反对,他提出"外在关系说"来替代"内在关系说",有一些向绝对唯心论宣战的意味。

外在关系说

"外在关系说"认为,事物之间的关系是外在于实体而独立存在的，具有不以它的关系项为转移的实在性。事物和事物之间的关系问题不是事物和自身的属性的问题，不是内在于某一个绝对的实体之中的，更不存在于某一整体事物的内在运作之中，其关系是独立于其他事物以外而存在的。北京和南京的位置关系，是处于"北京"和"南京"这两个关系项以外而独立存在的，不是"北京"和"南京"自身具有的属性问题。

"外在关系说"把世界看成由无数个独立的事物组成，每个事物的存在都不依赖于其他事物，世界不像布拉德雷所说的是一个一元的绝对整体，世界应是丰富的多元世界。不同事物、不同元素彼此独立，关系也是独立的，由此才构成了整个世界。

这就是罗素提出的"外在关系说"。

外在关系说的意义

"外在关系说"最终要表达的是将世界看成由无数事实组成的世界，事实之间的关系是独立的。得出这个结论已经体现出了对一种方法的运用：把整体拆分为各个元素，承认各个元素之间独立的关系，再去考察这些元素之间的关系是什么。

可见，"外在关系说"是罗素在逻辑方法层面的一次突破，更是他在逻辑方法上的贡献，它为后续的哲学理论奠定了基础。

那么之后该如何探究各个元素之间的逻辑关系呢？罗素认为，通过对语言的分析可以找到世界的各个元素之间的逻辑关系。当这套逻辑的方法运用于语言分析时，就意味着要去探究语言中各个要素(词与词、词和句子、句子和句子)之间的逻辑关系。

可以说,正是因为有"外在关系说"这个基础,罗素才提出了"逻辑原子主义"的理论。

09 罗素：逻辑原子主义

在介绍"逻辑原子主义"之前，我们首先要解决一个问题：为什么罗素认为可以通过对语言的逻辑分析，找到世界各个要素之间的逻辑关系？

第一，语言是唯一能表达世界、表达思想的方式。有些人认为绘画、雕塑等艺术作品也能表达思想。但这里要注意，一幅画传递出什么样的情感，有着什么寓意以及揭示了什么样的深刻道理，这些都需要通过语言表达出来。所以，语言是表达世界发生的事实、表达思想的唯一的方式。

第二，罗素受到了维特根斯坦的影响。维特根斯坦提出了"语言图式论"——语言和世界具有同构性，语言系统和世界发生的事实之间具有某种关联性。

受此影响，罗素也认为语言和世界之间具有同构性，即语句和事实之间存在结构上的一致性。只要搞清语言的结构问题，就可以搞清世界的结构问题。通过对语言逻辑的分析，就可找到世界的逻辑结构。

接下来的问题是,罗素如何对语言进行逻辑分析?他分析出来的语言的逻辑结构是什么?这就涉及"逻辑原子主义"的理论。

逻辑原子主义

罗素的思路是,采取逻辑分析(从逻辑上拆分和还原)的方法对语言进行分析,找到语言中最小的单位,再看这最小的单位是如何构建出复杂的语言单位,从而建立一套语言命题系统的。因为语言的命题系统和世界有着一一对应关系(语言和世界具有同构性),所以只要分析出这套语言的命题系统的结构,也就找到了各个要素逻辑关系的结构。

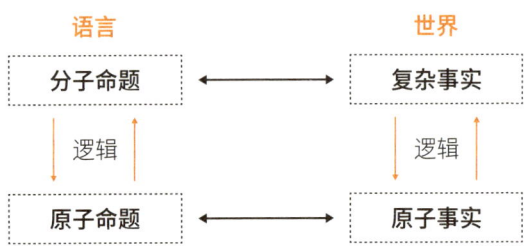

● ● ● **罗素的逻辑原子主义**

原子命题与原子事实

罗素提出,语言中最小的单元是原子命题,世界中最小的要素是原子事实(简单事实),这两者具有一一对应关系——原子命题对应原子事实。

原子命题就是对原子事实的描述。事实就是指事物具有的某种性质或者具有的某种关系。如"天空是蓝色的"是一个原子事实，因为它说的是天空具有的一种性质。而此事实对应到语言系统中就是语言的原子命题，它描述的是现实世界里关于天空的性质。如何判断此原子命题的真假，就取决于这句话与事实是否相符合。

分子命题与复杂事实

原子事实复合在一起就形成复杂事实，对应到语言中就是分子命题——原子命题通过逻辑推演，构造成复杂的命题形式。

比如"下雨了，大地变潮湿"是一个"复杂事实"。这句话在语言中叫作"分子命题"。那么，为什么两个最简单的事实能构成一个复杂事实呢？因为这两个简单事实间存在着某种逻辑关系，在这个例子中就体现为因果关系——因为下雨，所以大地变潮湿。在语言中，原子命题则借助一些逻辑连接词（"因为……所以""如果……那么"等）构成分子命题。

我们可以这样来理解，分子命题是由多个原子命题复合而成的命题。这么多原子命题是怎样复合的？要有逻辑地复合。通过逻辑连接词复合在一起构成分子命题，分子命题蕴含了各个原子命题之间的逻辑关系。

这就是对罗素"逻辑原子主义"的通俗解释。换句话说，就是把语言的结构和世界的结构——对应起来，去找到那个最基本的构成要素。然后再挖掘这些基本构成要素如何从简单事实推出复杂事实，复杂事实怎样分解为简单事实，原子命题能不能推导出分子命题，分子命题和原子命题之间的命题函项是什么关系。

再往深里挖掘还有两点需要强调：第一个就是对"逻辑原子"中"原子"的理解；第二个就是对事物和事实、命题和词的区分。

原子

罗素在《逻辑原子主义哲学》这篇文章中说：

> 我称自己的学说为逻辑原子主义的理由是因为我想在分析中取得的作为分析中的最终剩余物的原子并非物质原子而是逻辑原子。某些这样的原子就是我称为"殊相"的东西（诸如很小的颜色片、声音、瞬间的事物），而还有一些原子是谓词或者关系等。①

在罗素看来，他所谓的"原子"并不是物理意义的原子，而是逻辑意义上的逻辑原子，它表达的是最基本的、最小的不能再拆分的意思。

在世界中，最基本的元素是简单事实（原子事实）；在语言中，最基本的元素则是原子命题。

这时你也许要问，世界上最小的单位不应该是具体的事物吗？语言中最小的单位不是词语、单个的名称吗，罗素为什么会认为构成世界的基本要素是事实，而不是事物？构成语言的基本要素是命题，而不是具体的名称或者词呢？

---

① ［英］罗素.逻辑与知识［M］.苑莉均, 译.北京：商务印书馆, 1996: 215-216.

要回答以上问题，就要区分事实和事物、命题和词。

事实和事物，命题和词

世界是由许多独立的事物组成的，这个通过我们的常识就能理解。但罗素要分析的是世界和语言的逻辑结构问题，是什么构成了世界和语言的这套逻辑。

就这个层面来说，构成世界的基本要素是最简单的事实，而不是事物。事物是具体的对象，不具有"真假性"，只有事实才有"真假性"。有了真假的判断，语言才有意义。而对世界逻辑结构的探索，其目的正是去寻找一种有意义的判断。逻辑上说得通的，就是有意义的判断。逻辑上说不通的，就是无意义的判断。

但讨论的前提是要先让讨论的对象处于可对其判断真假的层面，只有在这个基础上我们才能对其讨论。具体的事物，如果连这个层面都上不了，我们又该从何讨论呢？

语言方面也一样，不对具体的词进行真假判断。比如"天空"这个词有真假性吗？没有的。不能说天空是"真天空"还是"假天空"，只有说"天空是灰色的"和"天空是蓝色的"的时候，才能判断哪个命题为真，哪个命题为假。

所以，只有在事实层面、命题层面才能决定真假问题，才能讨论其是否有意义。

逻辑原子主义在生活中的运用

在日常生活中,我们也会经常用到"逻辑原子主义"的分析方法。

比如我们要完成一项重要的任务,就要对这个任务进行拆解。将这个大任务拆为几个不同维度的小任务,然后先逐一完成这几个小任务。这几个小任务的具体安排是不是也要讲究逻辑性呢?比如这几个小任务之间有没有逻辑上的先后之分……当我们这样思考问题的时候,其实运用的就是逻辑的分析方法。把"一"拆分为"多",然后去考察多个元素之间的关系。最后,当我们完成所有小任务时,就完成了大任务。如何把"多"聚合为"一",可以说这个过程本身就非常讲究逻辑。

10 罗素悖论

19世纪末20世纪初,数学家康托尔提出的集合论逐渐被国际数学界认可,罗素却提出了著名的"罗素悖论",其矛头直接指向集合论,这无疑给当时的数学界和逻辑学界一锤重击,从而引发了第三次数学危机。

"罗素悖论"不是指罗素理论中的悖论,而是指罗素在进行理论研究(运用康托尔的集合论解决自然数的数列问题)时发现的悖论[①]。

在罗素看来,有两类理论——集合论的悖论和语义的悖论——都处于前后自我矛盾的状态。我们暂且不说数学上的专业术语,先给大家讲两个通俗的事例来理解罗素悖论的精髓。

---

① 通俗来说,悖论指自相矛盾的命题。两个互斥的观点在逻辑上是等值的,可以互推。比如"以自己为真"作为前提的命题,经过推导后可推出"以自己为假",从"假"这个方向也可以推出"真"。无论怎么推,前后的命题能够同时成立。这样的一类理论就是悖论。

理发师悖论

城里有一位理发师,他的理发店前的招牌上写着这样一段广告语:我只给不给自己刮脸的人刮脸,欢迎大家前来体验。

于是,城里那些不给自己刮脸的人都来找这位理发师刮脸。但此时有一个人的情况比较特殊,这个人就是理发师自己。他自己的胡子长长了该怎么办,他是否要给自己刮脸呢?此时,理发师陷入矛盾之中。

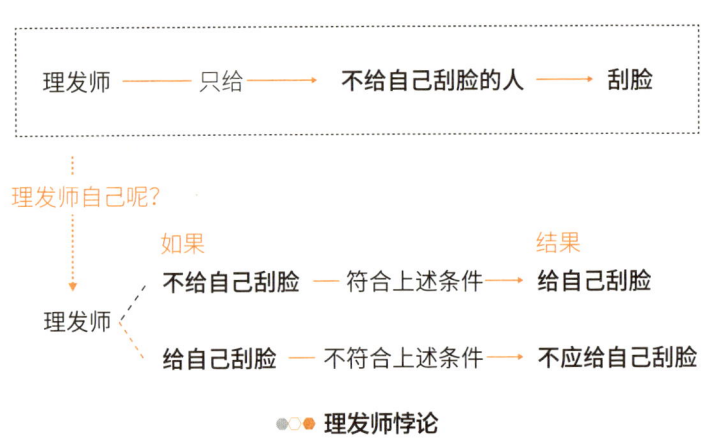

●●○ **理发师悖论**

如果他不给自己刮脸,那么他就处在"不给自己刮脸"这类人中,因此这就符合他自己广告上的规定。既然这符合他广告上的规定,就可以推出"他应该给自己刮脸"。可这不就矛盾了吗?他满足"不给自己刮脸"的前提,却得出了"应该给自己刮脸"的结果。反过来说也是矛盾的。

如果他给自己刮脸呢?因为他自己给自己刮脸,他就没有在"不给自己刮脸"的人群中。既然不符合广告里规定的人群范围,那么他就不应该给自己刮脸。这又自相矛盾了。选择"给自己刮脸",但推出了"不应该给自己刮脸"的结果。

无论我们怎样推导,都会陷入自相矛盾的境地。

从集合论的角度去理解,将城里的人设定为一个由"所有不给自己刮脸的人"所组成的集合。如果这里面不包括理发师自己,就没有矛盾了。理发师只给"不给自己刮脸的人刮脸",这不会有任何问题。

但问题在于,理发师也要参与其中。理发师自己归属于设定的"不给自己刮脸的人"的集合吗?如果属于,那么理发师就可以给自己刮脸。但如果理发师给自己刮了脸,也就违背了他自己提出的规则。如果理发师不给自己刮脸,那么他就符合此设定集合的定义,他就可以给自己刮脸了,这就是其矛盾的地方。

"理发师悖论"阐释的是集合论的悖论。

说谎者悖论

还有一个类似的情况就是"语义悖论",通俗的事例就是"说

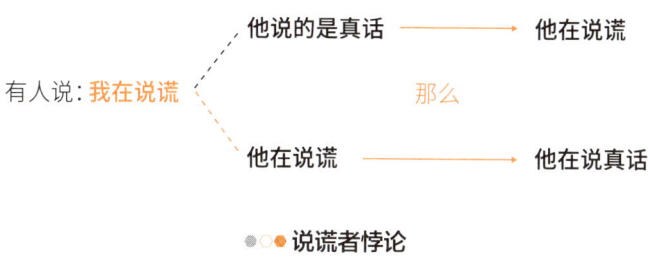

说谎者悖论

谎者悖论"。

有一个人说:"我在说谎。"那么,这个人到底有没有说谎?

如果他说的是真话,那么他说的"我在说谎"这句话就是真的,因此得出结论:他在说谎。

如果他在说谎,那么他说的"我在说谎"这句话就是一句谎话,这就会推导出结论:他在说真话。

无论如何解释,都是前后自相矛盾,这就是语义的悖论。

罗素悖论的数学形式

$S=\{x \mid x \notin x\}$

设定一个集合 S,它由一些元素的集合 x 组成,这些元素要满足一个条件就是自己不属于自身,即 x 不属于 x,所有自己不属于自身的这些元素的集合,在一起就构成了全体,即一个大的集合 S。这里需要强调一下:x 不是单个元素,而是所有满足这个条件的集合,因为在集合理论中,集合本身是可以作为元素被包含在一个更大的集合中的。

这个公式就表示出了所有不属于自身集合的集合,所有跟自己不相等集合的集合。

这个时候问题就来了:$S \in S$?

如果 $S \notin S$,那么 $S \in S$。

如果 S 不属于 S 的话,那么就满足集合自身的定义了,这个括号里的 x 不属于 x,那么就可以推导出 S 属于 S,那这就矛盾了。

如果 S∈S，那么 S∉S。

如果 S 属于 S 的话，但 S 这个集合的定义是要满足 x 不属于 x 这个条件的，也就意味着 S 也是满足这个条件的，于是就得出：S 不属于 S。那这就又矛盾了。

这就是罗素悖论的数学形式。

罗素悖论的解决

罗素认为，悖论产生的原因是命题中发生了"自我指涉"的现象。理发师发布了规则，他只给"不给自己刮脸的人"刮脸，"不给自己刮脸的人"也包含他自己，那么理发师也在给自己下论断。"说谎者悖论"也是一样涉及"自我指涉"的现象，自己要遵守自己定下的规则，如此就会陷入无限恶性循环中，就会出现悖论。

于是，罗素提出"类型论"来解决问题。他认为把"类"当作"集合"，容易出现"自我指涉"的情况，于是罗素把"类"和"集合"做了区分。这部分，我们就不展开介绍了。虽然"类型论"可以避免罗素悖论的产生，但并不是解决罗素悖论的唯一方法，并且在逻辑学和哲学领域都引起了很多争议。后来，除了奎因，没有人再把它作为哲学上的工具来使用了。

罗素悖论的提出也促使数学家重新考虑集合论的问题，数学家后来创立了一套公理体系——"ZF 公理体系"（ZF 是人名 Zermelo 和 Frankel 的首字母）——通过设置出若干的定理和定义来规定集合，以规避之前集合论出现的问题。其中有一条"正则公理",简言之就是把有可能产生"自我指涉"这一类情况的集合,排除在集合之外,从而避开"罗素悖论"问题。

换言之,"ZF 公理体系"并没有彻底解决罗素悖论问题,也没有否定罗素悖论,而是设置一个公理,让那些产生"自我指涉"问题的集合排除在集合的范围,从而避开悖论的出现。从这以后,集合论也从朴素的集合论发展到了公理的集合论。

11
罗素：金山是否存在、当今法国国王是否是秃子

罗素对分析哲学比较经典的贡献是"摹状词理论"。

前面说到，罗素要构建一套理想的人工语言解决日常语言中出现的问题。"摹状词理论"也正是基于这样的出发点而被提出的，对日常语言进行符号化处理，从而避免日常语言中出现的问题。

日常语言中有可能出现的问题，正是"摹状词理论"试图要去解决的问题。

问题一：非存在的问题

非存在的问题，即虚拟物存在的问题。奥地利哲学家迈农曾提出"金山悖论"，也就是大家熟知的关于"金山不存在"的问题。

当你说"金山不存在"这句话时，意味着把"金山"放在主词的位置，"金山"就是一个东西的名称。这其实就是把某种存在赋予金山，也就是说金山是肯定存在的。

这里就有问题了，既然你说"金山不存在"，那么你如何将一个不存在的东西言说出来？对于一个不存在的东西，你又是怎样判断出它的性质的？你要说金山的性质"不存在"，那前提是你要先承认一个东西存在，然后才能判断其性质。但现在，你说这个东西不存在，又要得出一个关于不存在东西的性质的判断，这就矛盾了。

"金山悖论"是语义上的悖论，体现出日常语言中的一个漏洞。其问题出在哪儿？出在语法形式和逻辑形式。单从语法形式来说，"金山不存在"这句话没有问题，但语句背后的逻辑形式就出问题了，它并不符合逻辑。

迈农认为，任何一个对象都有所指，并且所指的对象都存在，即使现实生活中不存在，那么也会存在于某一特殊领域或潜存着的领域。也就是说，既然"金山"能够被说出来，就一定存在，至少它处在一种潜存的状态，它是潜存意义上的存在。对于这种解决方式，罗素不太认可。

这就是罗素遇到的第一个困惑，也是"摹状词理论"要解决的第一个问题。

问题二：排中律失效的问题

排中律是什么？通俗理解就是一个句子要么为真，要么为假，不存在其他情况。有一类情况违背了排中律，更确切地说是排中律对其不起作用、失效了。

●○● 排中律失效的问题

比如"当今的法国国王是秃子"这个命题。这个世界上有两类人：一类是秃子，另一类不是秃子。"当今法国国王"如果属于前者，是秃子，那么此命题为真命题；如果是后者，那此命题为假命题。到这里，我们也没觉得有什么问题。但问题的关键是"当今法国国王"并不存在。这样看来，"当今的法国国王是秃子"这个命题就既不是真的，也不是假的了。这样，排中律对这个命题不就失效了吗？

问题三：同一律不再普遍适用

如何理解同一律？通俗来说，一个东西就是它本身，而不可能是其他东西。假设 A 和 B 同一，则把命题中出现的 A 替换为 B，不会改变命题的真假性。

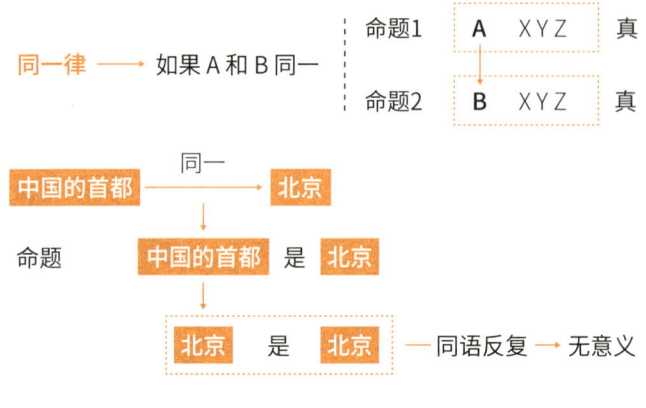

●○○● **同一律不再普遍适用的问题**

但有一种情况是同一律不再具有普遍适用性。比如"北京是中国的首都"。这句话表达出专有名词"北京"和短语"中国的首都"之间具有同一性。既然同一，两者则可以替换。于是，可把原话改成"北京是北京"。但"北京是北京"这句话就出现了同语反复的问题，且没有表达出什么意义。而原话"北京是中国的首都"是有意义的，它告诉了我们一种事实情况。

此时，同一替换失效，同一律就不具备普遍适用性了。

以上我们提到了三类情况：虚拟实物的存在问题、排中律失效问题以及同一律不再普遍适用的问题。在罗素看来，这些正是因为自然语言的不完善导致的，因此他要创立一种理想的、逻辑上完善的人工语言，通过符号的逻辑形式解决问题。这就是罗素的"摹状词理论"。

摹状词理论

罗素将词分为两类：专名和摹状词。

专名和摹状词

专名是专门来指称某一个对象的词。比如"北京"就是对某一座具体城市的专有命名，全世界只有特定的一座城市叫北京。专名也是简单符号，它的意义来自所指的对象本身。脱离语境后，专名仍然具有独立意义。

摹状词是反映或描述某一特定事物或对象某方面特征的语词，一般由两个以上符号复合而成。比如"中国的首都"是摹状词，它具有的是描述功能，是对"北京"这座城市的表述。摹状词一定要放在语句中才能有所指，才有意义。

总之一句话，专名和摹状词都在谈论对象，专名是指称对象本身的词，而摹状词是对对象进行描述的语言。

限定摹状词和非限定摹状词

罗素把摹状词分为限定摹状词和非限定摹状词。

非限定摹状词：在英语中通常以"a"开头的描述性词汇，比如"一头猪"，"一个走路的人"或"一扇上了锁的门"。这类摹状词适用于众多对象，因为是非限定的。

限定摹状词：在英语中通常以"the"开头的描述性词汇，比如"那个吃苹果的人""那个走进屋子的人"等。

罗素的摹状词理论主要集中于限定摹状词方面，以下提到的摹状词指的都是限定摹状词。

对金山悖论、排中律和同一律问题的解决

罗素基于对自然语言中的命题的逻辑分析，引进一个量词 x 对其进行改写，即通过符号化的逻辑形式消解原命题中的摹状词，挖掘出命题真实的逻辑形式，从而解决问题。

关于"金山悖论"问题，将"金山存在"这个命题改写为：就 x 的一切值而言，"x 是金的，且 x 是一座山"，这个命题函项是假的。

改写后的命题，就没有对"金山"赋予实在性了。"金山问题"被表述为：有一个 x，x 是金的，且 x 也是一座山，那么 x 就是不存在的。如此就消除了"金山存在"的语义悖论问题。

在排中律问题上，对"当今的法国国王是秃子"的命题进行改写：至少有一个 x 是当今法国国王，至多有一个 x 是当今法国国王，x 是秃子。

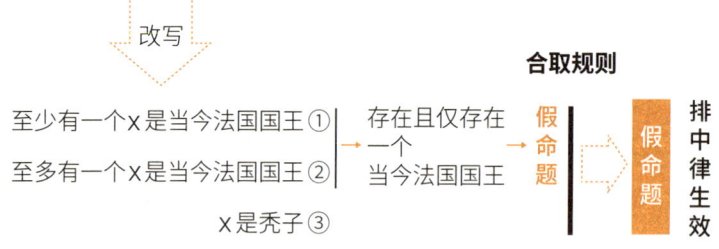

●●● **解决排中律失效的问题**

此命题函项包含了三个命题，即三个合取肢：

① 至少有一个 x 是当今法国国王；

② 至多有一个 x 是当今法国国王；

③ 是秃子。

在此命题函项中，通过前两个命题①和②可得出结论——存在且仅存在一个当今法国国王。但当今法国国王并不存在，因此我们可判断此结论为假命题。

根据合取的规则（只要判断其中一个命题为假，则整个命题函项为假），便可判断出整个命题函项为假。至于后面说的是不是秃子的问题，就不在判断命题真假的考虑范围了。

如此一来，不就解决了排中律失效的问题吗？排中律依然起着作用，因为我们最后确实得出了"它是一个假命题"的结论，而非"既不真也不假"。

在同一律问题上，对"中国的首都是北京"的陈述进行改写：有一个实体 C，使得如果 x 是 C，"x 是中国的首都"这个陈述是真的，否则它是假的；而且 C 是北京。那么在此命题中，就不存在同一律无法普遍适用的问题了。

可以说，罗素的摹状词理论解决了日常语言出现的问题，对分析哲学的发展做出了重大贡献。作为一种逻辑理论，摹状词理论也被现代逻辑学所采纳。

12 维特根斯坦：
告诉他们，我度过了极好的一生

他面庞瘦削，目光深沉；

他脾气暴躁而狂热，他性格孤僻而抑郁；

他有着不留情面的诚实，也有着如影随形的自杀情节；

他没有走进婚姻，对同性抱有强烈的情欲追求；

他的文字不晦涩却难理解；

他提出了两种截然不同的哲学观，他的思想在哲学的星空闪耀光芒。

他，就是著名的哲学家——路德维希·维特根斯坦。

路德维希·维特根斯坦（Ludwig Wittgenstein，1889—1951年），20世纪最有影响力的哲学家之一，其研究领域主要在数学哲学、精神哲学和语言哲学等方面，曾经师从英国著名哲学家、作家罗素。

维特根斯坦是一位天才哲学家。年轻时他读叔本华，后来读康德、弗雷格和罗素的书，他几乎没有系统读过哲学史，却提出了影响人类思想进程的哲学思想。

他一生写了两部重要著作。第一部是在战火纷飞的第一次世界大战的战场上完成的《逻辑哲学论》，"语言图式论"是其前期哲学的核心思想。第二部是在他 1929 年重返剑桥后完成的《哲学研究》，"语言游戏说"是其后期的核心观点。

关于"撒谎"的思考

1889 年，维特根斯坦出生于奥匈帝国的维也纳。他是钢铁大王的儿子，一个典型的富二代，有着优越的生活环境和物质条件。他的父母有着较高的文化和艺术修养，当时很多顶尖的艺术家和音乐家（如勃拉姆斯和马勒等）都曾与这个家庭有过来往。

他的家中兄弟姊妹共八人，维特根斯坦排行最末。

童年的维特根斯坦并不快乐，他的两个哥哥相继自杀，家庭的环境就像一个自我毁灭的试验场。他非常敏感于别人对他不好的看法，他甚至可以通过撒谎和伪装的方式迎合他人。

在八九岁时，维特根斯坦便开始思考这样一个问题："撒谎对自己有利的时候，为什么要说实话？"这是维特根斯坦最早涉及的与哲学相关的问题，这跟以后从事哲学研究的维特根斯坦形成鲜明对比。因为在其成年后，他身上有着令人钦佩的、不留情面的诚实品质。

●○● **维特根斯坦家族**

按照父亲的安排,维特根斯坦 14 岁时前往林茨的一所中学学习。据说,希特勒也就读于这所中学,他和希特勒还是校友。

酷爱哲学,拜罗素为师

1908 年,19 岁的维特根斯坦随父亲的意愿来到曼彻斯特从事航空学研究,但此时维特根斯坦对哲学很痴迷。于是他毅然决然地放弃航空学业,"在持续的、无法形容的、几乎病态的躁动"中,他前往耶拿拜访弗雷格,而后弗雷格建议他跟随罗素学习。

正当维特根斯坦需要一位良师时，罗素也恰好需要一名爱徒。就这样，1911年罗素收他为徒，并给予他无尽的赞美和支持。在这之前，维特根斯坦有着长达九年的孤独、痛苦的时光，心中不断滋生自杀的念头，罗素鼓励并拯救了维特根斯坦，也发现了维特根斯坦的天才之处。

可以说，维特根斯坦和罗素是相互影响的。起初，罗素是维特根斯坦的导师。维特根斯坦学习数理逻辑的能量非常充足，以至于在学期末，罗素认为维特根斯坦已经把该学的都学会了，甚至学得更多。罗素也日益认同维特根斯坦，从他身上看到了一个同道心灵——激情、深刻、热烈而强势，能将自己所有的精神力量投入到理论研究中。

罗素认为，在耗费十年精力完成《数学原理》这一著作之后，自己对技术性哲学的贡献已经到此为止了。他迫切需要一个新人来继续他所开创的事业，于是他把"什么是逻辑"这个基本问题的研究任务交给了维特根斯坦。

罗素希望维特根斯坦用逻辑为数学奠定基础，再以此勾画万物。但谁知，年轻的维特根斯坦根本无视规则，随时显露着破壁而出的劲头。渐渐地，他俩的关系发生了变化。维特根斯坦对罗素新论文的否定让罗素无比绝望，充满挫败感。

1913年初，罗素在创立他的新科学，维特根斯坦在做逻辑分析。罗素完全愿意承认逻辑分析已经是维特根斯坦的领地。在逻辑的领域，维特根斯坦远远不再是罗素的学生，而成为罗素的老师。

一战爆发，完成《逻辑哲学论》

随后，维特根斯坦的人生又发生了转变。他的父亲于1913年去世，给他留下了巨额财产，但他却孤身来到挪威，过着孤独的生活。在挪威一个叫舒登的村子，维特根斯坦进行着语言逻辑的研究。

一年后，维特根斯坦回到了霍赫海特，随后第一次世界大战爆发。维特根斯坦积极地入伍参战，虽然他是一个爱国者，但他入伍的动机却不是保卫祖国那么简单。据他自己说，他自愿参战纯粹为了找死。所以他在战场上表现出了异常的勇敢和无畏，他有一种强烈的愿望，他努力要转变为一个不同的人，他想做点儿和纯智力工作不同的事情。

在硝烟弥漫的战场上，在每一个与死神对视的日子里，在枪林弹雨中，维特根斯坦对死亡、苦难和悲痛有了重新认识。他阅读《圣经》、托尔斯泰的《福音书摘要》和陀思妥耶夫斯基的《卡拉马佐夫兄弟》等著作。在战场上直面死亡的经历，让维特根斯坦感受了某种宗教体验，他开始重新检视哲学和伦理的关系。正因为有着这样的感触，他的第一部著作《逻辑哲学论》不同于一般意义的逻辑著作，有了关于伦理、美、灵魂和生命意义的指向。

维特根斯坦将伦理和逻辑结合在一起，并浓缩在那句著名的断言：凡是能够说的事情，都能够说清楚；凡是不能说的事情，我们必须对其保持沉默。

一战后，维特根斯坦被俘，后来从战俘营被释放。五年的当兵生涯，在维特根斯坦的人生中留下了不可抹掉的印记。他面临过死亡，经历过宗教的觉醒，为别人的生命担负过责任。此时的维特根斯坦内心又发生了微妙的变化，他要重新打造自己。他认为《逻辑哲学论》写完后，所有的哲学问题都已经被解决。于是，他做出选择，怀着热忱前往奥地利南部山区，去做一名乡村小学教师。

●●● **维特根斯坦与他的学生们**

贫困的乡村工作或许对维特根斯坦是有意义的。他过着一种苦行僧般的日子，虽然收入贫乏，但内在生活丰富。他的教学带有一定的理想主义，但他却不能跟学生家长和同事很好相处。这期间，抑郁症又一次困扰着他。于是在痛苦中他结束了六年教学生涯，回到维也纳。

他先做了短时间的园丁，不久后又为姐姐的新房做了建筑师。施工时，他对毫米误差也绝不会弄错，最后造出了逻辑上绝对精确的"逻辑房子"。

●○● 位于维也纳库托芒大街的"逻辑房子"

思想的转向

1929 年，40 岁的维特根斯坦重回哲学界，他回到剑桥后，受到热烈地欢迎。他的《逻辑哲学论》也被剑桥的所有学院学习和讨论。然而就在此时，他发现在《逻辑哲学论》中存在一个重大错误，这表明维特根斯坦的思想正在发生转变。

长期的思考使维特根斯坦明白，哲学家应当做的是治疗性工作，因为传统哲学有很多语法和语义错误，所以哲学家的工作就是澄清这种混乱。1933 年后，他开始撰写《哲学研究》，这也是维特根斯坦后期的重要代表作品。

1939 年，第二次世界大战爆发。维特根斯坦又一次为抗战做出了贡献。通过好友介绍，他来到一所医院工作。1947 年，维特根斯坦从剑桥辞职，专心思考、写作，在爱尔兰过着孤独的生活。1948 年，他开始出现健康问题。1949 年，他被诊断出患有前列腺癌。

在维特根斯坦生命的最后几年,有一种曲终人散的意味。他没有收入,没有自己的家,对于从前渴望的独居和极端的独立,此时也没有什么感觉了。

忠于自己,度过极好的一生

1951年4月29日,维特根斯坦去世。在失去最终意识之前,维特根斯坦说:"告诉他们,我度过了极好的一生。"

这就是维特根斯坦的一生,虽充满孤独和痛苦,但他的确度过了美好的一生。他是富二代,童年时内心敏感,哥哥的自杀给他蒙上了阴影,学会撒谎但走向了严肃的诚实之路;因为酷爱哲学放弃航空业,与导师罗素亦师亦友,自愿参加战争只为寻死;他放弃遗产去乡村教学,他刻意体验贫困的生活以求得内心的富足;他当园丁,给姐姐盖房子,他去医院工作,去挪威的海边当隐士,他终身未婚。

他的哲学思想,从前期到后期完全是对自我的否定。他临终前对弟子说自己度过了美好的一生,死后留下一堆遗稿。他怀着激情生活,并始终忠于内心。他是天才,也有着责任的担当。

维特根斯坦是一个纯粹的人,他有着纯粹的严肃和纯粹的忠实。他没有告诉我们作为哲学家或者学者应该怎样度过一生,他却告诉了我们,人应该如何度过自己的一生:抱持严肃的态度纯粹地忠于自己。

如果你问什么是哲学，维特根斯坦会回答你："就是给苍蝇指出逃出捕蝇瓶的道路。"哲学并不会告诉你终极答案，哲学本身是一种活动，给你提供了一个解决问题的方法和路径。

维特根斯坦就是这么一个丰富又古怪的人，他是一个天才，也是一颗闪耀之星。让我们走进维特根斯坦的哲学世界，去看一看这位哲学天才如何担负起天才的责任。

13
维特根斯坦：
可说的与不可说的

维特根斯坦的哲学分为前期和后期两大阶段。

20世纪前20年是他思想的前期阶段，他主张通过逻辑方法分析语言，提倡用完善的逻辑语言解决日常语言中出现的问题，《逻辑哲学论》就是对"完善的逻辑语言"的阐明。因此，维特根斯坦的前期思想对人工语言学派产生了重要的影响。"语言图式论"是其前期最具代表性的理论。

1929年，维特根斯坦重返哲学舞台，他的思想发生了转变，从对语言结构的逻辑分析转向了对语言用法的分析。后期阶段的著作是《哲学研究》，其最为核心的理论是"语言游戏说"。

传统哲学的问题

前面提到，研究哲学的问题其实就是研究思想的问题，而思想的表达是通过语言完成的。从本体论对世界本原的探索，到认识论

对认识方式的探索,这些无不通过语言来完成思想的表达。

此时维特根斯坦产生了一个疑问:关于传统形而上学问题,哲学家们为什么一直争论不休,无法得出确切答案?他认为问题恰恰出在日常语言层面,用日常语言去讨论哲学问题,就会出错。

第一,日常语言本身存在逻辑缺陷。有时语法形式是对的,但语句的逻辑形式不对,语法形式会掩盖逻辑形式,就像前面提到的"金山不存在"。正是日常语言的各种问题,导致了许多哲学问题的产生。

第二,用日常语言讨论无法用语言表达的领域(如人生的意义等话题)就会出现问题。传统哲学家恰恰是把万事万物背后的东西(如终极意义、逻各斯等)当作目标去探究,于是就出现了问题。

针对这样的情况,该怎么解决?

一套理想的人工语言

这就需要有一套精确的、符合逻辑句法的逻辑语言,即一套理想的人工语言去谈论哲学、谈论世界。如此,很多混乱的问题会被澄清。当语言能够清楚表达思想、表达世界时,曾经困扰人们的哲学问题也就解决了。

弗雷格和罗素都已经提出了这样的符号化语言,比如弗雷格的逻辑符号体系,还有罗素和怀特海在《数学原理》中建立的逻辑体系。而维特根斯坦受到弗雷格和罗素的影响,他把自己对这套逻辑符号以及对这套人工语言的理解写在了他的第一部著作《逻辑哲学论》中。

《逻辑哲学论》的大部分篇幅就是在阐明：什么样的逻辑语言可以清楚表达思想和世界，而不产生混乱；语言和世界的关系是什么；理想的人工语言应该蕴含怎样的一套符号原理。

但这时又有一个疑问，是不是说只要建立了人工语言就万事大吉了，就可以完美地去表达思想、描述世界，并终止哲学问题的争论了呢？并不是。

一个划界

维特根斯坦认为，一切语言，包括这套精确的逻辑语言在内，都是有限度的。

也就是说，语言的表达是有界限的，并不是什么东西都能用语言表达。语言只能表达能表达的东西，语言的表达只能在一定的范围内有意义，超出这个范围以外的领域，就无法用语言表达。

这就是维特根斯坦特别高明的地方：通过对语言的分析，给语言划了一个界限——能表达出来的就是可以说的领域，无法表达的就是不可说的领域。

就像《逻辑哲学论》的序言中说到的：

> 人们或许可以通过下面的话来总结这本书的全部意义：可以言说的东西都可清楚地加以言说；而对于不可谈论的东西，人们必须以沉默待之。

因此，这本书旨在划出思维的界限，或者更准确地说，——不是划出思维的界限，而是划出思想的表达的界限：因为为了划出思维的界限，我们必须能够思维这个界限的两边（因此，我们必须能够思维不能够思维的东西）。

因此，这个界限只能在语言之中划出来，而位于该界限的另一边的东西直接就是胡话。①

由此我们可得知《逻辑哲学论》这本书的全部意义在于区分了可说的和不可说的这两个领域。

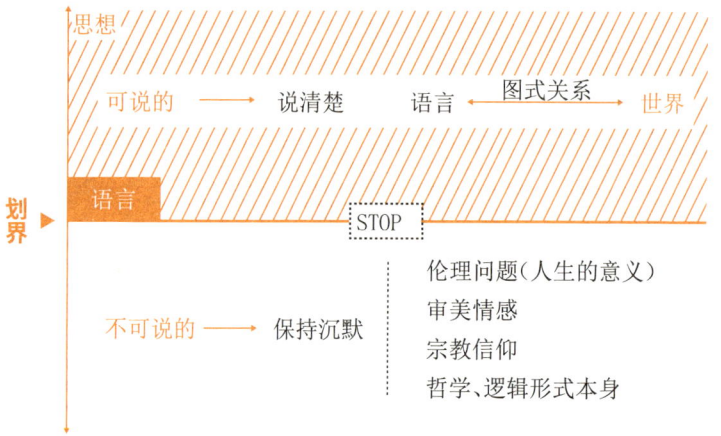

●●● 为"可说的"与"不可说的"划界

---

① ［奥］维特根斯坦.逻辑哲学论［M］.韩林合，译.北京：商务印书馆，2017：3.

14 维特根斯坦：把可说的说清楚，对不可说的保持沉默

能够用语言表达的，就是能够用逻辑形式描述出来的东西，这个东西是什么？就是整个世界。因为世界的逻辑结构和语言的逻辑结构具有同构性，语言是世界的图式。正因为这样的联结，世界可以被具有逻辑形式的语言表达出来。

可说的和不可说的

语言的界限其实就是世界的界限。所有能够言说出来的，都是在表达和描述世界本身。这里有一点要明确，在世界范围内，所有可说的都是可以通过精确的逻辑形式和命题的真值函项表说清楚。而超过这个界限之外的部分，就不能用逻辑形式表达，或者说，逻辑形式无法达到的领域自然就不可被言说。比如世界存在的意义、人生的意义、美学、伦理学等问题，都无法用逻辑语言对其精准描述和表达。

想想看，你能用精确且有逻辑的语言去说清楚"人生的意义"吗？说不清楚的。"人生的意义"是在"人生"之外的探索，你只有超越于"人生"的大范畴，才能阐明其背后的意义。但问题是你身处"人生"之中，如何跳出"人生"来反观"人生的意义"？这是不可能的事情。

身处这个世界，你唯一能做的就是用语言把这个范围内的东西表达清楚。而对那些不能表达的，你唯一的态度就是对其保持沉默——不说。

但不得不承认，人总会有一种自然的倾向——特别愿意也特别喜欢用语言去讨论这些不可言说的领域。从古代哲学"追问世界的本原"、探索"逻各斯"，到近代哲学对认识能力和认识方式的探讨，这些话题都是超越于世界范畴之外的领域。你说"逻各斯"在这个世界上存在吗？不存在的。你只能体会到"逻各斯"，而无法用精确的逻辑语言表达它。而当你用语言去讨论"逻各斯是什么"的时候，就会出现混乱。

在西方哲学史上，传统哲学家一直想去探讨超越世界背后的东西，众说纷纭又无法得到标准答案，而且每个人都可以创立一个体系自说自话。用维特根斯坦的话来说，这些人都是在说"胡话"。

对于不可以言说的领域，我们要采取的态度是不说话，保持沉默。

但这里要强调，"保持沉默"的态度仅仅是针对语言层面而言。也就是说，对表达不出来的东西要对其保持沉默，但不意味着否定不可说之物。"人生的意义"这个话题本身是有意义的，但你用语言去讨论"人生的意义"就变得无意义了，因为你无法用语言（确切地说，逻辑语言）去言说。

你是不是觉得维特根斯坦的思想带有些许禅意？当大家都在各自舞台上热闹地争论不休时，维特根斯坦并没有参与其中，而是采取了另外一种态度：放下这些，不说话，保持沉默！其他人如小丑一样，津津有味地辩论着，甚至要跳起来，但在维特根斯坦看来，这些问题根本就不在可言说的范围。

《逻辑哲学论》全书共有七章，前六章的每个章节都有标题也有内容，讨论的是可说的部分——语言表达世界的问题，而第七章就只有一个标题——对于不可说的东西，必须沉默。这个标题下面的内容是空白，什么也没有，全书到此结束。这种方式也是意味深远。

把能说的用语言都说清楚，剩下来的不能言说的部分，自然就显现出来了。就好比一张白纸上出现一个黑点，你不要去描述白纸的"白"，只要把白纸上的"黑点"描述清楚，那么剩下的部分——白——就自然显现了。

逻辑与伦理

《逻辑哲学论》还是一部具有伦理指向的逻辑著作。我们通常认为，逻辑和伦理这两者无法也很难结合在一起，但维特根斯坦却将两者很好地结合在了《逻辑哲学论》一书中。

维特根斯坦在给朋友的一封信里提到，有一句话他本想写在序言里，但没有写，因为这句话是理解这本书的一把钥匙。这句话就是：《逻辑哲学论》这本书的意义是伦理性质的，这本著作是由两

部分构成的,第一部分是目前写出来的这部分内容;第二部分是没有写出的所有内容。恰恰是这第二部分内容是更重要的。

维特根斯坦通过把能写的东西都写出来,去凸显没有写出来的那部分,而恰恰没有写的部分内容又至关重要。那我们不禁要问,为什么不把重要的部分写出来呢?如果写了,就代表这部分可以被表达,可以被言说。但恰恰是,这部分不能被表达、不能被言说。因此我们只能以"沉默"的方式对待。

这就是《逻辑哲学论》不同于一般逻辑著作的原因。维特根斯坦通过对语言逻辑的分析,最终指向了一个更为重要的、不可说的伦理的领域——人生的意义、美学等。

维特根斯坦的方式的确非常独特,他一方面批判传统形而上学,另一方面他的理论又有一些神秘主义的色彩,但这又跟他论说的逻辑内容不冲突。把逻辑和伦理的问题结合在一起,这就是维特根斯坦的高明之处。

15
维特根斯坦：
语言是关于世界的图式

我们可通过维特根斯坦前期的重要思想"语言图式论"来理解"可说的领域"。但大家有没有想过一个问题：为什么语言能清楚地描述和表达整个世界？

在维特根斯坦看来，语言和世界的内在结构存在逻辑上的对应关系，即语言的结构和世界的结构具有同构性。他将这样的关系称为"图式关系"。语言和世界的关系可以浓缩为一句话：语言是关于世界的图式。正因如此，语言是可以描述和谈论世界的。

"语言是关于世界的图式"是语言图式论的核心主旨。接下来，我们先了解"图式"的概念，再去搞清楚为什么语言是世界的图式，即语言和世界的内在逻辑结构如何一一对应。

图式和图式的本质

什么是图式？我们可通过一个例子来理解。

某地发生了一起车祸，事后人们画了一张模拟图来还原当时的场景，这样那些不在现场的人就可通过这张图了解当时车祸的情况。这时我们不禁思考：为什么人们仅凭一张图就可以清楚地知道当时的情景？答案是这张图准确地描述了车祸现场的情景，这一点我们用常识就能理解。

但我们要继续追问：为什么一张图能准确描述一个事实？图像描述事实要具备的条件是什么？

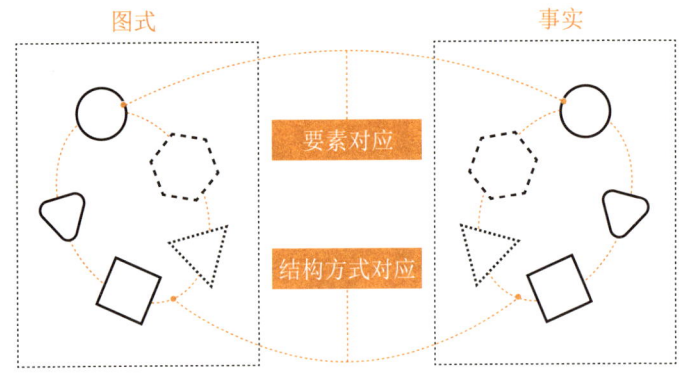

●○●—— 一张图描述一个事实的条件

条件一：图画中的每一个组成部分和外界现象的每一个组成部分都一一对应。

条件二：联结图式各个组成部分的结构方式必须和联结被描绘的现象的结构相一致。

以上两个条件可归结为两点：一是要素的一一对应；二是联结要素的形式（结构方式）一一对应。

在车祸事件中，图中的车和人（构成图片的两个要素）跟车祸现场的车和人对应起来，满足第一个条件——要素的一一对应；图中车和人的关系（车撞人）跟事发现场的车和人的关系（车撞人）对应起来，满足第二个条件——联结要素的形式一一对应。

同时满足以上两个条件，这张图就准确描述了事实——车祸事件。因此那些不在现场的人，便能凭借这张图了解当时的车祸情况。可以说，这张图是关于车祸事件的结构图，它能准确反映车祸事件中各要素的逻辑关系。这里补充一点，图像和事实的对应方式是逻辑上的对应方式。不需要把人和车的样子一模一样地画出来，用人和车的符号代替即可，只要图像中的各要素能把事实中各要素的逻辑关系呈现出来即可。

图式是按照一定的比例排列起来的符号，它描述的是事实的同构形式。图式的本质特征是逻辑特征，通过图式反映出来的正是逻辑形式。

图式的多样性

维特根斯坦认为，图式具有多样性。除了语言，录音机里的声音、音乐、绘画以及符号等都是图式。就音乐来说，音乐的旋律不是音调的杂凑，而是音符之间具有逻辑性的编排呈现。音符和音符的不同排列关系、音符和旋律之间的关系体现了某种逻辑关系，而把逻辑关系显现出来的正是图式。

我们听古典音乐特别是巴赫的作品时，会感受到一种无与伦比的建筑之美，而建筑是非常讲究逻辑构造的。在古典音乐作品中，曲式都要按照某种结构编排出来，各个乐器混合搭配，各个声部巧妙组合，各个乐章的编排等，都含有很强的逻辑结构性。

但在各种形式的图式中，维特根斯坦最关心的是语言的图式，因为语言是关于现实世界的图式。

语言是世界的图式

回到前面车祸事件的例子中，如何把"图像和车祸事件的逻辑对应关系"应用到"语言和世界"的关系之中？语言中的各个要素对应世界里的各个要素，语言内部的各个要素之间的联结关系或者逻辑关系，对应世界里的各个要素之间的逻辑关系。于是得出语言是关于世界的图式。

世界中的各个要素之间如何排列组合，是有内在逻辑关系的，把蕴含其中的逻辑关系抽离出来就是逻辑框架，即图式。语言正是图式的显现。

16 维特根斯坦：语言和世界的逻辑结构

通过下面这张逻辑图，大家可以清晰了解世界的逻辑结构和语言的逻辑结构，以及两者的对应关系。

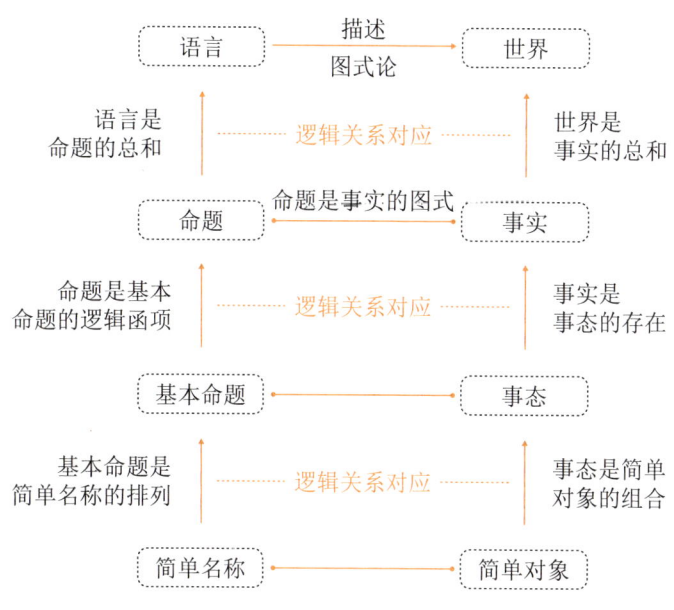

● ● ● **语言和世界的逻辑结构**

世界的逻辑结构

世界的逻辑结构分为三个层次:

> 第一,世界是事实的总和,而不是事物的总和。
> 第二,一个事实是一些事态的存在状态。
> 第三,一个事态是一些简单对象的组合。

事物:指具体的东西。比如一所房子,一辆车,一个苹果,一个人,一头牛,一棵树……这些都是事物。

事实:对事物的某种性质、状态的描述,如"苏格拉底是伟大的哲学家""这所房子是设计师历时三年设计完成的""李明在开车"等这样的描述就是事实。

事态:事实存在的不同状态,如"李明开车的车速与方向"等就是事态。

厘清了这几个概念后,我们来逐条进行分析。

第一,世界是事实的总和,而不是事物的总和。

按照常识思维,世界应该是事物的总和,如果没有事物,世界不就空空荡荡什么都没有了吗?而维特根斯坦为什么说世界不是事物的总和,而是事实的总和呢?

一句话解释就是事物可以继续被分解为诸多事实。

"房子"就是实实在在的事物。但分析哲学是从逻辑的角度进行的分析与拆解，"房子"这个名称不过是蕴含建造过程、建筑风格、建筑用途等事实的统一体。也就是说，"房子"这个事物还可以继续被分解为诸多的事实①。

我们看到世界上任何一个事物，都可以继续将其化解为一系列的描述，即事实。因此，维特根斯坦在《逻辑哲学论》开篇就指出：世界是事实的总和，而非事物的总和。这是他从逻辑分析的角度提出的。

第二，一个事实是一些事态的存在状态。

对一个事实再进一步分析，就会分析出一些事态。

刚刚已经说到，事态是指事实存在的不同状态。比如"李明在开车"，这是一个事实，对其继续分析就要问：李明是从哪里开向哪里？车速是多少？"开车的方向""车速"等都是"李明在开车"这个事实的存在状态，不同的状态共同构成一个事实。

第三，一个事态是一些简单对象的组合。

如果将事态再往下分析，就会分析出简单对象。

这里说的"对象"并不是指现实世界中的具体事物（因为现实事物都可以继续被分解为诸事实），而是指不能再分的逻辑上的原子——无法用经验去观察和表达出来的最小的单位，确切来说就是"简单对象"。

你也许要问，世界中存在这样的简单对象吗？它具体指什么？

"简单对象"是维特根斯坦从逻辑上推导得出的，或者说这个

---

① 在罗素的摹状词理论中也讲到，任何一个主词都可以化解为关于某种性质的判断。"房子"这个词可以化解为关于它的许多属性的描述。维特根斯坦接受了罗素的摹状词理论，认为事物还可以进一步分解为事实。

概念是他从逻辑角度进行的设定——一定要假设"简单对象"的存在，才能推出事态、事实和世界。

维特根斯坦之所以要进行这样的设定，是出于他对语言意义分析方面的考虑。因为语言的意义在于能够表达和描述世界，假如所有的事物都能够被继续分解，都用摹状词表示，那么分解出来的命题中又包含名称，名称又可以继续分解下去……如此一来，命题将永远处于被分解状态，永远得不到真命题。在这种情况下，我们用语词构成的命题来谈论世界，就太不可能了。

所以，从逻辑上讲就应该设定"简单对象"的存在，且这个"对象"不能独立存在，它总是出现在事态之中。只有当"简单对象"从逻辑上不能再被分解时，以此为出发点，层层上升，最后才能推出整个世界。

对于"简单对象"，大家理解起来会有些困惑。因为我们都是站在经验的角度，认为"简单对象"肯定都有具体的对应物。但我们要明白，维特根斯坦不是站在经验的角度，而是站在逻辑的角度考虑问题。

维特根斯坦其实也举不出"简单对象"的具体例子，但就是要从逻辑上先肯定"简单对象"的存在。"简单对象"简单理解就是逻辑上不能再分的"绝对的、简单的"东西。

维特根斯坦在《逻辑哲学论》的第三章和第四章中说到，事实的逻辑图像是思想，思想是有意义的命题。而命题是语言中的命题，思想通过语言来表达，于是事实和命题这两者联系在一起，或者说世界和语言联系在了一起。

接下来，我们切换到语言的世界中去分析语言的逻辑结构是什么，语言的逻辑结构又是如何与世界的逻辑结构一一对应起来的。

语言的逻辑结构

和世界的结构一样，语言的逻辑结构也分为三个层次：

> 第一，语言是命题的总和。
> 第二，一个命题是一些基本命题的逻辑函项。
> 第三，一个基本命题是一些简单名称的排列。

第一，语言是命题的总和。

语言的基本单位是命题而不是名称，这一点我们之前也有解释，因为名称是可以被摹状词理论消解掉的。还有，名称本身在逻辑上是不具有真假意义的，名称只有在语境和命题中才有意义。所以从逻辑上说，语言的基本意义单位是命题。

在维特根斯坦看来，语言中的命题对应世界中的事实，因为命题就是描述事实的。

比如"树叶是绿色的"，这个命题描述了自然界中实实在在的树叶的颜色，描述的是世界中的一个事实。此命题是此事实的图式。因为，此命题的各要素对应着事实中的各要素，并且命题中通过一个"是"把各要素联结起来了。"是"字就是一个带有逻辑性的连接词，表达出了现实中的树叶及其属性的关系。

在语言的结构中，语言由所有的命题构成，就如同世界是由所有的事实构成一样。命题是对事实的描述，语言中的命题和世界里的事实一一对应起来。

第二，一个命题是一些基本命题的逻辑函项（真值函项）。

我们对命题继续分析就可以得出一些基本命题，一些基本命题共同构成了一个命题。那么，如何表示这个命题和由它分解出来的多个基本命题之间的关系呢？这就涉及第二点内容——真值函项理论。

一些基本命题是有逻辑地组成一个命题的，维特根斯坦将命题和基本命题之间的逻辑关系和逻辑结构，表达为数理逻辑中的真值函项关系。

当然，这里涉及数学和逻辑的知识，我们可简单地去理解。就好比说，有一个命题是由几个基本命题复合构成的，这几个基本命题的真假值就决定了由这几个基本命题组成的整个命题的真假值。命题就是这几个基本命题的真值函项。

比如一个命题 S：这个红色的苹果很甜。我们可对其分解出三

	①	②	③	S
1	真	真	假	假
2	真	假	假	假
3	假	真	假	假
4	假	假	真	假
5	假	假	假	假
6	真	假	真	假
7	假	真	真	假
8	**真**	**真**	**真**	**真**

●○● **分支命题的八种组合方式**

个命题：

① 这是一个苹果；

② 它是红色的；

③ 它很甜。

总命题 S 的真值取决于它的三个分支命题的真假值，也就是说三个分支命题中任何一个命题的真假值的变化，都会引起总命题 S 的真假值的变化。

比如当①为真，②为真，③为假时，会得出结论：这个红色的苹果，它不甜。那么总命题 S "这个红色的苹果很甜"即为假命题，这是一种情况。以此类推，会出现 8 种组合方式。只有当分支命题①②③都为真时，总命题 S 才为真，才可得出结论：这个红色的苹果很甜[①]。

总结来看，从命题分解到基本命题，从基本命题推导出命题，二者之间的逻辑关系蕴含在真值函项关系当中。真值函项关系，就体现了其中的算法。不同的计算方式，会得出不同的结论。

基本命题通过一定的逻辑关系组成命题，这个过程就如同事态通过一定的组合构成了事实。语言中的基本命题对应世界中的事态。这就是这一层次的语言和世界逻辑结构的对应关系。

以上我们讲的是命题和基本命题之间的关系问题，以及基本命题与世界中的事态结构的对应。

第三，一个基本命题是一些简单名称的排列。

"简单名称"也是从逻辑意义上来说的，是基本命题中最小的

[①] 当然这个例子也不是特别恰当，因为在维特根斯坦看来，例子中提到的三个分支命题不能算是基本命题。这个例子只是为了帮助大家通俗地理解真值函项的内涵。

最原始的记号,是不能再被分解、分析的逻辑原子。"简单名称"对应世界里的"简单对象"。这里需要强调的是,"简单名称"和"简单对象"都是逻辑意义上的推导结果,蕴含着某种先天的逻辑必然性[①]。

语言和世界的逻辑关系

首先,要素的对应:简单名称对应简单对象,基本命题对应事态,命题对应事实。

其次,要素联结方式的对应:从简单名称到基本命题的逻辑关系对应,从简单对象到事态的逻辑关系;从基本命题到命题的逻辑关系对应,从事态到事实的逻辑关系;从命题到语言的逻辑关系对应,从事实到世界的逻辑关系。

最后,语言和世界对应起来。

在语言的逻辑结构中,真值函项理论是一个难点。接下来,我们将对真值函项理论进行深入探讨。

---

① 这里可参考前面对"简单对象"的阐述理解。

17 维特根斯坦：对传统哲学问题的解决

真值函项理论由弗雷格和罗素首创，维特根斯坦接受了这样的做法，并首次使用真值函项表来表明基本命题的真假与其他命题的真假的关系。

真值函项理论

真值函项表的提出，是维特根斯坦对真值函项理论的贡献之一。而且维特根斯坦将真值函项理论应用到了对日常语言命题的分析中。

真值函项理论，可将日常语言命题转化为符合逻辑句法的逻辑命题。凡是能被转化为这套逻辑语言的命题，就在可说的、可思的领域；凡是不能实现这种转化的命题，就在不可说的、不可思的领域。

我们回到之前的例子，"这个红色的苹果很甜"这个命题可被

	①	②	③	S
1	真	真	假	假
2	真	假	假	假
3	假	真	假	假
4	假	假	真	假
5	假	真	真	假
6	真	假	真	假
7	假	真	真	假
8	**真**	**真**	**真**	**真**

S 这个红色的苹果很甜
① 这是一个苹果
② 它是红色的
③ 它很甜

第1-7行为可能的情况，构成逻辑的空间；第8行为真实的情况。

●○● **可能的情况和真实的情况**

分析出八种情况。若将这八种情况的范围比作一张网，命题的所有取值范围不会超出这张网的范围。这张网揭示出这个命题内在的所有可能的逻辑关系，它构成了我们的逻辑空间——由一种真实的情况和七种可能的情况构成的可以思维和想象的空间。所谓可能的情况就是，比如"①为假，②和③为真"即"有一个东西不是苹果，它是红色的，它很甜"。这种情况有没有可能？有可能。这个东西有可能是樱桃，也有可能是西红柿或者其他，这种可能的情况是我们能想象出来、能思考到的。关于这个命题的所有可能性都在这张网的范围里，你还能想到第九种情况吗？不能了。

以此类推，把这种分析方式应用于日常语言的所有命题上，会有什么结果？

诸多基本命题和命题之间的关系的可能性就会产生诸多张网。这一张张可能之网交织在一起便形成了一张巨大的网，这张网会把所有可想象的、可思考的且能被语言表达的各种情况都囊括在内。

●○● 世界与世界以外

这张网的范围就是可思想的范围，同时也是可以言说的范围；这张网的边界就是思想的边界，同时也是语言的边界。超出这个边界以外，就是不能想象、不能言说的。①

在可思的、可言说范围以外的命题，就是无法被还原为某些基本命题的真值函项的命题，是无法得出可能性之网的命题，如"人生的意义""什么是正义""什么是美""什么是道德伦理"等。你能将"人生的意义"还原为几个基本命题，然后去判断这几个基本命题值的变化对"人生的意义"这个值的变化产生的真假影响吗？不能的。因为这是说不清楚的，你无法将这类话题还原出一套符合逻辑句法的语言表达式，即逻辑语言。关于不可说的领域，后面还会详细介绍。

---

① 这里要注意，"可被言说"是指可被"逻辑语言"言说。凡是能够用逻辑语言表达清楚的都是思想，思想也一定可以被逻辑语言说清楚。

此时就要划清界限，对不能说（不能用逻辑语言去论说）的，保持沉默。

哲学的任务：澄清前提

在维特根斯坦看来，传统哲学家一直以来的问题，就是谈论那些根本不在日常语言探讨范围内的话题，如世界的规定性、存在之为存在等形而上学问题。这些话题根本无法用语言，确切地说是无法用逻辑语言进行精准表达。当人们用日常语言去表达它，并试图将其说清楚时就会出现问题，然后"胡说"。

传统哲学家一直希望哲学能成为一门科学，并试图告诉人们关于世界的确切知识。但在维特根斯坦看来，哲学家要做的不是去找答案，而是对探讨的前提进行澄清，比如探讨"世界的本质是什么"，前提是先去分析这个命题是否能被探讨，是否在可说的范围。

澄清讨论的前提，最终要落脚于澄清哪些命题能被讨论，哪些命题不能被讨论，为思想划界。而思想又只能通过语言表达出来，因此搞清楚语言的界限，也就搞清楚了思想的界限。接下来就要对语言划界——区分可说的领域和不可说的领域。具体如何区分，可运用真值函项理论，将真值函项表作为一个标准，来看看日常语言的命题能否被还原为一套符合逻辑句法的逻辑语言。如果能实现这种还原，命题则在可说的领域，在思想的层面就能对其进行讨论，如果不能实现这种还原，命题则被列在不可言说的领域，在思想的层面就不能对其讨论。

对传统哲学问题的解决

按照这个思路,维特根斯坦就解决了传统哲学的问题。

前面说到,传统哲学的问题是日常语言的误用而导致的,用日常语言去讨论不可说之物,日常语言中的逻辑结构被掩盖了。

维特根斯坦解决了这些问题。他通过真值函项理论,日常语言中被遮蔽的逻辑结构被揭示出来。通过给语言划界,把能还原为符合逻辑句法的语言划在可说的领域,把可说的说清楚;把不能还原为符合逻辑句法的语言划在不可说的领域,保持沉默,不使用日常语言去讨论。

那么,传统哲学讨论的话题(形而上学等终极意义)不就被排除在可说领域之外了?因为它们无法被还原为符合逻辑句法的逻辑语言。既然传统哲学的话题都不在可讨论范围内,那么传统的哲学问题不也就被解决了?

大家会发现,维特根斯坦的思路是非常独特的。他不同于以往的传统哲学家,而是自己寻找了另外一条路——通过对传统哲学问题的"消解",去解决传统哲学的问题。

因此,维特根斯坦在写完《逻辑哲学论》之后,他认为所有的哲学问题都被解决了,就跑到一个山村里去当小学教师了。

18 维特根斯坦：神秘的不可说之物

接下来，我们转向"不可说的领域"，去看看维特根斯坦认为的不可说之物都包括哪些内容。

可说的和不可说的标准

关于"可说与不可说的"标准，前面已经有所介绍。维特根斯坦将日常语言中的命题还原为符合逻辑句法的语言，凡是能够用逻辑语言表达的，就属于可说的；凡是无法还原为逻辑语言的，就是不可说的。

语言和世界具有同构性。把语言分析透了，语言的逻辑结构也对应世界的逻辑结构，因此语言的界限就是世界的界限。可说的都在世界里，不可说的都在世界之外。在世界里的，都是有结构的东西；没有结构的就在世界以外，是不可说的领域。

可问题是，既然这些不可说了，就意味着是不可思的，那我们又是如何感知这些不可说的东西，如何领悟到它们呢？比如我们对"人生的意义""什么是美""什么是勇敢"这类话题会有直觉上的认知，知道一些但又说不清楚。这其实就是"不可说的领域"的显现方式问题。

自身的显示

不可说的领域，通过自身的显示被人们所认识和领会，它们通过自身的显现从而完成自身的意义。这里其实有一些神秘色彩。

我们并没有将这类话题一棍子打死、完全否定，不可说的东西在远处若隐若现，就像星星一样不断显示自己。正是它们自身的"显示"，使得我们能够静静地领会到它们，但无法将其琢磨清楚，无法用逻辑构造的方式将其分析清楚。

人生的意义，是我们在漫步人生路中慢慢领悟到的；艺术的美感，是我们在欣赏艺术作品时感受到的。只有超越当下的处境，我们才能把握这些东西。但，每个人又是无法脱离当下去抓住当下以外的东西的。只能说，我们在冥冥中能体会到一些"人生的意义"或"艺术的美感"，但无法用精准的逻辑语言去言说。如果要用日常语言将其说清楚就会犯错，甚至会"胡说"。因此对这个神秘的领域，维特根斯坦的办法就是——不说，保持沉默。

神秘的不可说之物

那么，不可说之物涉及哪些领域呢？

第一，伦理学。诸如"人生的意义""人应该做什么，不应该做什么""什么是善""什么是恶"等这类关于人生终极意义、绝对价值的东西，都是不可说的，确切地说是无法用逻辑语言去言说。

第二，审美的情感。"什么是快乐""什么是幸福""什么是悲伤"等这些人类的情感，以及审美的体验，比如"艺术作品带给人的美感以及心灵的震撼"是不能用逻辑语言来言说的。

第三，宗教信仰。你没办法用逻辑语言去把信仰层面的东西说清楚，你也没办法对"上帝"这个概念进行逻辑的分析，你只能表达对宗教的向往，表达对"上帝"的敬畏。但这些都是你内心中的神秘的体验，你只能自己去体会，无法用逻辑语言言说。

当然，不可说的领域还有很多，包括逻辑形式本身不可说，哲学本身也不可说。你能说清楚"哲学"是什么吗？自古以来，人们不断追问"什么是哲学"，但"哲学"本身是什么呢？"哲学"的内涵只有通过自身的显现才能获得意义。哲学是一种活动，在维特根斯坦看来，哲学不是为了找到答案，而是把论说的前提澄清。既然是澄清命题的活动，"哲学"本身也是不能用逻辑语言说清楚的。

19
维特根斯坦：
日常语言的回归

在沉默了多年之后的 1929 年，40 岁的维特根斯坦重返剑桥。他以《逻辑哲学论》作为他的学位论文，通过了由罗素和摩尔主持的博士论文答辩，而后留在剑桥当哲学教授。就在这时，维特根斯坦的思想发生了重大改变，他认识到，自己在第一本书《逻辑哲学论》中犯了严重的错误，并开始对自己的前期思想进行彻底批判。

后期代表作《哲学研究》

在维特根斯坦的后期哲学阶段，其最为著名的代表作是《哲学研究》。

读过原著的朋友会发现，《哲学研究》和《逻辑哲学论》的写法很不一样。《逻辑哲学论》写得非常规整，逻辑性很强，就像一个产品说明书。而《哲学研究》写得比较轻松，由一些片段式的话语构成，还包含很多看似漫无边际、杂乱无章的表达，整本书就像

一个个随意片段构成的"风景画册"。我们需要从这些零散的片段中去寻找彼此之间的关联,从而总结出维特根斯坦的思想精髓。

前后期哲学的异同

那么,维特根斯坦的后期哲学,到底发生了哪些转变?

当然,其哲学讨论的大前提没有变,依然还是在语言哲学范畴内,关心的也是思想的语言表达等问题,而非表达的具体内容。但他前后期对语言的研究方式或者切入点却完全不同了。

静态与动态

维特根斯坦前期哲学属于人工语言学派,注重对语言的逻辑结构的静态分析。

因为语言和世界具有同构性,把语言的逻辑结构分析清楚,就能通过语言的逻辑结构映射出世界的逻辑结构。语言的意义在于用语言把言说的对象说清楚,从而也就把这个世界说清楚了。将逻辑结构的规则研究透,是维特根斯坦前期哲学研究的主要任务。通过对语言的逻辑结构来分析探讨语言的本质,也是其前期哲学的研究方式。

到了后期,维特根斯坦抛弃了前期的研究方式,转向了对语言用法的动态分析。他不再通过严格的逻辑分析以检验可说与不可说之物,而是认为语言的意义体现在不同的具体生活中。不同的生活场景,语言所表达出来的意义是不同的,因此要对语言的用法进行分析。维特根斯坦后期哲学，采取的是非本质主义的方式。语言活动都是各种不同的游戏，不同游戏之间没有唯一的本质，只有彼此的相似性。

这就是维特根斯坦前后期哲学最为不同的地方。他前期研究的是语言的逻辑结构，后期研究的是语言的实际用法；前期是对语言的静态分析，后期是对语言的动态研究。

对日常语言的态度

在前期，维特根斯坦对日常语言抱有很大的不信任感。他认为日常语言本身是不完善的，人们对其误用导致了哲学问题的出现，因此他需要构造出一套理想的、完善的人工语言来防止日常语言出错。因而，他前期哲学的重点就是对语言的逻辑结构进行分析，通过逻辑构造的方式一步一步推导出理想的人工语言。

到了后期，维特根斯坦采取了相反的态度，他放弃了这种理想的人工语言，回归到日常语言之中。他认为日常语言本身没有问题，日常语言不是不完善，而是传统哲学家对日常语言的滥用或者误用才导致哲学问题的出现。所以后期的焦点就在于对日常语言的使用规则的研究，把这个问题弄清楚才能解决哲学出现的问题。

维特根斯坦说：

> 我们走上了结在地面上的薄冰层，在那里没有摩擦力，因此在某种意义上说条件是理想的，但是，恰因如此，我们也不能行走了。我们要行走；于是，我们需要摩擦力。请回到粗糙

的地面上来!①

于是,维特根斯坦回到了粗糙的日常语言的地面上来,开始对日常语言的用法进行研究。

总之,其前期哲学是人工语言学派的方式,注重的是构造一套理想的人工语言;其后期哲学,是日常语言学派的方式,注重的是对日常语言的用法研究。

维特根斯坦影响之所以如此之大,就是因为其前后期的哲学思想分别对逻辑实证主义和日常语言学派的发展产生了极大的影响。而这也正是分析哲学的两个重要理论派别。

---

① [奥]维特根斯坦.哲学研究[M].韩林合,译.北京:商务印书馆,2016:84.

20 维特根斯坦：对"奥古斯丁语言图画"的质疑

"语言游戏说"是维特根斯坦后期哲学的核心理论。我们理解"语言游戏说"，可先从维特根斯坦对"奥古斯丁语言图画"的批判切入。而"奥古斯丁语言图画"正是一种传统的语言观的体现，跟维特根斯坦前期的语言图式论的思想是一致的。

奥古斯丁语言图画

在《哲学研究》的开篇，维特根斯坦引用了奥古斯丁在《忏悔录》

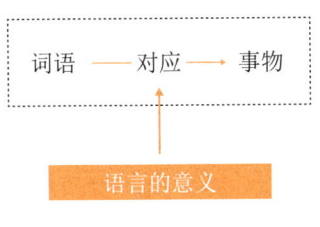

●●● **奥古斯丁语言图画**

中的一段话，并将其解释为"奥古斯丁语言图画"。

奥古斯丁在其《忏悔录》Ⅰ/8 节种中写道：假定大人们命名了某个对象并且与此同时转向它，我看到了这个事实并且领会到，这个对象被经由他们想要指向它时所发出的那些声音加以表示了。但是，我是从他们的身体活动——这个所有民族的自然的语言——中获知这点的。（这种语言经由面部表情变化和眼部的变化，经由肢体的动作和说话的音调来表明心灵有所追求，或有所执着，或有所拒绝，或有所躲避时所具有的诸感受。）以这样的方式，我逐渐地学习理解了我一再地听到人们在其在不同的命题中的诸特定的位置上说出的诸词语是表示哪些事物的。现在，当我的嘴巴已经习惯于这些符号时，我便借助于它们来表达我的愿望。[①]

紧接着，维特根斯坦说：

在这些话中我们得到了关于人类语言的本质的一幅特定的图像——我觉得事情是这样的。即这幅图像：这个语言的语词命名对象——命题是这些名称的结合。——在这幅关于语言的图像中，我们发现了如下观念的根源：每一个语词都有一个意义。这个意义被配置给这个词。它就是这个词所代表的那个对象。[②]

[①] [奥] 维特根斯坦. 哲学研究 [M]. 韩林合，译. 北京：商务印书馆，2016：7.
[②] [奥] 维特根斯坦. 哲学研究 [M]. 韩林合，译. 北京：商务印书馆，2016：8.

通俗理解，语言图像的本质就在于，语言中的词能对应现实中的某一对象，语言中的词与实在事物之间有着对应关系。比如"桌子"这个词的意义就在于它对应着现实中实实在在的桌子。要判断"桌子"作为一个词是否有意义，只需要看其能否在现实中找到一个与之对应的实在之物。

语言的意义在于其指称的某一个对象。这就是奥古斯丁的语言观，与维特根斯坦前期的语言图式论表达的内涵是一致的。

对传统语言观的质疑

这时，维特根斯坦开始反思，这种传统的语言观完全正确吗？是不是语言的全部意义，都体现在语词和物体的对应关系中呢？对一个名称来说，必须要通过某个外在的对象，才能确定这个语词的意义吗？有没有别的情况出现？

这就要回到生活和日常的语言中去看了。维特根斯坦开始对传统的语言观发起挑战，并对自己前期的思想产生了质疑。

通过不断思索，他发现并不是所有的语词都用来指称对象，并不是所有的词都具有与物体的对应关系。指称某个物体，仅仅是语言中部分词语具有的功能，还有很多词是没有对应物的。比如口语中的"是的""好吧""难受""心痛""放肆""走开"等，这类词根本就不是"事物的名称"，没有起到指称对象的作用。针对这类词，"奥古斯丁图画"无法解释，"语言图式论"也无法解释。

维特根斯坦又举了一个例子。我们去水果店买苹果，写了一张纸条递给售货员。纸条上写着"五个红色的苹果"。售货员看到纸条后，便会拿来五个红苹果。

我们将"五个红色的苹果"这句话分为三个词：苹果、红色、五个。

"苹果"这个词还好说，有对应的物体，就是实实在在的苹果，因此这个词就是物体的名称。

但"红色"这个词，对应物是什么呢？有个东西叫"红色"吗？你很难找出一个具体的叫"红色"的东西，只能说"红色"是物体具有的某一种性质罢了。

"五个"这个词，其对应物是什么？你能找到一个实在的东西，说它叫"五个"吗？不行的。

除了"苹果"以外，"红色"和"五个"这两个词都无法用"奥古斯丁语言图画"来解释，但这两个词又确实是有意义的。针对这样的情况，该如何解释？

维特根斯坦认为，问题的关键点就在于语词的用法。

语词用法的多样性

一个命题	买五个红色的苹果		
分解三个词	五个	红色	苹果
	↓	↓	↓
语词的意义在于用法	计数	比较	指称

●○● **语词的多种用法**

语词的用法

售货员之所以能理解这些词的含义,是因为售货员对词的用法非常清楚。

"苹果"代表具体的物体,这是语词的指称用法。因而看到"苹果"这个词,就能找到对应物。

"红色"代表的是颜色,要通过比较找到相应的颜色,因此"红色"这个词的用法就是进行比较。

"五个"代表的是物体的数量。数量需要通过数数的方式——从一个、两个、三个、四个、五个这么一直数过来而得出。"五个"这个词的用法就是计数的活动。

我们通过分析得出,语言的意义不限于"奥古斯丁语言图画"里说到的仅仅是指称某物,还有很多其他功能,比如"计数""比较"等,这些就是语言的不同用法。语言的意义就体现在对语言的不同用法之中。

这时思路就打开了,维特根斯坦不再仅仅把语言看作世界的静态对应,而是将其看成一个活灵活现、动态的东西,强调的是在实际运用中挖掘语言的意义。在实际运用层面,语言的用法是多样的。不同的用法,语言所表达的意义就会不同。这就是后期维特根斯坦语言观上的转变。

维特根斯坦说:

> 请想一想一个工具箱中的工具:那里有一把锤子、一个钳子、一把锯、一把螺丝刀、一把尺子、一只胶锅、胶、钉子和

螺丝钉。——这些对象的功能是非常不同的,同样,诸语词的功能也是非常不同的。[①]

总体来看,传统的语言观将语言仅仅当作一个大的工具箱,这个工具箱把里面的工具都遮盖了,我们只看到了工具箱具有的一个功能——语言仅仅指称对象,并且以为这一个功能就是语言的全部功能。

而后期,维特根斯坦将这个工具箱打开,发现里面有这么多不同的工具,犹如不同的语词具有的功能和用法。于是,维特根斯坦后期的任务便是对语言的不同用法进行分析。

这里需要注意一点,维特根斯坦并不是完全否定"奥古斯丁语言图像",只是"奥古斯丁语言图像"的理论只能部分地去解释语言的意义。对语言意义的探索,不再采取单一的静态视角,而要采取多元的动态视角,从语言不同的用法中去体会语言的意义。而这项工作,必然要求他回到日常语言中去完成。

这时,维特根斯坦又有了一个新的发现,语言的不同用法又是跟实际行动交织在一起的,语言的意义要从实际活动中找寻。那么,语言和行动交织在一起的活动是什么呢?

---

① [奥]维特根斯坦.哲学研究[M].韩林合,译.北京:商务印书馆,2016:15.

21 维特根斯坦：
语言活动是一场游戏

语言和行为交织在一起的活动，就是一场语言游戏。

游戏

通俗地讲，游戏就是按照某种规则进行的有着参与感的活动。比如"踢足球"是一种游戏，游戏规则是把球踢进对方的球门才算获胜。球场上的每个人都要在遵守规则的前提下参与这项运动。"下象棋"也是游戏，双方按照象棋的规则展开，谁先把对方的主帅干掉，谁便获胜。

可见，游戏是这样一种活动：参与者处于同一特定情境中，按照游戏规则开展行动。在游戏进行的动态过程中，游戏的意义便也显现出来。

语言游戏

维特根斯坦将游戏活动联想于语言层面：语言活动，是不是也是一场游戏？

人们使用语言的活动，其实就是说话者和倾听者都进入某种特定的情境，按照共同的规则展开的语言游戏活动。在语言和行动交织的过程中，语言发挥其作用，语言的意义得以显现。我们说一句话或说一个词，所表达的意义只能在这个特定的场景中显现。如果在其他场景，这句话或这个词的意义或许就不同了。

你去苹果手机店，你对店员说：我要买一个苹果。这时店员会给你拿来一个苹果手机，而不会给你拿来一个实实在在、可以吃的苹果。这是为什么？因为你们处在一个特定的场景中，"苹果"这个词的含义和"在苹果店买手机"这个活动联系在一起。因而"苹果"就有着特殊的指称，有着特别的使用方式。

你和店员之所以能够让"买手机"这个活动正常开展下去，就是基于你们对"苹果"这个词的用法有着共同的理解，你们遵守着共同的规则。所以在这个活动中，"苹果"这个词才能发挥它的作用，

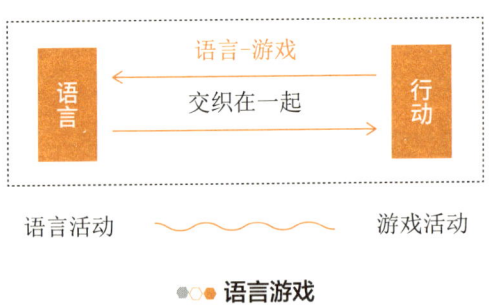

●●● **语言游戏**

指称手机。而如果你到水果店说买一个苹果，那店员就会给你拿水果"苹果"了。

用维特根斯坦自己的话说就是：把语言和行动交织在一起的整体，称为语言－游戏。

关于语言游戏，我们要注意以下几点：

第一，语言游戏并不意味着用语言做文字游戏，而是把语言活动类比为游戏活动。人们使用语言，就像从事一场游戏活动。

第二，语言的意义只有在人使用语言的动态过程（语言伴随行为的过程）中，才能得以显现。比如，象棋里每一个棋子都有自己的走法，如果这些棋子静止不动，每个棋子都会毫无意义。只有当这些棋子按照各自的规则"走起来"，各个棋子自身的意义才得以显现。语言游戏也是同理。

第三，和语言交织在一起的行动多种多样，这就意味着语言游戏的玩法多种多样。语言作为整体，要遵守多种不同的游戏规则。如"买五个红色的苹果"，这一句话中就交织了三种语言游戏。

第四，在使用语言的过程中，人们要遵守共同的规则。只有当大家在同一规则下，才能使语言活动顺利进行。

遵守规则的前提

这时我们就要追问，为什么人们能够做到遵守共同的规则？遵守规则的前提是什么？

人们有着共同的生活形式。人们遵守共同的规则，这是在共同的生活形式下被训练的结果。所有人都生活于同一个世界，处在同一个生活共同体中，每个人接受的都是同样的信息。当人们总是被告知"苹果是一种手机品牌"时，人们就会形成共同的观念："苹果"指可以吃的水果，还指称手机。那么，当人们形成了共同的认识后，下一步便能在语言游戏中遵守共同的规则。当我们对手机店店员说"苹果"时，他会很自然地将其指称为手机，而非水果。

这个被训练的过程有点类似孩子学说话的过程。家长指着桌子对孩子说"这是桌子""这是椅子"……家长对孩子不断训练、不断纠正，孩子就能逐渐分辨出哪个是桌子，哪个是椅子。经过长时间的训练，孩子逐渐形成对世界的认识，并能够按照家长教的语言规则，通过语言表达世界。自此，孩子进入大家共同理解的语言世界，训练就完成了。

人们能做到遵守共同的规则，是人们在共同的生活形式里被训练、被教育的结果。只不过，我们后来不去关注训练的过程（或者说这个训练的过程被遮蔽住了），直接去看结果层面的显现——大家都遵守共同的规则，语言活动才得以顺利进行。

"语言游戏说"的提出是对"语言图式论"的一种抛弃。与其说抛弃，不如说是维特根斯坦思路上的扩展[①]。维特根斯坦的后期思想，格局更大了，视野也更开阔了。

---

① "语言图式论"仅仅表达出语言众多功能中的一种——指称，而"语言游戏说"提出语言的用法多种多样。

22 维特根斯坦：
反本质主义的"家族相似性"

既然语言游戏如此之多，语言活动也千变万化，那么，能不能从这么多语言游戏中找出它们之间共同的本质呢？要回答这个问题，我们就要了解传统的语言观。

传统语言观：本质主义

所谓"本质主义"，即通过千变万化的现象探寻不变的"一"的思维方式。传统的语言观（"奥古斯丁语言图画"和"语言图式论"）是本质主义的语言观。

"奥古斯丁语言图画"表示语言是有本质的。就所有的语词而言，其共有的东西就是每个语词具有的与现实事物的对应功能。维特根斯坦前期的"语言图式论"也表达了同样倾向：人们可通过对语言的分析，找到语言表达式中共有的、最一般的逻辑形式，即语言的本质。但到了后期，维特根斯坦的思考方式发生转变。

语言游戏：反本质主义

维特根斯坦在《哲学研究》里写道：

> 我无意找出所有我们称之为语言的某种共同点，我要说的是：这些现象没有一个共同点能够使我们用一个同样的词来概括一切的，——不过它们以许多不同的方式相互联系着。正因为这种联系，或这些联系，我们才能把它们都称为"语言"。

后期的维特根斯坦认为，语言并没有一个最为一般的本质，语言之间只是以不同的方式相互联系着。

就各种各样的游戏（如棋牌游戏、球类游戏等）而言，因各自的游戏规则不同，它们并不具有某种共同的本质，游戏之间只具有相似之处①。这些相似之处就如一张错综复杂的网，彼此交织重叠。如维特根斯坦所说："我们看到一种错综复杂的相互重叠、交叉的相似关系的网络：有时是总体上的相似，有时是细节上的相似。"

同理，不同的语言游戏活动之间也没有共同的本质，只有彼此的相似性。维特根斯坦用"家族相似性"来形容语言游戏的这种特点。

---

① 比如足球和篮球，两者具有部分相似性，都是球类运动，都是双方队员竞技，但它们在其他方面又有不同：足球是用脚踢，不能用手；篮球是用手打，不能用脚踢。

家族相似性

在一个家族中,各个成员之间最大的特点就是具有彼此相似性。家族成员的体型、长相、眼睛的颜色、走路的样子、性情等,都有一些相似之处。比如,哥哥和弟弟之间眼睛有点像,弟弟和姐姐的性格有点像,姐姐和妈妈的眉毛长得有点像,等等。成员间的相似性是交错的,就像一张网。

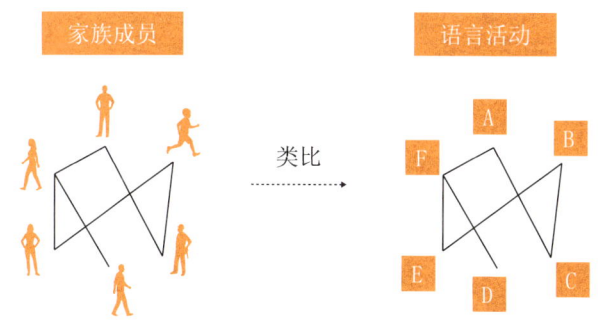

●○● **语言活动的"家族相似性"**

维特根斯坦用"家族相似性"来刻画语言游戏活动间的关系。

不要想,但要看

维特根斯坦要求我们"不要想,但要看。"

这个观点很形象地概括出其前后期思考方式的不同。"想"意味着去琢磨,进行抽象思维,从普遍中找寻同一,从"多"中总结出"一"。而"看"是一个观察的行为,在观察的基础上,通过类比总结特点,得出语言活动的多样性和彼此的相似性。我们承认这种特点,但并不意味着通过逻辑推导或者理性思维的方式去追问现象背后的本质是什么。

可以说,"家族相似性"的提出是非本质主义思维方式的体现。不去总结归纳多样性背后不变的"一",而是承认多样性的存在,因为多样性本身就是特点。

23
维特根斯坦：
遵守规则的悖论

遵守规则的悖论

既然语言活动是游戏，而游戏都有规则，那么按照常识理解，只有先知晓游戏规则，在遵守规则的前提下，活动才能顺利进行下去，语言才能发挥它的作用。

但维特根斯坦提出了不同的看法。他认为，语言游戏是这样一种活动：我们在并不知道规则是什么的情境下，就直接进入语言活动中，规则是我们在说话的过程中向我们显示出来的。也就是说，我们在不知道语言的具体用法、在未掌握语言规则的前提下，就直接进入实操阶段，进行语言交流。语言的游戏规则，在语言活动进行的过程中显现出来。

我们对语言游戏的分析，又是建立在规则意义上的分析。因为语言游戏的核心就是遵守规则，要对语言进行分析，其实就是分析游戏规则的问题。

那么，这不就出现悖论了吗？一方面，我们在不知道规则的前提下进入语言活动,进入之后自然"盲目地"遵守了显现出来的规则;另一方面,我们要借助规则对语言活动进行解释,因为要先有规则才能有语言活动。这有点类似"先有鸡还是先有蛋"的问题。

维特根斯坦说:"没有什么行为的原因能够由一条规则来决定,因为每一种行为的原因都可以被搞得符合规则。"

也就是说,任何行为都不能用规则去解释原因,但每一个行为的出现又必须符合某种规则。这就是所谓的"遵守规则的悖论"。

悖论的核心问题

这个悖论的核心问题在于把关于"遵守规则的思考"和"遵守规则的行动"混在一起了。

通过语言游戏的分析层面,我们分析出了语言的不同用法,分析出了语言游戏的不同规则,然后再用这套规则去解释各种语言活动发生的原因。这其实是在思考层面对"遵守规则"的一个思考。

但在语言的实践层面,并不是按照这个套路的。我们并不是先掌握一套规则,对规则有所思考后,再去遵守规则,我们是在不知道规则是什么的情况下就进入语言游戏中。进入语言实践后,规则才显现出来,这才是实际的情况。

"遵守规则"意味着一种实践的行动,我们是在行动的过程中自然地遵守其显现出来的"规则",进行语言活动本身的过程就意味着"遵守规则"的过程。

我们很多时候说话时其实都是脱口而出的,并不是先思考每个词的用法、语言的语法规则才开口。我们说话是一个"张口就说"的很自然的行为。在语言实践的活动过程中，语言的规则显示出来，我们自觉地遵守这个规则。这有点类似"前方本没有路，走的人多了就形成了路"。

以我们学习母语为例。在没有学习语法的前提下，我们被抛在一个大的语言环境中，即进入中文的语言游戏中。随着语言游戏活动的展开，日复一日进行语言的实践（不断被训练、纠正、练习等），最终逐渐掌握了中文语言的用法，掌握了语言游戏的规则，从而学会说话。

从语言的实际运用层面来说，我们在"盲目"的状态下直接进入语言游戏中，在行动中才能感受到规则所在，才能谈得上遵守规则；而在对语言进行分析时，我们又倾向于探究出某个规则去解释行为，而这仅仅是对"遵守规则的思考"，是脱离语言的实际用法，抽象地谈论规则的方式。

如果把这两个层面"遵守规则的思考"和"遵守规则的行动"混在一起，就会出现"遵守规则的悖论"。

这时我们也就理解了为什么维特根斯坦后期一直强调要"动起来"，去"动态地"研究语言的用法。语言，也只有真正"动起来"，才能体现出用法和规则上的差异，才能显现其不同的意义。

悖论的解决

维特根斯坦如何解决这个悖论问题？

在他看来，人们不要一直停留在思考层面，不要脱离语言的实际用法去抽象谈论语言游戏的规则，要回到具体的语言游戏活动中，回到语言在生活中的各种用法中，去把握各种语言的规则。

可见，维特根斯坦更加强调语言在实际生活中的用法，语言活动与现实生活有着非常密切的联系，我们不能脱离实际生活去分析语言，空谈语言的特性。这也正是他后期理论的一个总的方向。

24 维特根斯坦：不存在私人语言

在维特根斯坦的后期哲学中，除了"语言游戏论"，他还提出了一个比较重要的理论——反私人语言的论证。在《哲学研究》一书中，"反私人语言的论证"也占据了重要位置。

什么是私人语言

也许你会认为"私人语言"就是自己私自使用的用来表达自己某种感受和情绪的语言，或者是一些暗号或者密语。但实际上，维特根斯坦对"私人语言"的界定，并不像我们从字面理解的那样简单。

维特根斯坦有这么一段话：

> 我们是否能想象这样一种语言，一个人可以用这种语言写下或者说出他的内在经验——他的感情、情绪以及其他——

以供他人使用？——我们就不能用我们的日常的语言来这样做吗？——但是我的意思并不是这个。这种语言的单词所指的应该是只有说话的人知道的东西，是他的直接的私人感觉。因此，另外一个人是不能懂得这种语言的。①

我们从这段文字中可分析出以下几点内容：

第一，私人语言是只有说话者自己能知道、理解的语言，它仅供自己使用，其他人无法理解、无法使用。密语或者暗号不算私人语言，因为密语和暗号是你和别人共享的语言，只不过没被大多数人理解而已。

第二，私人语言不能被翻译为日常语言，不能进入公共领域，不能被大家普遍理解和接受。

第三，对于私人语言所指的对象，我们无法通过日常经验把握。私人语言的语词无法用于日常交流。比如当你说"苹果"，人们都知道"苹果"指什么，大家能从日常经验去把握它，因此"苹果"这个词可以用于日常交流，它就不是私人语言。你说出一个词"&￥#"，如果只有你自己知道这个词的意思，我们无法通过经验对其把握，这样的语词就是私人语言。

这就是对私人语言的解释，满足以上几点特征的语言就是私人语言。但接下来的问题是到底存不存在这样的"私人语言"？

---

① ［奥］维特根斯坦. 哲学研究［M］. 李步楼，译. 北京：商务印书馆，2008：133.

反私人语言的论证

从常识判断，你也许会说可能存在这样的私人语言。但维特根斯坦认为，这种私人语言是不存在的。我们不妨来看一看维特根斯坦的论证过程。

第一，每个人都有心理活动，有各种各样的感觉，但我们无法判断自己与他人的感觉体验有无相同之处。因为我们永远无法进入他人的心理世界。

"私人语言"要强调的是自己知道而别人不知道的语言。但问题在于，你说了一句自己认为的私人语言，你该怎么判断这个语言是你自己私有的呢？你判断这个感觉是你自己私有的，前提是能把自己的感觉与别人的感觉加以区分，在此基础上，你才能判断这个感觉是你自己私有。而你又无法进入别人的心灵世界，也就无法判断自己的心理活动与感觉和他人的是否相同。于是，你也就无法断定这种感觉是你自己独有的。

比如"我牙疼"，关于疼的感觉，你也许会说"只有我自己知道这种疼，其他人不知道"。但，你如何断定自己的这种"疼"的感觉，别人是感觉不到的呢？如果你一定要说这疼痛之感只有自己知道而别人无法感知，那么你首先要将自己的疼和其他人的疼加以区分。但问题是，你无法做到这种区分，因为你永远无法进入他人的心理状态，你只能通过他人的外在行为判断或者推测。这时这个逻辑就站不住脚了。

再者，每个人的生理结构大体一样，可能会有器官上的细微差异，但是"感觉功能"是一样的。你有了疼痛感，别人也能感觉到这种疼痛。你们在同一生活体中，有着共同的生活形式，因此不可能存在只有你自己知道而其他人无法感知的疼，因而也就不存在只有你自己理解，其他人无法理解的私人语言。

第二，私人语言的产生，是由于人们误用了表达感觉的动词。比如"知道"这个词，当你说出"我知道……"，这其实表达出一个知识或者一个经验。"我知道天空是蓝色的""我知道中国的首都是北京"……这些应该是"知道"的正常用法，此命题的真假是可以通过检验判断的。

但如果你把"知道"这个词误用在了表达自己感觉的层面，比如"我知道我疼痛""只有我自己知道我很悲伤"，这样的命题你是没办法对其怀疑的。"我疼痛"这句话，仅仅是你对感觉的一种自然表达，它并不是一个知识的命题，不具有真假性。"疼痛"本身不是一个对象，而是你的感受。

但当你说"我知道我疼痛"其实是把"疼痛"当成一个对象。你知道什么，你知道你"疼痛"，但实际上"疼痛"并不是一个先于语言的对象，"疼痛"就是当你疼痛时用第一人称表达的感觉而已。当你将"知道"这个词用以表达感觉时，好似它就是私有的感觉。

但实际上，表达感觉的这类动词不能用在这里，当人们误将这类词（如"知道""相信"等）用于表达感觉时，就会出现所谓的"私人语言"。

第三，作为语言的必要条件，任何语言不仅能用于沟通和交流，而且应当具有概括某种情形的功能，但私人语言不具有这样的功能。因为私人语言仅仅表达了一种自己的私人感觉，这种语言无法再进行沟通和交流，也不能概括出具体的情形，因此这不是一种真正的语言。

维特根斯坦不认同私人语言,这跟他后期哲学的整体思路一脉相承。语言活动具有社会性,因为我们生活在同一个世界里,有着共同的生活形式,所有的语言表达都基于对一个生活共同体的表达,不可能有"私人语言"的产生,只有公共语言才是唯一有意义的语言。这也恰恰说明语言的意义在语言的不同用法之中,因为用法是在主体间的语言活动中产生的。

我们会发现,维特根斯坦后期哲学的思路更加开阔,也更加贴近我们的实际生活,因此他的后期哲学对日常语言学派影响重大。

小结：
分析哲学

哲学的危机与语言的转向

从 19 世纪到 20 世纪，哲学界发生了一场危机。由于自然科学的发展、思想启蒙运动以及实验心理学的创立，传统哲学面临失去上帝、物质和精神等讨论对象的危机。哲学家们不愿看到这样的结果，纷纷开始寻找新的哲学研究对象，以此来挽救这场危机。这时，哲学家们便把研究的对象转向了语言。

语言问题可分为两个：语言的内容和语言的表达（语言的逻辑形式）。传统哲学家关心的是语言的内容，而分析哲学家们关心的是语言的表达（语言的逻辑形式）。

这时，现代数理逻辑为分析哲学的发展提供了条件。哲学家们将数理逻辑的方法运用于语言的分析层面，以探寻语言中内在的通用的逻辑形式。于是，弗雷格、罗素以及维特根斯坦等分析哲学家，一起完成了"语言的转向"。

弗雷格

弗雷格是分析哲学之父，他的初衷是要给数学找到一个严密的客观的逻辑基础，但这个研究过程却为分析哲学开辟了一条道路。

反心理主义

反心理主义是弗雷格对分析哲学的最初贡献。只有把逻辑的东西和心理的东西区分开来，把主观的东西和客观的东西区别开来，两者不能混在一起，以这个为前提才能进行哲学的研究，才能去对语言进行分析。

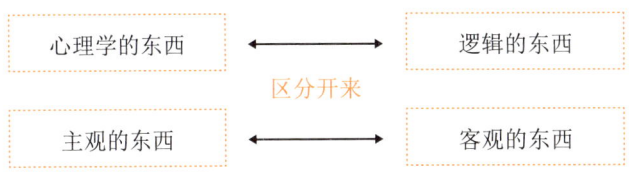

●○● **弗雷格：哲学研究的原则**

含义与指称

弗雷格提出了最为重要的"含义与指称"的理论。我们可从"词"和"句子"这两个维度对其理解。

词（名称）的含义就是对象所代表的意义，而词（名称）的指称是指具体的对象。句子的含义就是思维的客观内容，而句子的指称就是句子的真假值。

```
       ┌ 含义 —— 对象所代表的意义
[词]   │
       └ 指称 —— 对象本身

       ┌ 含义 —— 思维的客观内容
[句子] │
       └ 指称 —— 句子的真值
```

●○● 弗雷格：含义与指称

罗素

罗素对分析哲学的最大贡献在于他将数理逻辑的研究方法应用于语言分析中。

外在关系说

"外在关系说"把世界看成是由无数事实组成的世界，事实之间的关系是独立存在的，世界是多元化的而不是单一的。这其实就是逻辑上的一种方法或思考方式的体现——先要把一个整体拆分为各个元素，承认各个元素之间的独立关系，然后再去考察这些元素之间的关系是什么。用在语言上也是一样，去分析语言中各个要素之间的逻辑关系是什么。

逻辑原子主义

要理解罗素"逻辑原子主义"的精髓，我们可把握住一点：通过对语言的逻辑分析——找到语言的不同要素（项）之间的逻辑关联，达到对世界的了解。

大家可能会觉得维特根斯坦"语言图式论"和罗素的"逻辑原子主义"有些相似。的确，罗素和维特根斯坦本是亦师亦友的关系，他们之间的思想也是相互影响的。但确切地说，罗素应该是受到了维特根斯坦的影响，才提出的"逻辑原子主义"。

摹状词理论

罗素提出的"摹状词理论"是其对分析哲学的经典贡献。它解决了日常语言中出现的虚拟实物的存在问题、排中律失效问题以及同一律不再普遍适用的问题。

维特根斯坦

总的来说，维特根斯坦前后期哲学都围绕一个总问题——传统

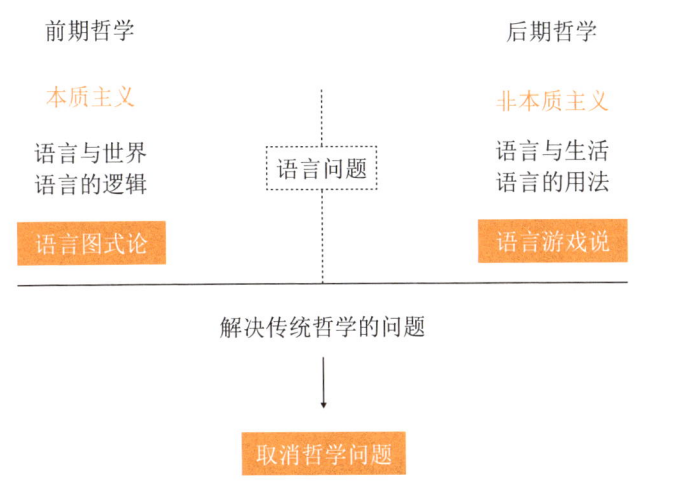

● ● ● **维特根斯坦的哲学**

哲学家一直争论不休，无法得出确切的答案的一个问题，而展开。

前期：语言图式论

"语言与世界"是维特根斯坦前期思想的关键词。维特根斯坦通过对语言的逻辑分析，探寻语言和世界的关系，从而找到语言的本质。他前期理论的核心思想"语言图式论"，是本质主义的语言观。

针对传统哲学出现的问题，维特根斯坦提出了自己的解决方法。澄清语言讨论的前提，通过"划界"的方式，他将传统哲学家讨论的话题列在"不可言说"之列。那么，当我们对"不可说的"保持沉默时，传统哲学的问题就被解决了。

后期：语言游戏说

后期的维特根斯坦认为，传统哲学的问题是哲学家对日常语言的误用或滥用所致。传统哲学家在没有完全理解语言的正确用法的前提下，就用语言去讨论诸如"什么是存在，什么是本质"等形而上学问题。传统哲学家脱离日常语言实际使用的语境，将"存在"和"本质"这些概念单独拎出，以探究"存在"和"本质"具体所指的对象，这样的做法自然会出现问题。

传统哲学家好似生了一场怪病，他们因为对语言的误用而陷入思维混乱的境地。在维特根斯坦看来，唯一的解决办法便是让哲学家回归对语言的正确用法的阐明。

于是，后期的维特根斯坦抛弃前期本质主义的思维方式，抛弃"语言图式论"这种静态的逻辑哲学观。他回到日常生活中，以"语言与生活"为研究方向，重点考察语言在实际生活中的用法，提出了具有动态性的"语言游戏说"。

维特根斯坦的后期的哲学还讨论了遵守规则的悖论问题，讨论了反对私人语言等问题，这些都可看作他在"语言的用法"这个大范畴里讨论的问题。

反哲学的倾向

虽然"语言图式论"和"语言游戏说"是截然不同的哲学观，但两者指向的目标是同一个——解决传统哲学出现的问题。我们发现，维特根斯坦并不是就问题本身去解决问题，而是认为"哲学的存在"本身就有问题。他的整体思想呈现出"反哲学"的倾向。他对"传统哲学的存在"的可能性予以一种否定，对传统形而上学进行颠覆。

维特根斯坦前期认为，传统哲学的问题在于这些问题本身就在不可说之列，不能被讨论。于是抛弃之，也就解决之。换句话说，他通过对传统哲学问题的"消除"，以达到解决问题的效果。因为这些问题都不存在了，又何来问题呢？这样的做法，正是对"传统哲学的存在"本身的抛弃。

到了后期，他更加决绝。他认为传统哲学问题的产生是因为哲学家对日常语言的误用导致的，只有对传统哲学思维方式进行彻底的否定和抛弃，才能走出误区，进而飞出黑暗的苍蝇瓶，摆脱思维的困境。

在维特根斯坦看来，哲学是一种阐明性的活动，而不是找寻确切知识、进行理论建构的活动。传统意义上的哲学，到此终结。维特根斯坦从事哲学研究,最终取消了传统哲学存在的权利。

纵观维特根斯坦前后期哲学思想,整体上呈现出一种"反哲学"的态度:反对传统哲学的思维模式,反对传统形而上学的讨论方式,唯有"取消"这些问题才能解决这些问题。

大家在看维特根斯坦的著作时,可能不会有这样的体会,也没感觉到维特根斯坦的态度如此激烈。但当我们结合整个西方哲学史的发展脉络、站在一个全局的角度去理解时,就会发现维特根斯坦的不简单之处。

这就是维特根斯坦——西方现代哲学史上一位非常重要的哲学家。他有着传奇的人生经历,他的哲学也富有极强的反叛精神。

第四篇章

现象学魔力

英美分析哲学和欧陆哲学，是20世纪西方哲学的两大主流哲学阵营。分析哲学注重逻辑推导，即通过澄清语言的意义和概念解决哲学难题。欧陆哲学从人本主义出发，注重对人自身的关怀。

本篇章我们主要介绍欧陆哲学中一个非常重要的哲学思潮——现象学。

从广义上说，现象学是一场包含了不同哲学家、不同理论体系的哲学运动。有人将现象学比喻为一条河，而德国哲学家胡塞尔就是这条河的源头。此后，海德格尔、舍勒、萨特、梅洛·庞蒂以及伽达默尔等哲学家的理论成为这条河的支流，每一条支流都流向不同的方向，每一个流派又开辟出不同的哲学空间。

从狭义上来说，现象学指胡塞尔的现象学理论。胡塞尔的著作比较难懂，有着很强的技术性。他在写作哲学时完全沉浸在自我世界中，创造了很多专业术语。单单对这些术语的理解就异常费神，因此很多朋友对现象学望而却步。也正因此，现象学于我们而言有一种特殊的魔力：越是琢磨不透，就越想将其琢磨清楚。

第四篇章 —— 现象学魔力

本篇章概览
哲学家

胡塞尔

本篇章流派
现象学

本篇章话题
⊙ 什么是现象学　　⊙ 回到事情本身

⊙ 中止判断　　　　⊙ 意向性

⊙ 向内在的超越　　⊙ 生活世界

01
胡塞尔：
批判"自然的思维态度"

什么是现象学？"现象学"就是一门关于"现象"的学问。

如何理解现象学中的"现象"，它和我们常识中的"现象"有什么不同？要回答这个问题，就涉及对两种"现象"的理解，即自然思维态度中的"现象"和现象学中的"现象"。

自然的思维态度

回顾西方哲学史，哲学家对传统形而上学的探究路径是从"现象"出发探究其背后的本质规定性。传统哲学中的"现象"指的是感性直观，即人们看到的、听到的、感知到的一切。

古希腊哲学家从水、火、气等现象出发探寻世界的本原，而后开启漫长的形而上学之路——探寻现象背后的本质规定和统摄万物的恒常法则。毕达哥拉斯的"数"、巴门尼德的"存在"、柏拉图的"理念"以及黑格尔的"绝对精神"等，这些理论都是此种探究模式（从现象到本质）的体现。传统哲学家采取的是自然主义的思维态度。

什么是"自然的思维态度"？就是在进行哲学思考前，主体不假思索地先预设了认识对象存在，即主体以承认主客二元模式为前提，展开哲学探究活动（主体认识客体）的思维态度。通俗理解，人们先自然地预设了客体存在，然后在此基础上探究客体究竟是什么、背后有哪些本质等。

比如你打算去一个地方度假，你要提前买好机票，登机后飞机把你带到目的地。想想这个过程，在买机票之前，你会怀疑"目的地是否存在""飞机是否会把你带到其他的地方"吗？不会的。因为你相信你要去的地方一定是存在的，这是你心里对目的地的自然预设。然后，你要做的就是坐上飞机前往目的地。

哲学思维也是同理。采取自然的思维态度会导致一个后果：现象和本质逐渐被割裂。

为什么会这样呢？这是因为人们先预设了作为现象的认识对象的存在。人们首先是从现象切入，但又不满足于对现象本身的认识，而是倾向于、热衷于挖掘和揭示隐藏在现象背后的东西，诸如规律、本质以及恒常法则等。如此，"本质"的领域逐渐被"拎"出作为一个单独的领域加以探讨。随着人们讨论的深入，事物的"现象"和"本质"逐渐被割裂开来（比如柏拉图的理念论，千千万万形态各异的苹果现象的背后，还有一个理念世界，即苹果的"型相"）。于是，此后的哲学讨论就是在"现象和本质"的关系中展开。

可以说，整个传统哲学，都没有跳出主体和客体、现象和本质的二元思维模式的框架。

古希腊哲学就不必说，到了近代哲学，虽发生了认识论的转

向——讨论"确定性的知识何以成为可能",但这依然是以主体承认客体为前提,探究主体如何认识客体的模式,只不过这时哲学讨论的是认识过程本身。

到了康德,他认识到主客关系的二元认识模式存在问题,并试图通过"哥白尼式的革命"改变这种状况。但随后,康德提出现象背后还有一个"自在之物"的领域(有一个不知道是什么的东西在刺激着人的感官),对其抱持"不可知"的态度,使得这样的划界并没有完全否定本质领域的存在。康德只不过是把"现象背后一定存在某种本质"的态度转换为一种较为温和的态度——对现象背后的东西不可知。对其"不可知"并不意味着它一定不存在,只是说它不可被认识而已。

黑格尔提出的"绝对精神"正是对"本质"的完美诠释。

纵观传统哲学史,虽然哲学家争论不休,但对于哲学讨论的前提,大家却有着某种空前的默契:哲学讨论,理所当然地建立在主体预设客体存在的基础上。只有先承认客观世界的存在,才能完成从现象到本质的一跃——挖掘现象以外的独立本质领域,从而完成哲学的使命。

对自然的思维态度的批判

在自然的思维态度的统摄下,谁也没有站出来怀疑哲学讨论的前提是否有问题。但胡塞尔对此提出了质疑,并对自然的思维态度予以了批判。①

胡塞尔说：**自然的精神态度尚不关心认识批判。**

自然的精神态度，即自然的思维态度，它关心的是对象是什么，而不是"对其认识的可能性"的问题，即"认识批判"的问题。

传统哲学家用"你认识的是什么"来代替"你是如何认识的"和"你凭什么能认识"，他们一直忽略甚至逃避关于"认识批判"的问题。这必将导致怀疑论。按照这种方式——因未能对知识可能的前提加以澄清——而得到的知识，就会一直被怀疑、被挑战。当黑格尔提出"绝对精神"后，传统形而上学达到了辉煌的巅峰，同时也意味着下坡路的开始。传统哲学发生危机，哲学发生转向。

埃德蒙德·古斯塔夫·阿尔布雷希特·胡塞尔（Edmund Gustav Albrecht Husserl，1859—1938年）。20世纪奥地利著名哲学家、作家，现象学创始人，同时也被誉为近代最伟大的哲学家之一。

基于此，胡塞尔对传统哲学及其自然主义的思维模式加以反思和批判，他要探究的是知识何以可能的必然性和普遍性的理论根据。他认为，自然的思维态度不应作为哲学研究的态度。如果要进行哲

---

① 在胡塞尔看来，自然科学领域采取的也是自然主义的思维方式。自然科学的研究方式是在承认客观事物的基础上，对客观事物加以研究，最后去找到现象背后的本质规律。

学的研究,就要采取哲学的思维态度。

作为严格的科学的哲学

在胡塞尔看来,哲学应该是一门严格的科学,它能够为一切科学知识提供理论的基础。胡塞尔毕生的理想,正是要建立一个"作为严格的科学的哲学"。

在胡塞尔看来,科学本应探究的是永恒绝对的真理。无论时空如何变化,这些真理都不会改变,但实际情况却并非如此。许多科学理论,尤其是自然科学的理论,是科学家在一定时空条件下提出来的,你能说这些理论是永恒真理吗?这些自然科学知识当时是正确的,但有可能过一段时间,它会被一种新的理论质疑。

胡塞尔思考,有没有一种比科学更严格的科学呢?于是,胡塞尔把这个任务交给了哲学,他努力将哲学建成一门为所有科学提供基础的科学,并试图通过哲学为科学奠基。

那么,比科学更严格的哲学具体指什么?指的就是现象学。

02 胡塞尔：回到事情本身

胡塞尔说：

> 现象学：它标志着一门科学，一种诸科学学科之间的联系；但现象学同时并且首先标志着一种方法和思维态度：特殊的哲学思维态度和特殊的哲学方法。①

这段话包含两层含义：

第一，现象学标志着一门科学。这一点我们前面已经讲到，即把哲学打造成一门严格意义上的科学。

第二，现象学标志着一种方法和思维态度。也就是说，现象学不是去研究具体的对象（比如具体的客观物质或主观精神），也不是按照传统形而上学的方式建构一套系统的哲学理论。现象学提出的是一种研究哲学的态度，探索出的是一种独特的思维方法。而且，这样的思维方法不同于传统的自然思维态度，现象学意味是要换一

---
① ［德］胡塞尔.现象学的观念［M］.倪梁康，译.北京：商务印书馆，2016：25.

种视角去看待哲学问题。对这个独特方法的探讨，就是现象学讨论的范畴。

那么，哲学家对待哲学这种特殊的思维态度，到底该持有一种怎样的态度？

回到事情本身

如下图所示，我们可将哲学之旅比作一项长跑运动。传统哲学以"自然的思维态度"为起点，摆好姿势、准备出发。这"摆姿势"的动作，在哲学上就意味着主体先预设出一个客观对象，人先站在了主体的位置认识客体。在随后的哲学长跑中，哲学家便以主客二分为前提展开讨论——解释世界中的人和这个世界的关系问题。由此便逐渐导致"现象"和"本质"的割裂。在我看来，这种"割裂"

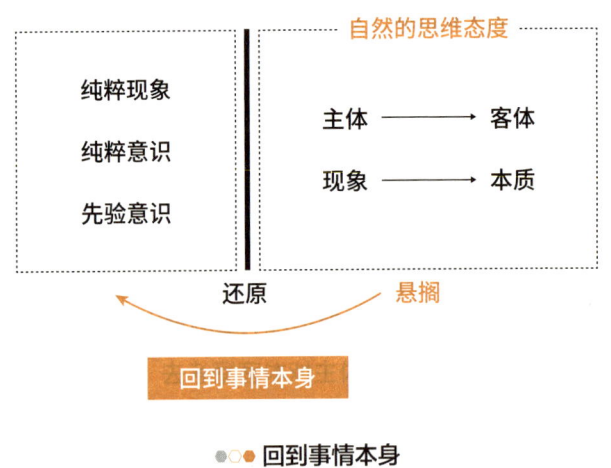

●○○ 回到事情本身

或许是一种"人为"的割裂，一种在人的潜意识中发生的割裂。正因为人在不自觉中采取了这样的认识模式，才导致人会通过"现象"去追寻"本质"。

这时胡塞尔开始反思：哲学的起点到底是什么？从前人们认为的起点是真正的起点吗？人们不自觉地预设"主客关系"之前的那部分领域又是什么？

由此，胡塞尔提出了现象学的态度——"回到事情本身"。

看事情本来的样子（这里的"事情"是指在人的意识领域里的一种体验，因为人的任何认识最终都以大脑的意识呈现）——采取现象学的还原方法，排除那些带有主观因素的偏见[①]，把人为因素"悬搁"起来。剩下的就是纯粹意识，即事情原汁原味地呈现在我们大脑中的意识。

现象学的方法是一种"还原"的方法，它将哲学的起点往前追溯，把对待哲学的姿势进行转换。我们"回到事情本身"后便发现，主体和客体本就交融在一起，不分你我。现象和本质是一体的，而不是被割裂开的。[②]

现象学的视角，有一点类似于上帝视角。站在上帝这个第三者的位置，去审视人和世界的关系，最后得出"人和世界自一开始就是交融在一起"的结论。

[①] 在自然的思维态度下，人们产生的关于世界的认识，掺杂个人的理解，带有主观因素。看到同一件事，不同的人会有不同的理解和看法，因此这样的意识总是不纯粹的。

[②] 人们之所以认为两者是割裂的，是因为人们采取自然主义的思维方式，主观地进行了某种"预设"，使得人们认为现象界以外还有一个独立的本质领域。

两种思维态度比较

自然的思维态度指人通过感性直观，经由理性思考后获得事物的"本质"。

现象学的态度指在事物显现的那一刻，所有的一切——事物的感性材料、特征、性质以及事物的各种"本质"属性都一并涌现出来。"纯粹意识"领域既包含感性的材料，也包含由这些感性材料奠基后显现出来的"本质"。

人们在捕捉"现象"时，也直接捕捉到了"本质"。从"直观"中捕捉到的现象，就已经包含了"本质"。

胡塞尔把"本质"和"直观"放在一起，提出的"本质直观"的概念具有一定的独特性。

现象学中的"现象"

现象学里的"现象"和传统哲学中的"现象"的区别，我们可简要概括如下：

传统哲学中的"现象"是指感性直观，即人们感知到的一切，它不包含事物的本质[①]。

现象学中的"现象"指事物显现出来的一切，除了感性直观，

---

① 从传统哲学的视角来讲，只有通过理性反思才能够把握现象背后的本质。

还包含理性直观。既有感性材料，也有超越感性材料以外的领域。可以说，现象学中的"现象"范围扩大了。

胡塞尔提出"回到事情本身"，是他不同于以往哲学家态度的体现。现象学的讨论也是基于这个大前提而展开的。之后的问题就是如何才能回到事情的"真相"中，如何才能进行现象学的还原，以及用什么方法。

03
胡塞尔：
中止判断，拨云见日

关于现象学还原的方法，总体来说有三个："中止判断"（"悬搁法"或"加括号法"）、本质还原和先验还原。

中止判断（悬搁）

"中止判断"也叫"悬搁法"或者"加括号法"。

此方法大家并不陌生，古希腊时期的怀疑论哲学家皮浪曾提出过"悬搁法"。我们常识中理解的"悬搁"就是把东西悬挂起来，搁在一边。在认识论层面，"悬搁"意味着对任何事情都不进行预先的判断，不去评判好与坏。在皮浪看来，我们对世界的意见总是带有主观色彩，因而没办法真正认识世界的真相。我们总是被各种外界因素干扰，没办法达到内心的宁静。因此，只有采取"悬搁法"，才能达到灵魂的安宁之境。

胡塞尔借用了这个说法，表达出一种态度：对所给予的东西是否存在，暂不表态，既不承认也不否定，而是将其放在括号里，中止判断。这是进行现象学还原的一个前提条件。

为什么要悬搁

我们不禁要问：胡塞尔采取"悬搁"态度的原因是什么？他的逻辑起点又是什么？

前面提到，胡塞尔的现象学口号是"回到事情本身"，其初衷便是回到纯粹的、没有偏见、不带主观色彩的意识领域，寻找不以任何条件为前提的绝对可靠的基础。

但实际上，我们在认识世界的过程中，总是不自觉地受到外界因素的干扰，我们头脑中的意识并不纯粹。拿日常经验来说，我们对事物的认识总是被各种外在的意见左右。在我们还没有判断能力时，外界的各种信息（家长和老师的教导、教科书的知识、历史沉淀下来的信息、广播电视等媒介传播的内容）便铺天盖地向我们涌来，我们只能一股脑儿地接受。因此，我们形成的关于这个世界的认识，是受历史因素、社会因素、人文因素影响的结果。你认为你认识到的世界，是一个真正纯粹的真实世界吗？不是的，你认识的世界只是一个带有主观色彩判断的世界。

我们好似身处认识的囚笼中，四周云雾缭绕，我们看到的世界也是被蒙上了一层"云雾"的不真实的世界。

因此，胡塞尔要做的是把这些阻碍了我们认识世界真相的"云雾"（人的主观偏见、外界的各种意见、声音以及人们对世界的各种预设)进行"悬搁"。用括号把它们括起来,不予讨论。

拨开"云雾",才能认清世界的真相。

胡塞尔说:

> 在认识批判的开端,整个世界、物理的和心理的自然、最后还有人自身的自我以及所有与上述这些对象有关的科学都必须被打上可疑性的标记。它们的存在,它们的有效性始终是被搁置的。①

这就是胡塞尔提出的"中止判断"的方法("悬搁法"或"加括号法")——摘掉每个人的有色眼镜,去纯粹地认识这个世界。

悬搁什么

具体来说,有两种"悬搁"(加括号)的方法,如下:

历史的括号法:对历史知识进行"悬搁"。像前人留下的知识、经验、文化遗产、价值观、习俗、宗教等,这些知识是一种间接知识,对其"加个括号"悬置一边,先不做判断。

存在的括号法:对外部世界的知识进行"悬搁"。这类知识是直接的知识,即我们直接和自然世界的接触就能够获得的。对于自然世界是否存在的问题,我们可先放一放,既不肯定也不否定,不

---

① [德]胡塞尔.现象学的观念[M].倪梁康,译.北京:商务印书馆,2016:31.

予讨论。

胡塞尔说:"我并不否认这个世界,并不怀疑它的存在",但要"使用悬搁完全阻止运用关于时空存在的判断","使从属于自然态度的一般命题都失去作用"。

这里需要注意两点：

第一,悬搁的态度是一种中立的态度——既不肯定也不否定。我们将外界的各种意见和声音安放起来,不对其进行判断,不对其赋予感情色彩,即"存而不论"。

第二,悬搁并不意味着将世界的一切全部悬搁,而仅仅是把带有主观判断的预设态度悬搁起来。悬搁的是我们习惯上采取的"自然的思维态度"。当这些直接和间接的知识和不太纯粹的要素被悬置起来后,剩下的就是"纯粹意识"或"纯粹现象"。

04 胡塞尔：本质还原

胡塞尔提出了两种具体的还原方法：本质还原和先验还原。这两种还原方法均以"悬搁法"为前提，只不过各自"悬搁"的程度不同。

"本质还原"进行的是"部分悬搁"。具体步骤是把有关认识对象存在的信念悬搁起来，从而还原到纯粹的现象中，还原到事物绝对的自身被给予性中，在直观中把握事物的本质。

"先验还原"进行的是"彻底悬搁"。不仅把有关对象存在的信念悬搁起来，还要把认识主体在世界中存在的信念悬搁起来，即把对意识存在的信念进行悬搁，最后达到纯粹意识即先验意识的领域。

何谓"本质还原"

所谓"本质还原"，就是回到（还原到）事物的本质和现象一开始交织在一起的意识领域。我们在对事物进行直观时，就已把握住事物的本质。我们直观到的不仅有事物的感性材料，也同时直观到了由这些感性材料奠基而成的本质规定性，即本质直观。

传统哲学模式下的"本质"

传统哲学所谓的"本质"是指事物的共相，即同一类事物具有的以区别于其他事物的某种规定性。我们也可以把"本质"理解为提供事物边界范围的规则，即在界定的范围内的同一类事物都具有的共同特点。超过这个边界，事物就不再属于这一类事物。比如，苹果和其他水果的区别就在于苹果这种水果的本质规定性——是什么让苹果成为苹果，而不是其他东西。其本质就是苹果这类事物的界限，一旦超过这个界限，苹果就不再是苹果，它有可能是梨、香蕉或其他水果。

如何探寻事物的本质？传统哲学的思维模式是透过现象探寻本质——从感性直观的现象出发，通过归纳总结等一系列理性分析，探寻出另一个本质领域。现象和本质是被割裂的两个领域，人能直观到的仅仅是现象，本质是无法被直观到的。

而现象学中"本质还原"的做法就不同了。

现象学还原把握"本质"

"本质还原"的方式是从对现象的直观把握中，直接把握本质。回到事情本身，意味着直接还原到事物绝对的自身被给予性中。比如，我们在"看"（直观）一个苹果的现象时，就已经直接把握住它的本质规定性了，这不需要经由理性演绎的思维过程。

"本质还原"意味着我们在对个别东西进行直观时，共相就已清楚地呈现于意识里。在直觉事物的过程中就已直接把握了事物的共相，事物的本质连同它的感性材料一起向我们涌现。

如此一来，现象和本质融为一体，而不再是被割裂的两个领域。回到事情本身，就是回到了主体和客体、现象和本质交融在一起的意识领域。我们对对象的各种意识，也不再掺杂任何主观色彩，变得很纯粹。

如何进行"本质还原"

首先，采取悬搁的态度，进行"部分悬搁"。我们可将有关物体存在的概念悬搁起来，存而不论。就苹果来说，我们先把苹果的存在方式（比如它的颜色、形状、味道以及软硬程度等）悬搁起来，不对其进行任何判断，不加入任何主观看法。"看"到一个苹果这个行为就意味着我们直观到了一个长成这样的东西，即感性材料摆在那里而已。

第二步，通过"自由想象的变更"，在直观中把握对象的"共相"和"本质"。这一步比较困难，也是胡塞尔的独特之处。

按常识来说，我们无法做到从一个具体的东西去直接把握它的共相特征，也就是说我们无法从对对象的直观中把握其本质。因为我们惯常采用的都是传统哲学的思维——从现象到本质。

而胡塞尔现象学的还原方法，是对传统思维进行的超越。他要实现的效果正是从直观中把握本质。那么，如何做到这一点？就是通过"自由想象的变更"。

"自由想象"是在人的意识领域发生的一种意识行为，是意识本身具有的特点。对于一个对象，对其进行任意维度的"想象"，并且不断"变更"想象的维度及其内容，就会产生关于意识对象的各种例子（样式或模样）。把这么多例子放在一起，总有一些东西是大家共有的，那么这种共有的规定性就是共相或本质。

"本质还原"就是通过意识的"自由想象的变更"，使个别对象的"共相"清晰地呈现出来。人们在把握现象的同时，就直接把握了本质。这个过程好比说意识具有了主动性，也具有了某种构造的功能。意识好像一座灯塔去照亮意识的对象，意识也可以通过想象力去自由"变更"意识对象的规定性。

如我们的意识对"苹果"进行"自由想象"[①]，对苹果的各个维度（比如模样、形状、大小、颜色、软硬度、味道等）进行想象，然后对想象的结果进行"变更"。把形状变换一下，颜色变换一下，软硬度也可以变换一下……经过这一系列的自由想象、变更后，是不是可以得出一个关于"苹果"的本质规定范围？比如在形状方面，它是个球体（这个球体可以是不均匀的，可以是凹凸不平的，但至少是在球体大范围内的），如果将其想象变更为立方体，这就超出球体的范围，它就不再是苹果了。对软硬度进行想象变更，就会得出软硬度的值的范围，正好是在此范围内（最软度不能低于某一个值，最硬度不能高于某个值），它才能是苹果。如果超出这个值，它就变为其他东西，比如太硬有可能变成一块石头，太软也可能变为西红柿。

---

① 最开始时，我们并不知道这个水果叫"苹果"。在把握其本质之前，我们只知道有这么一个感性材料摆在面前而已。

以此类推，对其他维度也进行自由想象。当意识把所有维度的规定性都进行了"自由想象的变更"后，就会得出总有一些东西是变中之不变的，这就是苹果之为苹果的本质界限。也就是说通过"自由想象"构建出了苹果的"共相"，划出了苹果本质规定性的范围。

在对感性材料进行直观的过程中，意识好似具有某种发射的功能——可以对意识对象进行"自由想象的变更"、激活感性材料中的本质规定性。因此人在对个别的直观中，也就同时把握住了其共相与本质。

也就是说，"本质还原"采取"部分悬搁"的方式，仅仅把关于个别的东西存在的信念悬搁起来，并没有把认识主体在世界中存在的信念悬搁起来。在对个别东西进行直观的基础上，通过"自由想象的变更"，使得事物的本质或"共相"能够清晰地呈现于意识里，从而直接把握对象的本质。

这里需注意，现象学中的"本质"是一种先天的本质，人们认识这种本质不依赖于人们对个别事物的经验。

05
胡塞尔：先验还原

"先验还原"是一种更为彻底的还原方法，它不仅把对认识对象存在的信念悬搁起来，还要把有关认识主体在世界中存在的信念悬搁起来。能悬搁的统统悬搁，因而它是一种更为彻底的方式。

先验还原与本质还原的区别

"本质还原"的要求，仅仅是把关于认识对象的信念（如苹果的颜色、特点、味道等）悬搁起来，对其存而不论。那么，"看苹果"仅仅意味着看到这么一个东西，其不彻底性在于它还承认有一个主体在认识苹果，只不过这个主体是不带有主观的预设去认识而已。"本质还原"进行的"悬搁"也并未涉及认识主体自身。

而"先验还原"则进行彻底的悬搁，不仅要把"苹果"这个东西存在的信念悬搁起来，还要把关于认识的主体在世界中存在的信念悬搁起来,也就是说要把"你自己在认识苹果"这件事也悬搁起来,存而不论。这时就涉及认识主体要去自我反省一下自己是什么,自己的意识行为本身又是什么等问题。

所以"先验还原"走了一条更为彻底的路:将对象、自我、自我对这个世界的意识行为本身都悬搁起来,对这一切存而不论,既不肯定也不否定。

就好比说,之前我们站在自我主体的角度去"看"世界。现在我们"跳出来",以第三者的角度即上帝视角,去观察自己和世界的关系,探究自己如何认识世界以及世界的样子。那么,这个领域是什么?就是经过"彻底悬搁"后还原到的一个绝对纯粹的意识领域,即"先验意识"。而原先的那个经验的"自我"就被还原为"先验的自我",因而胡塞尔也把这种还原称为"先验还原"。

如何进行"先验还原"

胡塞尔通过笛卡尔式的怀疑途径,达到先验的意识领域。

笛卡尔怀疑一切,但唯一不怀疑的是"我在怀疑",即"我思"这件事是唯一能确定的。我们仔细想想,"我思"具有什么样的特性?是不是有一种最初的"绝对被给予性"?也就是说,"我思"的行为是唯一能确定的,这种思维是直接被给予的。

胡塞尔看到了这一点,并认为笛卡尔的"我思"的起点是可以采用的。

胡塞尔说：

> 笛卡尔的怀疑考察为我们提供了起点：在体验的过程中和对体验的素朴反思中，思维（cogitatio）和体验的存在是无可怀疑的；直观地直接把握和获得思维就已经是一种认识，诸思维（cogitationes）是最初的绝对被给予性。①

"我思"里面有着"直接自证性"，"我思考着外界的万事万物"这个行为本身恰恰证明"我思"的存在。经过笛卡尔的普遍怀疑之后，剩下的就是"自我"和"我思"了。

但胡塞尔认为，这还远远不够。通过笛卡尔的怀疑方式得到的"自我"和"我思"还是经验式的，并未摆脱经验特性。这个"我"和"我思"仍然是人在经验的过程中反思后的结果。比如你的"自我"、我的"自我"和他的"自我"，这些都是具有经验色彩的"自我"在进行的"我思"，这个"我思"是你的"我思"、我的"我思"和他的"我思"。

胡塞尔要还原的是你、我、他"自我"背后的"自我"是什么，你、我、他"我思"背后的"我思"是什么。只有找到这个，才算找到一个绝对纯粹的可靠基础。于是，胡塞尔把"经验的自我"还原为"先验的自我"，这个"我思"也就被还原为一种先验性的意识。②也就是说，胡塞尔要找的是使得你、我、他的"我思"成为可能的形式。

他是如何做到的？

---

① ［德］胡塞尔. 现象学的观念［M］. 倪梁康，译. 北京：商务印书馆，2016：5.
② "先验的"就是使得经验的认识成为可能的那个东西。"先验"并不就时间先后而言，而是从逻辑意义上来说的。

胡塞尔认为笛卡尔的"我思"的方式可以采用，但火力不够，还没达到先验的状态，于是他沿着这条路继续走，对"我思"进行改造，把"我思"的范围扩大。他将意识领域中的一切思维形态和意识活动（如认识、知觉、想象、判断、推理、回忆、爱、恨等），都还原为一种具有"我思"特点的意识活动。"我思"具有什么特点？它具有一种"直接的自证性"，即绝对的被给予性。如此，一切的意识活动和认知行为，其自身的展开就不再需要任何前提，它们被自身绝对给予。

作为意识活动执行者的"自我"，被还原为"先验的自我"——你的"自我"、我的"自我"和他的"自我"背后的那个共同的带有先验性的"自我"——这才是隐藏在经验背后的真正主体。可以说，"先验的自我"正是现象学还原的最终产物。

胡塞尔经由笛卡尔式的"怀疑途径"，最终达到"先验自我"和"先验意识"的领域，即纯粹意识领域。这也是现象学还原"回到事情本身"的最终目的。

这时大家可能就明白了为什么说"先验还原"是一种彻底的悬搁方法。因为只有把主体存在的信念悬搁起来，才可以进行自身反思，进而反思出"我思"。只不过胡塞尔比笛卡尔更加深入一步，他把意识的一切行为都打上了"我思"的烙印，回到了"先验自我"和"先验意识"的领域中。

这就是胡塞尔的"先验还原"。

胡塞尔的初衷是将哲学打造为严格意义上的科学，所以他首先要对"自然的思维态度"予以批判，然后站在现象学的思维方式上"回到事情本身"，剔除一切主观因素。

"中止判断"是他的一个总态度，而且是把各种预设都悬搁起来。部分悬搁后，进行"本质还原"——在直观中把握对象的本质；彻底悬搁后，进行"先验还原"——还原到绝对纯粹的"先验自我"和"先验意识"领域。但现象学到这里并没有结束。

接下来让我们推开现象学这扇大门，去探究"先验意识"本身具有什么样的特点，有着怎样的结构以及意识本身是怎样构造意识对象的问题。

06
胡塞尔：意向性

胡塞尔深受他的老师布伦塔诺的影响，而后提出了"意向性"理论。"意向性"理论也成为胡塞尔现象学理论中特别重要的组成部分。

什么是"意向性"

布伦塔诺借"意向性"区分了物理现象和心理现象。他认为心理活动都具有意向性——意识总是朝向某物的意识，意识必然指向某个真实的对象。

胡塞尔继承了布伦塔诺的思想，接受了"意向性"的概念。但与布伦塔诺不同，他对"意识指向的东西"有着不同理解。胡塞尔认为意识指向的不是经验世界中实在的、物理意义的东西，而是意向的对象——它存在于人的意识领域之中，它在意识活动中被构建起来，在意识的反思活动中出现。比如"你想到一个红色的苹果"，那么"红色的苹果"是在你"想"这个意识行为中被勾勒出来的形象，是你通过"想"对其赋予意义的一种描绘。

也就是说，"意向对象"是在意识自身的活动之中被构建起来的意识对象，"意向性"是对意识活动与意识内容的结构整体的一种揭示。

到这里，我们就能总结出胡塞尔的思路：通过还原的方法，还原到纯粹的意识领域；然后对"纯粹意识"进行研究，看看"纯粹意识"本身的特点和结构是什么，以及其自身具有的"意向性"所构造出来的意识对象的特点和结构。

需要注意的是，这些都是在意识领域内发生的。"意向性"是意识本身具有的自带属性或特点，而且具有先验性。

理解胡塞尔的"意向性"的内涵，可抓住两个特点：意识的"指向性"和意识的"构造性。"

意识的"指向性"

意识的"指向性"意味着意识总指向某个对象，意识总是关于什么的意识，不存在赤裸裸的意识，更不存在把自己封闭起来的意识。意识自身具有朝向某个东西的能力。在发生"朝向"的过程，即发生意识行为的过程中，意识领域就构造出了一个意识的对象。意识对象是被意识的意向性勾画出来的，从而呈现在我们意识领域中的对象。

这跟我们传统理解的反映论不同。在反映论中，意识是对客观

对象的反映,头脑中的意识是被动地接受客观事物。先有一个苹果,之后我们头脑中才产生了"这是一个苹果"的意识。

而现象学不同。意识好似本身就有主动"出击"的能力,就像喷泉一样具有"喷涌"的力量,它有一股劲儿要喷涌而出,这种喷涌感就是"指向性"的体现。意识本身也像一座灯塔,主动射出光线照亮周遭的世界。光线照射出之后,总会照射到某种东西上。"照射"这个行为本身,就是意识具有"指向性"特点的体现。

意识的"构造性"

意识不仅具有"指向性"的特点,还具有"构造性"的特点。意识所指的对象,是在"指向"发生的过程中,在意识领域"被构造"出来的意向对象。就好比光在照亮的那一刻,对象也同时显现出来。但在意识领域,意识指向的对象不是真实的物理意义的对象,而是一种被赋予意义与本质的载体,它是意识领域的意向相关物。

因此可以说,意识自身是完整的,它具有自己发射的动力,同时又具有构造意识发射后接收对象的能力。

正如前面举例所说,意识就像喷泉一样"喷涌"而出,同时喷出来的水花又呈现为意向对象。意识具有灯塔射光的功能,光射出去之后又勾勒出万事万物,它们是呈现在人们意识中的各种意向的对象。喷泉喷水和灯塔射光,这其实就是意识赋予对象意义与本质、构造对象的意向活动。意识自身就能够完成这一系列的动作。

"意向性"揭示出这一系列动作的纯粹本质。意识具有"指向性"

和"构造性",且意识在"指向"的同时也进行着"构造"。我们可以将"意向性"理解为包含了意识活动和意识内容的整体结构,而这个结构又是先验的。

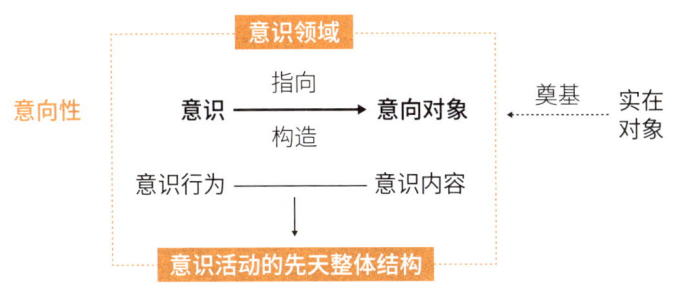

●○● **意识的意向性**

关于意识的"意向性"问题,我们可总结为以下几点:

第一,所有意识活动(包括各种想象、知觉、回忆、爱或恨等),总是指向某个对象。因此,意识具有"指向"的功能。

第二,意识所指向的对象,不是物理对象,而是在意识领域里呈现出来的,被赋予意义与本质的、被照亮的意向对象。因此,意识具有了积极的"构造"功能。这种"构造"能力具有先验性,它是意识自带的特点,并在意识中内在发生。

第三,意向性既不指人的主观认知能力,也不是人的经验的认知活动,而是对人的意识活动的先天整体结构的揭示。

07
胡塞尔：内在的超越

前面提到，意识的意向对象不是独立于意识之外的客观存在物，而是在意识活动中构造出来的对象，那这是否意味着意向对象本身内在于主体的纯粹主观存在呢？并不是的。意向对象既不是外在于意识的客观存在，也不是内在于主体的主观存在。

我们知道，"意向"（对意向对象的构造）是在意识领域之内发生的行为，但为什么又说主体构造出来的意向对象，不是纯主观的东西呢？

要回答以上问题，就要回到对意向性结构的分析层面。

激活质素的方面

意向性的结构体验包含了两个层次：感性的层面和意向的层面。

在意识领域中，"意向"（动词）的发生，首先需要感性材料为其奠基，即意向对象的"纯粹被给予性"是感性直观给予的。而人们对感性材料的直观认知又仅仅只能从某一角度或部分角度进行，也就是说，感性材料呈现在人面前的只是它的部分内容（用胡塞尔的话来说是"质素"的内容），这部分是非意向的内容。

有了感性材料的奠基，意识便主动"出击"——去"意向"或"激活"感性材料中还未显现出来的内容并赋予意义，即"激活质素的方面"①。最后，对象的整体面貌（即意向的对象）就呈现于人的意识中，它不仅包含感性材料中已经呈现出来的部分，还包括没有呈现出来的部分。

对意向活动的结构分析后，我们总结出意识具有这样的"激活"功能：从某一角度的感性材料勾画出整体的意识对象，使未显现对象的本质得以显现。

有了这层解释后，我们就不难理解"意向对象既不是客观实在事物，也不是主观的存在"的原因了。

意识进行"意向"，需要以显现出来的感性材料的奠基为前提。而已显现的感性材料的部分，仅仅是对于对象部分而非整体的显现，即意识"捕捉到"的只是部分内容。所以"意向对象"并不是客观的实在之物，因为只有一个完整的对象，才能称作客观实在之物。

因为感性材料的奠基，使意识中意向对象的结构充实起来。因为意向对象的本质结构是先验的，一旦有了一点点感性材料的奠基，意识就主动"出击"，"激活"出完整的意向对象，即对象的整个结构立刻充盈起来。

也就是说，在感性材料（哪怕只有部分角度）的奠基下，意识

---

① 对所有质素的方面进行统摄、统握，赋予其意义，从而使未显现的部分得以显现。

主动"激活""勾勒"①出之前未显现出来的那部分感性材料，最后形成了完整的意向对象。很显然，这过程形成的意向对象（具有完整性）超越了感性材料（只具有对象部分的内容），它将现象及本质都"勾勒"出来。

这个"激活"或"勾勒"的过程，并不是凭空随意进行的，需要先有感性材料的奠基。因而，意向对象不是纯主观的东西。

前面提到，意向对象的本质结构是先验的问题，现象学的还原，到最后便还原到了先验意识和先验自我的层面。那么，意向对象背后是什么？就是先验的自我。意向对象自身的结构就是先验的结构。外界的感性材料奠基后，意向对象本身的结构得以延展，并充实起来，这样一个完整的、纯粹的、有着本质性的意向对象就呈现在意识中了。

比如我们看到一所房子，最多能同时看到它的三个面。房子呈现于我们面前的就是一个具有三个面的物体，这是感性材料显现出来的部分，即"质素"的部分，它构成我们意向活动的内容。

但神奇的是，虽然我们看到的只是一个具有三个面的东西，但在我们大脑意识里形成的却是一个具有六面的房子的立体形象。

那我们不禁要问，明明感性材料给予我们的是三个面的东西，为什么我们能通过这三面的东西（部分对象）意识到这是一个具有六面的房子（完整对象）呢？

因为在意识领域中，意识具有勾勒或构造的功能。从三个面出发，将剩下的没有显现出来的那部分房子的内容（没有从感性直观中获得的那部分内容）勾勒或构造出来，这个过程正是意识的意向

---

① 勾勒或激活，就意味着意识进行"意向"。

性的体现。由此，在意识领域就形成了完整的房子形象，它是经由意识意向后呈现的意向对象，而非现实中的对象（因为现实中你看到的仅仅是一个具有三面的东西）。

在意识领域，意识构造房子整体形象的能力是先验的。这是因为房子这个意向对象本身的结构是先验的。当外界有感性材料奠基之后，意识可以主动出击，立刻激活房子的整体形象，并将其呈现于意识之中。而意识中的房子，其实是具有一般性和本质性的房子，它超越了现实中的仅仅呈现为三面体的东西。这个过程，实现的是一种内在的超越。

内在的超越

传统哲学以自然的思维模式寻求超越——从现象出发，探寻超越于现象（实在对象）以外的东西，如"逻各斯"。这是一种外在的超越方式，以"观看"世界的方式——预设主客二元对立的前提，进行探索。

现象学还原的方式则不同，它试图回到主客原初交融的境域，并没有预设出一个超越外在世界的东西为前提而进行探索。在意识构造意向对象的时候，意向对象自身解决了这个问题——实现了一种内在的超越。因为意向对象超越了所有感知活动，把呈现于人面前的不完整、不充分的感性材料，意向为一个整体的、充分的对象。这"勾勒"的过程，其实就是一个意识赋予对象更完满的本质和意义的过程。最后呈现在意识中的意向对象就实现了一种内在的超越，

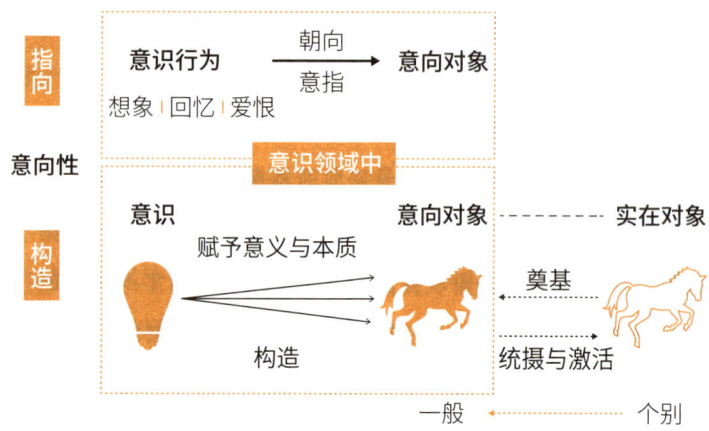

●○●意识的"指向性"与"构造性"

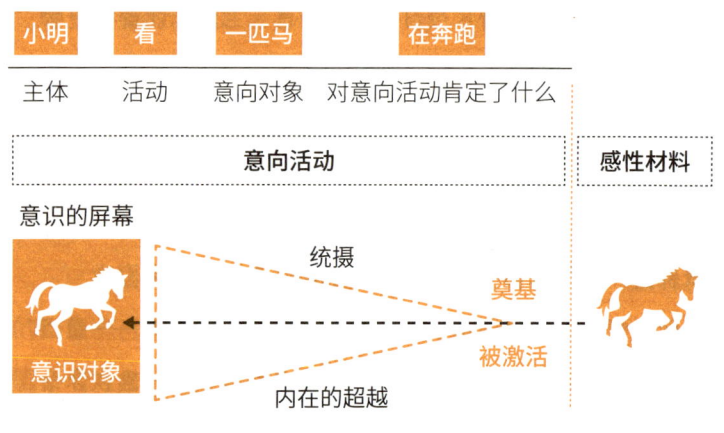

●○●意向活动的内在超越

而不需要从外部世界中去寻找本质。

也就是说,我们之前孜孜以求的具有超越性的"本质",其实已经内嵌于意识行为本身的活动之中，内嵌于思维自身的运作当中。意识在构造意向对象时，实现了内在的自我超越。

这不就达到了现象学的彼岸吗？现象学的口号是回到事情本身，那么带有超越性的"意向对象"不正是纯粹的"事情"本身吗？现象学还原要悬搁一切主观的判断和意见，力求回到原汁原味的意识体验里，而"意向对象"就是最好的体现。

由前面的两幅逻辑图，我们可看到：

第一，感性材料涌现后，意识立刻主动"出击"，把显现出来的感性材料的内容"拽"到意识领域，并对其进行统摄、激活和构造，把没有显现出来的内容"意向"出来。这个过程超越了呈现在有感知角度下的感性材料，实现了一种内在的超越。

第二，意识领域中的"意向对象"是一个完整的、充实的有着丰满意义的对象。它既不是客观存在物，也不是纯粹主观的存在物。"意向对象"虽被感性材料奠基，但又不依赖于主观的感觉经验存在，因而它是"超越"感性材料的。

第三，"意向对象"的本质结构又是先验性的，是绝对自明的。正是其先验性的特性，使发生的一切都显得理所当然。

08
胡塞尔：
欧洲科学的危机

在胡塞尔晚期哲学中，"生活世界"是一个最具影响力的核心理论。在《欧洲科学的危机与先验现象学》这部没有完成的著作里，胡塞尔强调了"生活世界"的主题。在《生活世界现象学》中，他更是集中阐述了"生活世界"的内涵。

胡塞尔提出了一条"从生活世界出发通向先验现象学之路"。可以说"生活世界"的理论，依然还在现象学的范畴内。它饱含了

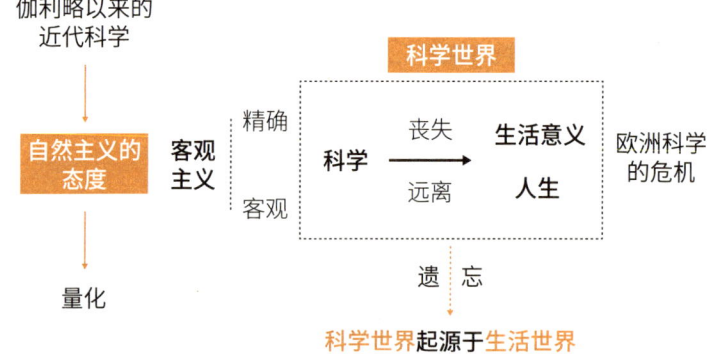

●○○ **欧洲科学的危机**

胡塞尔对欧洲人性和文化的至深思考，也饱含了胡塞尔现象学的终极关怀。

欧洲科学的危机

在胡塞尔的时代，德国法西斯主义逐渐兴盛乃至猖獗。世界大战给人类带来了巨大创伤和心理阴影，人们的精神世界出现了一个巨大的空洞。面对残酷的现实世界，人生的意义是什么？人类又将何去何从？这是当时欧洲人面临的心灵危机。而科学的兴盛，让这样的境况变得更加糟糕，这也是欧洲科学的危机的体现。

"科学的危机"不是指科学内部——因科学自身衰败出现的危机，而是指外部的危机——科学的兴盛导致人们生活出现的危机。

自文艺复兴以来，科学以惊人的速度发展，各个领域的科学理论也如雨后春笋般涌现。

自伽利略以来的近代科学，体现出一种最为重要的特征——"客观主义"，即追求纯粹的客观性和精确性。科学家以自然的思维态度，运用数学化的量化分析的方式，排除一切主观性价值判断的立场，探究客观对象的本质属性和规律，从而得到绝对客观和精确的结论。比如"水是什么"，科学研究不会将"水"赋予任何感情色彩，也不会从主观角度研究水，更不会得出"水是一个好东西"这样的结论。科学研究以量化分析的方法，将水定义为几种元素的组合"H_2O"。在科学世界里，水就是一个冷冰冰的符号，它丧失了人这个主体赋予它的其他感性色彩。

"科学的危机"就在于这种"客观主义"的方式太过成功。随着科学日益强大,任何对象都可以通过"客观主义"的方式加以精确化考量。当精确性和客观性成为科学的终极目标后,就会导致一个严重后果——近代科学变成了实证科学。科学只研究纯粹事实,追求精确、可量化的结论,追求冰冷的技术革新。科学忽略了对人自身以及生活世界问题(即人的生存意义和人生价值)的关注。如此一来,科学知识对人的真正意义就被切断了。

可是,"人的话题"本就是绚烂多彩的,是柔情而有温度的,是富有想象空间的。"人的价值是什么""人应该追求什么""什么是真理""怎样的生活是有意义的生活",这些话题更值得被人们讨论。生活在世界上的人,是一个个有血有肉有情感的人,而不是一台台冰冷的机器。但,实证科学不关心这些,它越来越远离人本来生活的世界。

胡塞尔说:

> 在人生的根本问题上,实证科学对我们什么也没有说。实证科学正是在原则上排斥了一个在我们的不幸的时代中,人面对命运攸关的根本变革所必须立即作出回答的问题:探问整个人生有无意义……这些问题归根到底涉及人在人和非人的周围世界的相处中能否自由地自我决定的问题。[①]

不可否认,科学的繁荣使人类更精确地了解外向度的自然世界,

---

① [德]胡塞尔.胡塞尔选集(下卷)[M].倪梁康,译.上海:上海三联书店,1997:982.

技术的革新也确实让现代人过上了比以往更高质量的物质生活，但我们不能否认，这也导致一个严重的问题：科学远离人们生活的根本，也远离人的内向度的领域。科学探索追求的是冰冷的技术进步，但这并未启迪人们对于人生意义的思考，也并未指引出人们的人生道路和方向。

在实证科学支配下的现代人，越来越沉浸于科学带来的繁荣里，并深深享受这份喜悦。然而，人的精神却变得越发空洞和乏味，进而迷失。

这就是欧洲的科学危机，也是我们每一个现代人面临的人性危机，更是欧洲文明的危机。

哲学必须为重建人性准备根基

胡塞尔不愿看到这样的境况，他表现出了一个哲学家特有的人文关怀。他认为"哲学必须为重建人性准备根基"。

胡塞尔提出"生活世界"的理论——回到生活世界中，回到被科学疏远、被现代人远离的生活世界里。只有唤醒人们对生活世界的重视，才能挽救这个不堪的局面。因为生活世界才是科学的根基和源泉，是一切经验的历史基础。①

---

① 胡塞尔的初衷本是为科学寻找根基，他希望哲学能够承担这个任务，现象学也是要对这个根基予以揭示。

09
胡塞尔：
向生活世界回归

"生活世界"，就是我们生活的日常世界。它在近代科学产生之前就已经存在，是一个"前科学"的世界。

胡塞尔说：

> 作为唯一实在的、通过知觉实际地被给予、被经验到并能被经验到的世界，即我们的日常生活世界。①

这句话的意思是：生活世界是一个原初的、事先被给予的、永远事先存在的世界，是人能切身感受到的实实在在的本真世界，它包括一切个人的、社会的、感性的实际经验。

人们通常以素朴的方式描述生活世界。比如，人们看到水会判断说：水是一种流动的、可以喝的液体，它能解渴，也能灭火。这是一种素朴的说话方式。

---

① ［德］胡塞尔.胡塞尔选集（下卷）[M].倪梁康，译.上海：上海三联书店，1997：1027.

胡塞尔强调，生活世界才是根基性的领域，以此为基础才能产生科学世界。科学世界立足于生活世界，是对生活世界的理论抽象。但目前来看人们描述世界的方式从素朴的方式转变成了科学的说话方式，以量化分析的方式——追求公式化和数据化，精准地描述世界的客观对象和规律问题。

需要强调的是，世界始终只有一个。由于现代性的步伐太快，致使人们过度沉浸于科学世界，并一厢情愿地认为科学世界就是世界的全部。科学的光芒把富有原初色彩的"生活世界"掩盖住了。在科学思维模式下，人们忘记了"生活世界"的根基所在。

胡塞尔认为哲学要重返生活世界。

具体来说，"生活世界"是一个"非课题性的、奠基性的、直观的和主观的世界"。关于"非课题性"，我们结合"课题性"去理解。科学世界里的研究，是非常讲究课题性的。比如，我们要研究一个对象就要先立一个课题，然后在此范围内进行系统的论证，再得出精确的结论。

而生活世界是人们在生活中要直接面对的世界，它是一个具有"非课题性"的世界。我们无法将生活世界列出一系列可讨论的题目，并对其进行探讨。因为生活世界本身就是一个不证自明、毋庸置疑的前提，它是一个始终先被给予、先存在着的世界。因此，生活世界也是具有奠基性的世界，它是科学世界的前提，是所有课题性的世界的基础。

同样，生活世界也是直观的世界。人们并不需要通过论证、逻辑推理以及反思得到关于生活世界的认识。生活世界仅仅表现为一种直观的呈现，即人通过直观的方式，就能感知到它的一切。

生活世界也是一个以人为核心的、主观的、相对的世界。因为生活世界是人通过知觉感知到、从人的主体的角度体验到的世界。

当然，胡塞尔表达"回归生活世界"的想法，并不意味着他完全否定科学世界。胡塞尔也承认，科学在造福人类方面确实有很大贡献。只是，他表达了一种态度：不要过度沉浸于科学世界，也不要遗忘那个本真的生活世界。人要有人生的追求，要有对生活的向往。人活于世，不可忽视对人生的意义和价值的探讨。只有回归生活世界，才能拯救人性的危机和文明的危机，才能摆脱欧洲科学的危机。

那么，胡塞尔在晚期倡导向生活世界的回归，是不是意味着他放弃了自己早年对严格科学的理想追求呢？或者说，向生活世界回归是否意味向自然的思维态度的回归？并不是的。胡塞尔的初衷始终未变，他一直希望把哲学打造为一种最为严格的科学。胡塞尔说："从生活世界出发通向先验现象学之路。"[1]

---

[1] 《欧洲科学的危机与先验现象学》第三部分标题语。

小结:
胡塞尔的现象学

初衷 —— **使哲学成为严格的科学** ········ 为科学奠基

批判 —— **自然的思维态度** ········ 现象 - 本质
　　　　　　　　　　　　　　　主体 - 客体

采取 —── **现象学的态度** ········ 回到事情本身　悬搁
　　　　　　　　　　　　　　　　　　　　　　本质还原
　　　　　　　　　　　　　　　　　　　　　　先验还原

●○● **胡塞尔的现象学**

现象学方法的出发点

胡塞尔首先对"自然的思维态度"进行了反思。

"自然的思维态度"是一种有预设的态度,即以预设主客二元对立为前提展开认识活动。胡塞尔认为这样的方式有问题:它只关注认识的是什么,而不关注认识本身何以可能。

胡塞尔提出现象学的口号——"回到事情本身",即回到不带有任何主观偏见的领域。因为认识活动(哪怕对认识本身的认识)始终是人在进行着的活动,于是回到事情本身,就意味着回到纯粹的意识领域,回到个人的体验之中。

这就是现象学方法的出发点:回到事情本身。

现象学还原的方法

现象学还原的方法:悬搁、本质还原和先验还原。

悬搁,即加括号的方法,也叫中止判断。把一切带有偏见的各种意见都悬置起来,存而不论,以达到现象学还原的"无前提性"。

"悬搁"根据程度,分为部分悬搁和彻底悬搁。

部分悬搁是"本质还原"采取的方式。把有关认识对象存在

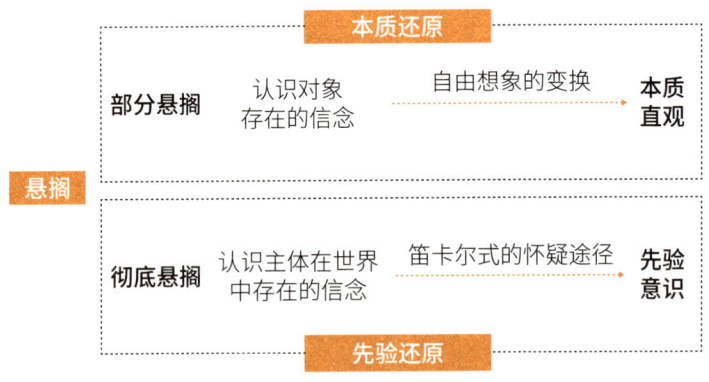

●○○**悬搁法**

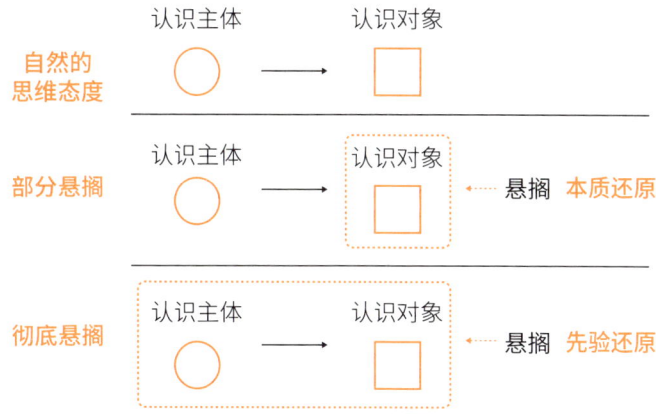

●○● **自然的思维态度与"悬搁法"之比较**

的信念悬搁起来,还原到纯粹的现象中,还原到事物绝对的自身被给予性中,在直观中把握事物的本质。

彻底悬搁是"先验还原"采取的方式。不仅把有关对象存在的信念悬搁起来,还要把相关认识主体在世界中存在信念(即把对意识的存在的信念)也悬搁起来。经由笛卡尔式的"怀疑途径",最终达到先验自我和先验意识的领域。

意向性

意识自身的特性有两个:指向性——意识总是指向某个对象,意识总是关于什么的意识;构造性——意识具有主动"出击"的能力,在意识领域中"构造"意向对象。

那么,意向对象的"构造",即意识的"意向"活动是如何展开的?

首先需要感性材料的奠基。外界的感性材料仅仅从某个角度呈现出来，这时意识主动"出击"，它把这仅有的显现出来的感性材料（只具有部分角度的内容）"拽"进意识领域，对剩下的未显现出来的内容进行"构造"，即"意向"。通俗来讲就是激活，它激活剩下的部分，使其充盈起来。最后，呈现于意识领域中的就是一个完整的、具有本质特点的意向对象。但"构造"不是随意进行，要以感性材料为基础，才能对意向对象自身结构进行完善。

在整个过程中，意向对象完成了一次内在的自我超越。原本我们从外界孜孜以求的所谓的"本质"东西，就已经内嵌在意识行为本身之中，内嵌在思维自身的运作当中了。

传统哲学以自然主义的思维态度，探寻独立于对象之外的本质领域，以获得超越性。现象学把这个问题解决了，意识在内向度的领域进行"意向"时，其自身就完成了内在的超越。意向对象自身就是一个本质和现象交织的共同体。

生活世界

胡塞尔晚期哲学提出"生活世界"的理论。当时，他敏锐地意识到科学的繁荣给人类带来的生活危机。于是，他倡导回到前科学的世界，即生活世界。

回到生活世界，无疑也是胡塞尔现象学还原之路的体现：摒弃科学世界里倡导的"自然的思维态度"，悬搁带有主观色彩的偏见，回到原初的、本真的、先验性的领域。而生活世界本身的呈现，恰

●●● 向生活世界回归

恰就是先验主体自明的呈现，也是自我构造后的呈现。

现象学：敞开无限可能性

虽然，胡塞尔的现象学异常烧脑、异常费神，但我们了解他的思想，确实非常有必要。

一方面，胡塞尔提出了一种完全不同的思维方式；另一方面，"回到生活世界"的观点开启了一条对现代性问题思考的新路径，为后续哲学的发展敞开了无限可能。在胡塞尔哲学之后，人们对人类的文明和生活信仰的思考，对存在意义的探寻，对工业文明社会的批判……不断涌现于哲学及其他领域。对这些关乎人类未来命运的探讨，恰是非常必要的终极关怀，这一切都归功于胡塞尔。

毫不夸张地讲，胡塞尔开启了现象学之路，也开启了人们对现代科技和现代文明的探索与反思之路。

第五篇章

存在与真理

1918年，第一次世界大战以同盟国的战败而告终，德国为此付出了惨重代价。残酷的战争和随之而来的经济危机，将当时人们的生活推向万丈深渊。焦虑、困苦、孤独、恐惧等情绪不断席卷而来，人们不禁追问：生活的意义究竟是什么？人生的归宿又在何方？

恰在这时，存在主义思想在客观上迎合了这部分人的情绪[①]。一战后，存在主义在德国迅速流行起来，这期间的代表人物是海德格尔。二战之后，存在主义的中心转向法国，萨特、加缪等人成为存在主义的代表人物。萨特、加缪等人不仅是具有哲学思辨的哲学家，同时也是作家和戏剧家，他们特别善于用文艺手段来表现存在主义的思想，这些都更加有利于存在主义的迅速传播。

存在主义是指什么？存在主义研究的对象是什么？它的理论渊源有哪些？

可以说，存在主义不能被单一地归为某一个哲学流派，它是包含哲学、文学、戏剧、电影、绘画等在内的一系列表现形式的思潮。存在主义的核心就是对"存在"问题的探究，它通过对个人生存境遇（人最基本的情绪体验，如孤独与畏惧、绝望与迷茫、对自由的向往、对死亡的忧虑等）的分析，揭示个人与他人、个人与世界的关系，最后使"存在"自身的意义得以显现。

克尔凯郭尔和尼采等哲学家都是存在主义的先驱，他们试图把哲学的研究方向转向人自身。克尔凯郭尔把孤独个体当作研究对象，尼采对人的生命力予以高度赞颂，他们关注的不是冷冰冰的世界，而是人的生命体验。

到了海德格尔和萨特，存在主义大放异彩。受现象学方法的影

[①] 虽然存在主义不是这段历史的直接产物，事实上存在主义的理论在这之前早已大体形成，但此时的历史境遇使得人们对存在主义格外关注。

响，海德格尔开始思考"存在"问题，他试图回到主客体交融的境域中。他对"存在"和"存在者"做了区分，通过分析人这个存在者——"此在"，来把握"存在"本身。

我们读海德格尔时，为什么特别容易产生共鸣？那是因为海德格尔分析的是我们每个人实实在在的生活，是每个人都会遇到的境况——人在世界上生存，与他人、他物打交道会产生各种情绪——人的怕与畏，人的自由与沉沦，人的本真和非本真状态，人要如何面对死亡，等等。这些情绪讲的就是我们每个人真切的经历。有时候，海德格尔的思想有着一语惊醒梦中人的功效。①

海德格尔前期思想主要体现在《存在与时间》一书中，通过研究"此在"和"存在"的关系，达到对"存在"的揭示。海德格尔的思想在后期发生转向。他从真理、语言、诗、艺术作品和技术等新的领域揭示"存在"的意义。

---

① 海德格尔哲学的目的不仅是阐明人生的意义，也不仅是告诉我们该如何生存，他最终的目的是要通向对"存在"的探索。海德格尔借助一个特殊的存在者——人，即"此在"来揭示"存在"的意义。

本篇章概览

哲学家

海德格尔

本篇章流派

德国存在主义

本篇章话题

⊙ 存在与存在者　　⊙ 此在

⊙ 在世　　　　　　⊙ 艺术与真理

⊙ 现代技术

01 海德格尔：一个时代的新路标

他，是20世纪最伟大的哲学家之一；

他冲破传统束缚，打开了一条通向现代的哲学之路；

他思考人类的生存境遇，他思考这个时代的文明与喧嚣；

他追问存在的意义，探明真理的显现；

他阐释艺术作品的本源，他对现代技术予以深刻反思；

他祈求回归自然，倡导田园牧歌式的生活；

他希望拥抱大地，诗意地栖居；

马丁·海德格尔（Martin Heidegger，1889—1976年）。德国哲学家。20世纪存在主义哲学的创始人和主要代表之一。

他的思想，总是勾起人们对理想主义的追寻；

他的哲学，总是充满浪漫的人文色彩；

他就是——马丁·海德格尔。

海德格尔：现代哲学的新路标

1889 年，是西方哲学史上非常特殊的一年。有两位重量级人物在这一年出生：一位是天才哲学家维特根斯坦，他开启了分析哲学的时代；另一位是哲学大师海德格尔，他追问"存在"，成为现代哲学的新路标。

海德格尔的一生波澜不惊。他并不像维特根斯坦那般有着丰富的人生经历和传奇色彩。若不是跟德国纳粹有过瓜葛，海德格尔的一生真的可以用他自己在介绍亚里士多德时的措辞来形容："他出生，他工作，他死了。"这一生除了哲学事业，好似他没有其他事情可做了。

从 1889 年到 1976 年这八十多年的时间里，海德格尔的思想震颤了整个西方学术界，可以说直接影响了现代西方哲学的发展进程。他绝对是现代哲学史上当之无愧的闪耀之星。

海德格尔出生在德国巴登邦的农村小镇梅斯基尔斯。他出身农户家庭，家境贫寒，父亲在镇子里的天主教教堂担任司事，母亲也是一位天主教徒。周围浓郁的宗教氛围，带给海德格尔某种神秘的生命体验。农村生活的大环境，让他对大自然产生了天生的热爱。他喜欢田野，喜欢山川河流、草木与大地，他热爱自然，他热爱朴实无华的一切。以至于后来，他隐居山间，在一座小木屋里撰写了《存在与时间》。

海德格尔从小聪颖过人，小学毕业后的 1903 年，在当地一家基金会的资助下，他来到康斯坦茨读中学，1906 年又转到弗莱堡的一所文科中学学习。在中学阶段，海德格尔每天必读希腊原著，并对诗人荷尔德林产生浓厚的兴趣。这些都成为他后期思想中对"诗和思"探索的源头。

1907 年，18 岁的海德格尔遇到一位神父，这位神父送给他一本书。这本书正是胡塞尔的老师布伦塔诺的论文《论"存在者"在亚里士多德那里的多重意义》。然而海德格尔仔细研读，却不能参透其中的奥秘。"存在"问题，第一次进入海德格尔的视野，引发了他对哲学的无限兴趣。没想到，他日后的哲学之路竟然就是以"存

●●海德格尔的山间木屋

在"问题展开。

1909年中学毕业后,海德格尔成为一名耶稣会的见习会士,但因身体原因被辞退。而后他进入弗莱堡大学学习神学,四个学期之后,海德格尔放弃牧师的前程,转而研究哲学。

在这期间,他在图书馆读到了布伦塔诺的学生胡塞尔的《逻辑研究》。这让海德格尔一下子兴奋起来,虽然还是读不懂,但他完全被胡塞尔吸引了。1918年,从军队退役之后的海德格尔,来到弗莱堡大学,担任无俸讲师以及胡塞尔的助教。

起初,胡塞尔对海德格尔非常器重,认为海德格尔是最能理解自己思想的人。胡塞尔甚至说"现象学,就是海德格尔和我",海德格尔也深受胡塞尔现象学的影响。但随着他思考的深入,加之他对"存在"问题的持续研究,海德格尔逐渐形成自己的存在主义学说。

他接受了现象学的方法,并把传统哲学中讨论的"存在"还原为一种现象的存在,即显现意义上的存在,或者说还原到"存在者如何存在"的问题。因为现象学的思路就是解释"存在者如何存在"的过程、揭示"显现"本身的结构。

但海德格尔并不接受胡塞尔的先验还原思想,他排斥先验意识的理论。海德格尔认为,胡塞尔虽然还原到了先验意识和先验自我的层面,但对于先验意识、先验自我的意识,背后应该还有一个主体。也就是说,还原的过程仍然还是有主客认识论的残余留在其中。为了避免矛盾,海德格尔排斥先验意识理论,而后他将其与自己对"存在"问题的探索相结合,提出了新的"存在"的思想。

1926年,海德格尔隐居在一座山间木屋,开始整理《存在与时间》的稿件。1927年,《存在与时间》正式发表,海德格尔因此一举成名，成为哲学大师。

通达存在的道路

"存在"问题是海德格尔一生的哲学主题，他一直在寻找通向"存在"的道路。

在其前期作品《存在与时间》中，海德格尔通过追问特殊的存在者——"此在"的生存结构以把握"存在"。1930年以后，他的思想发生转向[①]。他开始讨论语言问题、诗和思、艺术作品、技术问题等，并开始反思现代性问题。

现代性问题，源于对"存在的遗忘"，源于技术统治给人类造成的"无家可归"的状态。通过探索，海德格尔想求得"存在"的

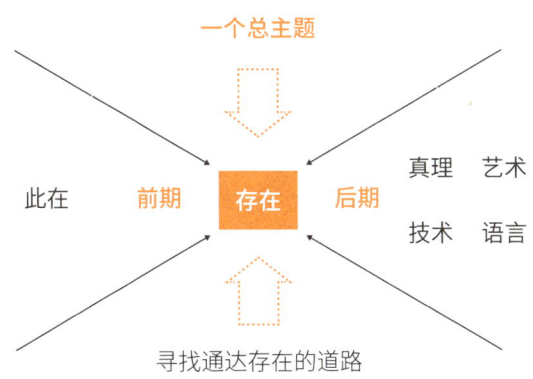

● ● **海德格尔哲学的总主题**

---

① 海德格尔追问"存在"这个大的方向没有改变，改变的只是追问的方式。

意义——将人纳入存在的真理。他认为，人要成为存在的看护者，而不是支配者。

海德格尔与纳粹

提到海德格尔，不得不说的就是他跟纳粹的关系。首先我们要强调一点，海德格尔的哲学绝不是纳粹哲学，他的哲学和纳粹思想根本不是一回事。这要结合当时的历史境遇和海德格尔对纳粹的态度来理解。

1933年1月，希特勒上台。同年4月，海德格尔被选为弗莱堡大学的校长，而后加入纳粹党。他之所以会卷入其中，是因为"他一直厌恶平民政治，憧憬优秀人物主政"[1]。加之当时德国的经济和政治出现危机，国家处于危难关头，海德格尔觉得只有纳粹可以拯救时局。一战后，批判现代性成为德国知识分子的普遍主张。在海德格尔看来，当时纳粹宣扬的东西恰好也与这些主张一致。他对纳粹主义抱有幻想，因此脑袋一热就卷入其中。

其实，海德格尔不是纯粹的纳粹主义者，他是为了实现自己的政治理想才卷入其中。但是，他错了。他被纳粹的表象迷惑了，他的错觉导致他犯下严重的错误。随着事态的不断发展，海德格尔逐渐认识到纳粹的本质，并对纳粹越来越失望。在付出沉重的代价后，海德格尔认清纳粹"非但没有反现代性，而且还是现代性的极端表

---

[1] 陈嘉映.海德格尔哲学概论［M］.北京：商务印书馆，2016：17.

现"。①1934 年，他辞去弗莱堡大学校长一职，而后不再关注政治。

可以说，海德格尔是一位典型的学者，同时也是一位现实政治的门外汉。

关于海德格尔的这段经历，我们了解即可。这里希望大家能以客观视角看待他的哲学思想，不要将其与纳粹思想混为一谈。

无论海德格尔曾犯下什么过错，都有一个不争的事实——他是 20 世纪最伟大的哲学家之一。

---

① 张汝伦.现代西方哲学十五讲［M］.北京：北京大学出版社，2004：283.

02
海德格尔：对存在的遗忘
——关于存在与存在者

海德格尔一生的哲学研究，都围绕一个总主题——探寻"存在"而展开。无论是其前期的《存在与时间》，还是其后期思想的转向，他对"存在"这个大主题的探讨始终未变。

可以说，"存在"问题也是贯穿整个西方传统形而上学的一条主线。海德格尔重提"存在"问题，也开启了一个新的视域，使得人们对以往的哲学史有了新的理解。

那么，"存在"到底是指什么？海德格尔为什么重提"存在"？他的理论切入点是什么？回答以上问题，我们需要了解海德格尔提出的关于"存在"和"存在者"的区分。

首先，海德格尔以批判传统形而上学为出发点。他认为传统形而上学史，特别是自柏拉图以来的哲学史，就是一部存在的遗忘史[1]。其次，该如何把握"存在"，这就涉及海德格尔运用到的现象学方法的问题。下面我们先从"存在的遗忘史"来理解"存在"和

---

[1] 哲学家将"存在者"当成"存在"研究，使得"存在"本身被渐渐遗忘。

"存在者"的差异。

存在的遗忘的时代

在海德格尔看来，自柏拉图以来的整个形而上学时代是一个"存在的遗忘的时代"。"遗忘"意味着记忆从有到无，我们这里不妨追溯一下哲学史，去看看"存在"是怎样从有到无以及"存在"是怎么被遗忘的。

在柏拉图以前的希腊时期，自然哲学家已经提出了"存在"的问题。可以想想，当哲学家将世界的本原归结为"水、火、气、无定、四根"的时候，是否就意味着将世界的本原归为了某种凝固化的物体？并不是的。"本原说"本身蕴含着"生成、显现"的意思——水的生成变化形成万物，火的两种状态（熄灭和燃烧）生成万物，"四根说"中的四种元素按照不同的比例组合生成万物。在海德格尔看来，古希腊哲学已经表达出"存在"的内涵。哲学家在探讨本原时，是从状态入手，从"生成、显现、结合"的意义来谈"存在"，而不是把"存在"僵化为某一凝固化了的、呈现于我们面前的某个东西来理解。

但从巴门尼德提出"存在论"后，特别是到了柏拉图时期，情况发生改变。哲学家对"存在"于"生成、显现"意义层面的探讨渐渐消失、隐而不见。哲学研究的思维方式也逐渐偏离，哲学家开始将"存在者"当成"存在"进行研究。

存在和存在者

"存在者"的落脚点是"者",这意味着它首先要有一个主体,可以是物质实体,也可以是精神实体。

在海德格尔看来,"存在"本身的含义是"存在者如何存在"的方式或"存在者如何显现自身"的过程,即"存在者如何存在着"。存在的过程带有"生成、显现"的意味。

比如,一束花是一个"存在者",而"开花的过程"——从花苞到花朵绽放的过程叫"存在",这个过程是向外"显现"的过程。

再比如"是什么"这句话,"存在"就是"是"这个词的含义,而"存在者"就是"是什么"中的"什么"。一个存在者要经历"是"的过程,才能有"是什么"的结果。

也就是说,"存在者"是凝固后显现出来的东西,是完成时。而"存在"是"存在者"如何存在、生成、显现的过程,是进行时。

再回到哲学史我们会发现,自柏拉图以来,哲学探讨的就是凝固化了的"存在者"。但是大家并没有察觉到这个问题,以为"存在者"就是"存在",进而也就忽略了"存在者"如何"存在"的过程。

像柏拉图的理念论,把握万事万物背后的理念型相后抽象出理念的实体。理念本身寓于千万事物中,现在要把理念独立、分离出来,使其成为单独的领域加以认识。于是,"存在"便成为一个可以被认识的对象。但实际上,"存在"是一个过程,是存在者的"显现"体现。"显现"本身如何被当成某种凝固化的东西加以研究、如何被当作一个客观的对象被把握呢?我们只能去领悟、去感受"显现"

的过程。

可以说，柏拉图的这种思维模式，开启了西方传统形而上学的征程。大家通过抽象思维把握"存在"，表面上都在追问"存在"，其实大家追问的是"存在者"的本质。近代哲学一直在讨论实体，笛卡尔的"心物二元论"认为心灵和肉体是两种彼此独立的实体，斯宾诺莎也讨论实体哲学。貌似大家都在追问"存在"，但其实是通过追问"存在者"的本质掩盖追问"存在"本身。也可以说，在西方传统哲学中，"存在者"遮蔽了"存在"，对"存在"的探讨一直晦暗不明。

自柏拉图以来的哲学史，就是一个"存在被遗忘"的历史。确切地说，是一个遗忘了"存在"和"存在者"差异的历史，是将"存在者"当作"存在"进行研究的历史。

怀特海说："2000年的西方哲学史，不过是柏拉图的注脚。"整个传统哲学都是以这样的模式展开，追求现象界以外的"本质"领域，并以此为哲学研究的最高目标。

以此为基础，海德格尔认为不能再继续含混"存在者"和"存在"，要对其进行明确区分，还原"存在"的本真。

"存在"和"存在者"相比，我们能看到的只有"存在者"。虽然"存在"隐而不见，但这并不代表"存在"就此消失。因此我们要把"存在"揭示出来，找到"存在"本身的意义，回到"存在"本身。这正是海德格尔的总出发点。

有根的本体论

在海德格尔看来,"存在"更具始源意义。传统哲学的本体论缺少根基,是一种无根的本体论。因此他重提"存在"问题,是要去好好探究"存在"本身的含义。由此,海德格尔开创的是有根的本体论,也叫基础本体论。

可以说,海德格尔重提"存在"问题,已蕴含现象学的方法,或者说正是现象学的观察角度让他走上了探寻"存在"之路[①]。那么,胡塞尔的现象学对海德格尔产生了怎样的影响?海德格尔对胡塞尔的现象学又进行了哪些超越,从而走出一条属于海德格尔自己的"存在"之路?

接下来,我们将从"如何把握存在"这个维度去探究海德格尔对现象学方法的继承和超越。

---

① 胡塞尔是海德格尔的老师,海德格尔从胡塞尔的现象学中得到启发,重提"存在"问题。

03 海德格尔：对现象学方法的继承和超越

胡塞尔现象学的总口号是"回到事情本身"，即悬搁"自然的认识态度"，扫除眼前的障碍，回到最初主客体交融的境域，回到纯粹的现象本身[①]。现象学要去揭示的是直观现象如何显现，显现的过程是什么等问题。说到底，现象学不是去研究具体对象"是什么"，而是去研究对象如何"显现"自身，即揭示其显现自身的结构问题。

对现象学的继承

海德格尔从中受到启发：现象学的方法岂不也可以用于解释"存在"和"存在者"的问题？现象学还原，即回到主客体交融的原始境域（现象和本质融为一体的纯粹现象），岂不也可用于解释"存在"和"存在者"的关系？

"存在者"其实是一个后来的概念。在认识的最开始阶段，"存

---

① 纯粹现象既包含了呈现出来的现象本身，同时也包含现象如何显现的过程。

在"和"存在者"本身是融为一体的。"存在者"呈现出来的现象，本身包含了自身"如何显现"的过程。只不过后来在主客二元分析模式下，从表象入手去探寻本质，忽略了表象本身如何"显现"的过程。因此，我们看到的永远都是呈现出来的"存在者"，其如何"显现"的过程就隐退不见了。

这时，海德格尔重提"存在"问题。他认为被遗忘的"存在"才是哲学本应去探究的，传统形而上学的思维方式把"存在"问题遮蔽了，走了一条错误的道路，并导致传统哲学出现危机。

可以说，胡塞尔的现象学思想对海德格尔哲学思想的发展起到了至关重要的作用。

对现象学的超越

但，海德格尔并没有全盘接受胡塞尔的思想，他仅仅继承了现象学的方法，即一种思考的角度。他没有接受胡塞尔的"先验意识"理论，也不同意胡塞尔提出的"先验自我"。

虽然胡塞尔还原到最后通达"先验自我"的层面，但海德格尔认为这还不够彻底，这种还原还是带有某种传统形而上学主客认识论的残余。虽然"先验意识"和"先验自我"是自明的，但这两者的理论还是关于先验意识和先验自我的意识，这背后其实还是承认了主体的存在。"自我"总是相对于外部世界而言的，承认了"自我"其实也就承认了外部世界。

在海德格尔看来，还原到"意识"还不够，还要还原到"意识"

的"存在",即还原到——意识本身是如何显现出来的层面。不能将"意识"和它自己的"存在"割裂开来。

可见,海德格尔虽然受到现象学方法的启发,但他也不完全认同胡塞尔的观点,他对现象学的方法进行了超越,提出了自己的"存在论"思想。

海德格尔认为,"回到事情本身"中的"事情本身"并不属于先验世界,它应该是一个具有时间性和历史性特征的存在的过程。所以,在超越主客二元对立模式方面,海德格尔的理论显得更为彻底。

可以说,海德格尔追问"存在"问题的前提,也是我们理解其哲学思想的一个总入口。

前面也说到,既然"存在者"和"存在"本是融为一体的,那么对"存在"的把握,一定要通过对"存在者"的把握来实现。不能越过"存在者"直接把握"存在"。比如"是什么",你不能凭空把握"是"的过程,你一定要通过"是什么"中的"什么"去把握它是如何"是"的。

要探究"存在",就需要找到"存在者"。可是,大千世界有这么多的"存在者"——花草树木,山川河流,火车、飞机,房屋,桌椅,乃至人本身……该选择哪个"存在者"作为切入对象呢?

04
海德格尔：
面向未来的"此在"

海德格尔认为，探寻"存在"的出发点不能是任意的存在者，它必须是这样的存在者：它的存在是其他存在者存在的基础，它必须能够提出和追问存在的问题，它自身可以发展和自身的某种关系，这个存在者对自己的存在有所作为。

花草树木是存在者，但它们不能追问自己的"存在"，它们自身和自身的"存在"不能发展出什么关系，它们更不能对自己的"存在"有所作为。飞机和火车、楼房和桌椅等都是同理。

但有一个存在者——"人"就非常特殊。人是被"存在"规定着的存在者，同时人也可以提出"存在"问题，追问"存在"问题。人可以对自己的"存在"有所作为，且因为人的存在而使"存在的意义"得以显现。这些都是其他存在者做不到的。

于是海德格尔认为，可以从"人"这个存在者切入，通过研究人的存在问题来把握"存在"。但他并没有用"人"这个词，而是称"人"这个特殊的存在者为"此在"（Dasein）。

接下来我们将从两个维度来理解"此在"：一是为什么用"此在"

指称人；二是"此在"相较于其他存在者的优先地位。

此在与人

既然"此在"和"人"指的是同一对象，那么直接用"人"来说就好了，为什么还要创造一个新词——"此在"呢？

我们对"人"的理解，主要是从人类学、生理学和心理学等层面进行的，也是从"人是什么"的角度去分析的，其中所表达出的"人"是"现成的人"。

但海德格尔是从存在论的层面提出的"此在"，是从"人怎样存在"的角度进行分析的。"此在"强调"人"是作为存在论意义（人的特殊的存在方式规定着人自身）上的存在者，而非"现成的人"（人类学、生理学意义上的存在者）。

那么，为什么探究"此在"（人）就可以追问到"存在"呢？"此在"（人）相较于其他存在者的优先性是什么？

此在的优先性

第一，在存在状态上，"此在"不是摆在那里现成的存在者，而是始终面对未来、筹划自身的开放的存在者。"此在"一直处于"去存在"之中。

我们知道，其他任何存在者都是已呈现出来的现成的存在者，比如花草树木、房屋、电灯、桌椅等都是凝固化了的东西。虽然这些存在者也因"存在"①而存在，但这些存在者总是以一种现成的状态存在着，如此一来，"存在"本身就隐而不见了。花草树木这些存在物也不可能追问自身的"存在"。

但人不同。人并不是一个现成的、固化的、摆在那里一成不变的东西。人自一开始就"被抛入"大千世界，就已经与世界融为一体，人投身于世界中，就要面对世界的无限可能，因此人也总是处于不断筹划的状态中。而人的本质恰恰体现在"自我筹划"的状态中。也就是说，人的本质是没有定性的，人的本质恰恰就是"人的可能性"的体现。

人出生后，没有设定好人生轨迹，也没有按照某个模式去成为一个怎么样的人。人始终处于"未定型"的状态——面对未来的各种可能去筹划自身，去"计划自己将成为一个怎样的人"，即人始终处在一个"去存在"的过程，处在一个"塑造自己"的过程中。

正因如此，你没办法对"人是什么"进行描述，因为这个问题是无法穷尽的，人不是一个可以被描述的现成之物。人一直处在面向各种未知的可能性之中，你没有办法穷尽所有的可能性。

在不同的人生阶段，每个人都有内心的原始渴望。人，总想努力打破一成不变的生活，总想改变，总想做一回真正的自己，总想对这个世界做出不同的尝试。这才是"人的本质"所在，是人的"存在"的显现。人一直处在"去存在"之中，处在"筹划自身成为一个怎样的人"的过程中，因此每个人呈现出来的都是不同的人生。世界上有多少个人就会有多少条人生之路，更不会有两个完全一样的人。

---

① 可理解为"自身的显现"。

这就是"此在"和其他存在物的不同，也是"此在"更优越的地方：人不是一个现成之物，人有着始终面对未来的可能性，人是可以筹划自身的开放的存在者。①

第二，"此在"可以对自己的"存在"有所领会，并对其有所作为。

只有人，可以去追问自身的"存在"，能够领会到自身的"存在"，并对自己的"存在"做出决断。

我们要成为怎样的人，和什么人结婚，选择一份怎样的工作……决定权不在外界，在于人自身。因为，人处在一种"可能性"敞开的境域里，人是自由的，可以选择自己的存在方式。我们是选择做一个正直的人还是做一个恶人，是选择喜悦还是悲伤，所有决定权都在人自己手中。

那么，选择这个行动本身就已经蕴含人对"存在"的领会。人被抛于世，总是处在选择之中，正因为人自身的选择和采取的行动，才使得"存在"本身得以显现。换句话说，正因为"此在"对"存在"的领会——人领会到自身存在，领会到其他存在者存在，所以人的行动已经包含了"存在"本身的含义，或者说，人的行动本身就是自身"存在"的一种显现。如此一来，人和自身的存在就发展为某种关系，人是在对"存在"的领会中存在着的存在者。

而其他存在者，如花草树木可以追问自身的"存在"吗？不能的。它们能对自身的"存在"有所领悟吗？不能的。其他存在者的"存在"只有通过"人"这个"此在"才显示自身。所以，追问"存在"就要先研究"此在"以及此在的"存在"等问题。

---

① 其他的存在者仅仅是现成之物，无法筹划自己的未来。

05
海德格尔：
在世——在世界之中存在

在海德格尔看来，"此在"的原始基本存在结构是"在世界之中存在"（in-der-welt-sein），简称"在世"。

此在的在世

此在的本质是"去存在"——不断筹划自身、面向未来，这个过程也正是此在"生存"状态的体现。人要活下去，就要采取延续生命的手段——通过吃、喝、拉、撒、睡等方式，满足七情六欲得以生存，因此人必然要和周遭的一切发生关联。那么，人和周遭一切发生勾连的境域是什么？答案是世界。

人的生存，是寓于世界之中的生存。人不可能逃出世界以外去生存，世界是最为原始的境域。因此，海德格尔认为"此在"的原始基本存在结构就是"在世界之中存在"，简称"在世"。人总是生活在世界之中，并对这个世界有所领会。

在世界之中存在

人在这个世界上,不是孤零零的存在者。人要生存,就已经寓于世界之中,而且人也只能在世界之中存在。人,始终是在世界之中存在的人。

人要不断筹划自身、面向未来,人要做出各种选择,人要对自己的存在有所为、有所不为,当然其前提是要先存在于世界之中。所以,此在的存在,总是"在世界之中存在"[①]。

但这并不是说,要把人看作现成之物并放入世界这个巨大的容器里。海德格尔的意思是,世界和人自一开始就是融为一体的。"人在世界中存在"意味着人和世界的不可分割性,两者不分前后顺序同时出现。这不正是运用现象学方法的体现吗?主体和客体最开始浑然一体地交融在一起,后来因为人采取了主客二元的认识方式,导致世界成为人这个主体的客观认识对象,因而人要去把握和认识它。

在现象学方法的影响下,海德格尔超越主客二元对立的认识模式,回到原始的境域里,探寻"此在"的存在结构。"此在"在那个原始的境域里存在,它敞开自身、显现自身,同时呈现出来的世界也因"此在"的展开而显现。

这时我们隐约发现,海德格尔所说的"世界"跟我们常识或者传统哲学理解的世界的含义是不同的。

---

① [德]海德格尔.存在与时间[M].陈嘉映,王庆杰,译.北京:三联书店,2014:62.

世界

常识中,我们认为"世界"就是周遭一切客观事物的总和。但海德格尔理解的"世界"不是这个意义上的,他是从"此在"的构成因素上来理解"世界"。因为"此在"起初是和周遭一切浑然一体的,因此"此在"的生存,必然与周遭的一切发生勾连,即"此在"与其他存在物、其他"此在"发生勾连。正是这种勾连,才使得"此在"得以生存,才使得"此在"得以"存在"。也因此,所有的勾连汇聚在一起,成为一张网,这张网就是"世界"本身。换句话说,"世界"这张网是"此在"在构成自我的过程中显现出来的意义之网,"世界"其实是"此在"意义上的世界。没有"此在"与周遭的勾连,这张网也就不存在了,所谓的"世界"也不存在了。

要理解海德格尔关于"世界"的内涵,一定要运用现象学的方法,回到那个主体与客体交融在一起的原始境域。人自一开始就和周遭的一切浑然一体,人的生存必然会和周围的物、周围的其他人发生勾连。这种勾连的过程,也正是人自身得以展开、显现的过程,而这个"显现"又是对世界本身的领悟和揭示。

人是在世界中存在的人,世界是人的世界。

唯有"此在"可以对自身的存在有所领悟,并揭示自身的存在。其他存在物也有存在,但其他存在物并不能自我察觉和自我揭示。其他存在物的存在一定是被人(此在)领悟后揭示出来的。拿桌子这个存在物来说,桌子之所以被称为桌子而不是椅子,就在于桌子被人使用(被用来吃饭或者办公),只有人(此在)在使用桌子时,桌子的"存在"才得以展开。

以此类推，世界上的一切存在物，都与"此在"有着某种关联，都围绕"此在"展开自身的存在。比如楼房，一定是被人住着才有意义；火车、飞机，也是因其运输工具的属性才有意义；还有就是"环保"的理念，为什么要提出保护环境呢？那是因为环境恶化给人类造成的危害会更大，所以要保护环境。

我们会发现，"世界"是"此在"意义上的世界，是"此在"在"去存在"过程中呈现出来的世界。因为只有"此在"可以对自身的存在和其他存在者的存在有所领悟，并将其揭示出来。"世界"是"此在"和周遭勾连后，呈现出来的关系总和，其中又蕴含"此在"赋予的意义。

"在世"揭示的是"此在"的基本存在结构，人在这种存在结构中，总是会对自己的生存活动有所领悟。

那么，"此在"又是怎么去描述这种领悟和体验呢？

06
海德格尔：
牵挂、牵念和牵心

海德格尔将"此在"生存的体验称为"烦"（Sorge）。当然，这里的"烦"不是中文里带有褒贬意义的"烦"，而仅仅是对人存在状态的一种描述。这个词是从德语翻译过来的，有很多不同的翻译版本，也有将其翻译为"操心"或"牵挂"的。此在与他物打交道叫"烦心"（Bersonge）或者叫"操劳""牵念"；此在与其他此在打交道叫"麻烦"（Fürsorge）或者"操持"和"牵心"。

　　Sorge：烦、操心、牵挂
　　Bersorge：烦心、操劳、牵念
　　Fürsorge：麻烦、操持、牵心

这三组翻译放在一起，我认为这三个词翻译为"牵挂""牵念"和"牵心"最为传神，也是我个人比较倾心的。接下来我们将按照"牵挂、牵念和牵心"的翻译来进行介绍。

牵挂

牵挂，是"此在"（人）在世界之中存在的状态。"此在"混迹于世界之中，必定要与世界发生牵连，在情绪层面表现出对这个世界的"牵挂"。

人是作为面向未来的存在者，而未来又充满各种不确定性，也正因此未来才让人有所期待、有所憧憬。人总是关切、操心、顾虑什么，也总处在一种淡淡的忧虑之中。如果一切尘埃落定，人就不会有所"牵挂"了。

为什么说"牵挂"这个词最为传神，因为这里面含有一种独特的韵味，在中国古典文化中已有体现：

"慈母手中线，游子身上衣。"这是母亲对远行游子的牵挂。

"但愿人长久，千里共婵娟。"这是词人对远方亲友的思念。

"衣带渐宽终不悔，为伊消得人憔悴。"这是对爱情的执着。

"生年不满百，常怀千岁忧。"这是对人生的无限忧虑。

这些典故都表达出了人对世界的牵挂、人与人之间的爱和思念、人对自身处境的忧虑等情绪体验。

在日常生活中，为什么有些人做出一个决定但却迟迟不行动？因为他们心中总有一些放不下的事情，他们总会被一些因素束缚。①

如果再往下细分，人立于世无非跟两样东西有所牵连——物

---

① 这里要注意，"牵挂"并不是人刻意为之，而是此在"存在"的一种自然的显现。海德格尔的目标并不是纯粹去讲人生哲学，他还是要去揭示"存在"，只不过"存在"在人的这个境遇中得以显现，所以就来研究人的存在问题。

和人。此在和其他存在物打交道的状态,叫"牵念"("烦心""操劳");此在和其他此在(其他人)打交道的状态,叫"牵心"("麻烦""操持")。

牵念和牵心

牵念:从"上手之物"到"现成之物"

在海德格尔看来,其他存在物都是"此在"的"器具"。自一开始"器具"和"此在"便浑然一体,"器具"对"此在"来说就是"上手之物"。

"上手之物",通俗理解就是在手边的、可随时拿起来用的东西。比如你想从果树上摘水果,但是这棵果树太高,你够不着。这时你看到旁边有一根竿子就随手拿起来,用竿子够水果。那么,这根竿子就是"上手之物",你自然而然地拿起手边的工具去使用,整个行动的过程是得心应手的。因为你与这根竿子处在密切的关联之中,你们是一种浑然一体的状态。在摘水果的过程中,你不会把焦点放在"这根棍子如何",你的焦点始终放在"如何摘水果"上面。

但海德格尔也指出,这个物体(竿子这种器具)的"存在",正是通过人(此在)在使用的过程中得以显现。如果没有了人(此在)使用这个器具,器具本身的"存在"也不会被揭示出来。

但是,在此在和其他存在物打交道的过程中,"上手之物"逐渐变为了"现成之物",这该怎么理解呢?

再回到前面摘水果的例子。假设果树上低层的果子都被摘完,我们要摘高层的果子，当手上的这根竿子够不着时，该怎么办呢？这时，你思考的焦点是不是就要放在这根竿子上了？你想办法把这根竿子加长，于是又找来一根竿子，用绳子将它们捆绑起来，制作出了一根加长版的竿子再去摘果子。

那么，之前的"竿子"（"上手之物"）此时就变为一个可以被思考的对象，变为了一个摆在那里，可以被你思考、琢磨、认识的"现成之物"了。一旦有了这样的转变，人的理性认识的过程就此开启。以此类推，世间万物与人的关系不正是如此吗？存在物从"上手之物"到"现成之物"的转变，也是人从行动到认识的过程。

讲到这里，我们也可以结合现象学方法来理解。自一开始，人跟万物是交融在一起的，后来因为主客的思维模式，导致其他存在物成为摆在那里可以被认识的对象。主客分离，或者说世界变为一个可认识的对象，是后来才发生的事情。而传统哲学自一开始就自觉跳过人物合一的境域，直接站在主客对立的境域中，去探究客体对象的本质问题。

因此，"上手之物"可以看作现象学还原之后回到的那个最初状态里的存在物，而"现成之物"就是人采取主客思维模式后的产物。

以上我们说到的是人和其他存在物打交道的状态——"牵念"，这个过程是存在物从"上手之物"变为"现成之物"的过程，存在物的"存在"正是通过人对物的使用而被揭示出来的。

牵心：此在和其他此在的"共在"

那么，此在和其他此在打交道时是什么状态？其他此在既不是"上手之物"，也不是"现成之物"。此在和其他此在始终是共同存在的,处于"共在"的状态,即"牵心"。

人不可能孤立地存在于世,人一定会和其他人交往。人自出生起,要跟父母交往;长大上学后和同学、老师交往;工作后和同事交往,结婚生子后和自己的伴侣、孩子交往。因此,人的内心总能感受到一种和他人的牵连之感,这就是"牵心"的状态。

你也许会说:"不,我是一个孤独的人,我并不总沉浸在和他人交往的状态里。"但要知道,"孤独"本身也是和其他此在(人)"共在"下的"孤独",因为其他此在(人)的"不在场",所以你才感受到了孤独。假如这个世界上没有其他此在(人),只有你一个人,你或许体会不到孤独感。

如此我们便明白了此在的存在状态——"牵挂"("烦""操心"),并对其细分出两个方面:此在和其他存在物打交道叫"牵念"("烦心""操劳"),此在和其他此在打交道叫"牵心"("麻烦""操持")。

那么人总是要和其他人交往,该如何处理个人和他人以及集体的关系呢?既然此在的本质是"去存在",那么就意味着此在可以进行选择。在大众生活中,人们是选择特立独行地实现自我,还是选择以大众的方式生存、沉沦、迷失呢?

07 海德格尔：沉沦

海德格尔提出此在的"在世"具有两种可能的状态：本真状态和非本真状态。

此在，可以选择成为自己，以本真的状态存在；也可以选择失去自己，以非本真的状态存在。

本真状态：筹划自身面向未来

本真状态，就是指此在本来的"去存在"的状态——面向未来时不断筹划自身，超越自身。在这种状态下，人的生存立足于自身，不受外界的干扰。人的行动是出于自己的意愿，人的选择也是出于自身想法使然。

当人从"去存在"的角度看待自己、定位自己，而不是把自己当成一个现成的存在物时，人就处在本真状态。用我们日常语言来说就是，人处在"活出自己"的状态里。

非本真状态：丧失自身走向众人

非本真状态，就是此在丧失自己的状态。人丧失了"去存在"的本质，丧失了"筹划自身面向未来"的冲动，人不再把自己当作一个"去存在"意义上的在者，而是把自己视为与外物一样的存在者，把自己定位为一个凝固化的现成的存在者，因此人也丧失了自身的各种可能性。

就比如说，人会给自己贴上标签去生存，并将这标签当作定义自己的符号。见到陌生人，人们会怎样做自我介绍呢？人们可能会说"我是某某公司的销售员""我是一名老师""我是司机""我是医生"等，这些职业符号其实就是一个个凝固化了的标签，人们通过这种凝固化的存在方式定义自身。

这就是非本真的状态，人们总是想着自己是一个什么样的人，或者要成为一个什么样的人。人的焦点总是放在"什么样"上面，把自己看成是一个现成的存在者，而非一个时刻流动着的、具有筹划自身能力的在者。在这种状态下，此在的本真存在被遮蔽起来。此在不再立足于自身存在，而是以一种"众人"（也译"常人"）的身份存在于世。

在日常生活中，人消融于"众人"之中，消融在大众化的生存活动中。人的行动和选择都会受到"众人"的影响，人因此丧失掉自己的个性，人们趋向用所有人都接受的方式去生存，之后变得人云亦云。

海德格尔在《存在与时间》里有一段话，说得非常精彩：

常人展开了他的真正独裁。常人怎样享乐,我们就怎样享乐;常人对文学艺术怎样阅读怎样判断,我们就怎样阅读怎样判断;竟至常人怎样从"大众"抽身,我们也就怎样抽身;常人对什么东西愤怒,我们就对什么东西愤怒。这个常人不是任何确定的人,一切人——却不是作为总和——倒都是这个常人。就是这个常人指定着日常生活的存在方式。①

在日常生活中,有一个所谓的"众人"("常人")在指引人们如何生活。有时候人不用自己做选择,会有一个"众人"来"帮"(影响)自己选择。人总是会受到束缚,没有办法完完全全做自己。

这个"众人"就是大家、公众和集体。我们想想看,从小到大我们是不是都一直受到集体的影响?我们总是按照某种集体的标准要求自己,自己也总是不自觉地走向集体,向集体看齐。小时候,要融入班集体;长大后,要讲究团队合作;处在社会中,也总是会按照社会大众的标准来要求自身。

可以说,人们日常生活的方方面面,总是有一个所谓的"大众"在左右自己做决定。正因此,此在走向了"大众",被"众人"的意见左右从而变得平庸,没有了个性。

这就是此在的非本真状态,即此在以"常人"或"大众"的身份逃避自身本真的存在状态。②

此在走向大众,迷失于大众,海德格尔又将这种状态称为此在

---

① 常人和众人表达的是同一个意思。
② 这里要强调,海德格尔从存在论的角度(而非道德角度)揭示"此在"的两种状态。

的"沉沦"。

沉沦：闲言、好奇和两可

所谓"沉沦"，并不是指从某一个高的地方跌落下来，而是指"此在从它本身跌入它自身"。因为此在的本真状态是"去存在"，当此在不再以"去存在"的方式看待自己，而是选择"走向大众"，以一个"存在者"的方式生存时，这就陷入"沉沦"之境了。

海德格尔分析了日常生活中"沉沦"的三种表现形式：闲言、好奇和两可。

闲言

闲言，就是人在闲谈中说的话，这一点是从"说"的角度来谈的。人们总是喜欢聚在一起，漫无边际地聊天，你一句我一句地闲聊，东扯扯、西扯扯，别人怎么说，我也怎么说。

如此一来，人说出来的都是一些闲言碎语。人们从闲言中领会到的东西离言谈本身要显现的"存在"越来越远。人一旦陷入闲谈状态，便也陷入了"沉沦"之境。

好奇

好奇，通俗理解就是去看看有什么新鲜、好玩的东西，这是从"看"的角度来说的。要注意，这里的"好奇"同"惊奇"不是一回事，哲学上说"哲学始于惊奇"，此"惊奇"蕴含着一种探究的意味。但"好

奇"不同,不是深究真相,而是一种流于表面的"看",是为了"看"而已。海德格尔说:

> 好奇也不寻求闲暇以便有所逗留考察,而是通过不断翻新的东西、通过照面者的变异寻求着不安和激动。①

好奇意味着一种从这一新奇跳到另一新奇,浮于表面凑热闹的状态。哪里有热闹就往哪里凑。大街上,看到有人吵架赶紧上前围观;看到车祸,又上前围观。同时,好奇还有一点八卦的意味,人们总是想去打听别人的八卦,然后从中获得一种满足。

这就是沉沦的第二个表现——好奇。

两可

我们通常会说到"模棱两可"。"两可"意味着这样可以、那样也可以。人在大众之中处于"似是而非"的状态,并且总是"似是而非",人的状态就是一种什么都可以的状态。

因为前面已经说到了闲谈和好奇。在说的状态下,说什么都可以,穷尽所有可能性;而好奇也是一样,觉得这个热闹,也觉得那个热闹,不断追逐新奇的事物。闲谈和好奇的共同关系构成了两可。在说的层面,说什么都可以,什么都可以说。在看的层面,什么都要看,看什么都行。在这种两可的状态里,人陷入"沉沦"之境。

---

① [德]海德格尔.存在与时间[M].陈嘉映,王庆杰,译.北京:三联书店,2014:200.

08 海德格尔：不能承受的生存重负

既然此在有"本真"和"非本真"两种存在状态，那么，在最开始时，"此在"是以哪种方式存在于世呢？

海德格尔认为，"此在"自始就以"非本真的状态"，即"沉沦"状态存在于世。

日常生活中，人要生存，就要吃、喝、拉、撒、睡，就要与周遭的一切有所牵连，就要努力融入社会，并混迹于大众之中，朝一个"常人"看齐，和"大家"打成一片。这正是"非本真"状态的体现。①

但这里有一个疑问，既然"此在"的本质是"去存在"②，那为什么一开始"此在"就选择了以"非本真的状态"生存于世，选择了一条和其他存在者一样的存在之路③呢？

---

① "此在"在日常生活里就是这样的状态，这才是"此在"的常态。
② "去存在"意味着筹划自身进行自我选择，选择以"去存在"的方式显现自身，也可以选择不以"去存在"的方式显现自身，即选择"走向大众"，将自己看成是一个凝固化的和其他存在物一样的存在者。
③ 从自身跌入自身，沉沦于世，人云亦云地过活。

"去存在"意味着责任的担当

试想一下,当一个人要筹划自身、为自己做选择和决断时,这意味着什么?意味着责任的担当,意味着要承受压力和痛苦。当一个人把自己的人生交给自己掌控时,意味着自己要承担自己所作所为的一切后果。

人生苦短,谁愿意整日背负沉重的负担前行呢?谁愿意整日愁眉苦脸陷入痛苦之中呢?人的天性是趋乐避苦,人们当然更愿意选择轻松愉悦的生活,更愿意沉浸在幸福之中。

沉沦之境的诱惑

而"沉沦之境"恰恰给人一种安定之感。因为你走向了"大众",成了"众人"中的一员,和"大家"打成一片。当你面临抉择时,"众人"挺身而出,帮你做出决定;当你有沉重的负担和苦楚时,"众人"挺身而出,帮你承担起生命的重负;当你不知所措,不想承担责任,不想背负风险时,你的目光会投向"众人":别人怎么选择,我也怎么选择,至少这样不会出错。于是,你感到了一种轻松和自在,获得了一种如家庭般的温暖感觉。

久而久之,你被"众人"影响,成为"众人"的一员,你老老实实、本本分分地按照"众人"规定的秩序生存。

"沉沦"之境对人具有一种天然的诱惑力,因为"沉沦"可以给人带来安定之感，而这充满诱惑力的安定之感，又加深了"沉沦"。人卸下生命中不能承受的重负，逃避了因为承担责任而带来的痛苦。人在"沉沦"中变得轻松自在，仿佛这个世界，一切都是最好的安排。也因此，人越来越远离自己，越来越远离那个有着"自我筹划"冲动的本真状态。

我们都知道，家是心灵的避风港。在家中，有家人的陪伴和关爱，你是安全的，不会受到伤害。当你遇到困难时，也会有家人跟你一起承担。"此在"陷入"沉沦"之境，就如回到家中一样。而世界就是一个大家庭，大家共同生活在一起，一起欢笑，一起悲伤，彼此给予慰藉和温情。在这种环境下，人丧失了改变的勇气，沉浸在世界大家庭的温暖里，沉浸在"众人"的无形的统治中。每个人都成了"众人"，每个人也都被"众人"吞没。

这就是为什么自一开始"此在"就以"非本真状态"（"沉沦"状态）生存于世，为什么"沉沦"才是"此在"之常态的原因所在。说白了，因为这样做，"此在"可以逃避因自身筹划和选择带来的责任和负担，"此在"可以轻松地生存于世。

可以说，海德格尔的揭示是非常深刻的。尤其对现代人来说，有"一语惊醒梦中人"之感，值得深思。①

---

① 当然，海德格尔不是以讲人生哲学为目的，对"此在"的分析必然会指向对人的生存和生活层面的关照。理解海德格尔哲学一定不要忘记他的总思路，他的目的是追问"存在"，而分析"此在"的本真与非本真以及沉沦问题，都是他通达"存在"的途径。通过揭示"此在"的存在，来揭示"存在"最一般的特点。

"存在被遗忘"的根源

那么,通过对"此在"之"沉沦"状态的分析,我们其实就找到了为什么传统哲学将"存在"遗忘,将"存在者"当成"存在"的根源所在。

因为"此在"自始就以"非本真状态"即"沉沦"状态存在,自始就选择了以"现成之物"的方式显现自身。那么,在传统西方哲学史上,大家探讨的必然是现成的存在者。因为"存在"自一开始就处于"隐退"状态,大家"看"到的永远是世界呈现出来的凝固化的状态。山川河流、桌椅板凳、楼房电灯乃至人自身,都是以符号化的方式呈现自己。而"如何呈现与显现的过程",又不能以一种凝固化的方式来展现,因为"显现"本身是流动的状态,好似此在"筹划自身"的那股冲动。

海德格尔通过对"此在"之"沉沦"的分析,找到了"两千多年来西方哲学史是一部存在的遗忘的历史"的原因:"此在"自一开始就以"非本真状态"呈现,"存在"自一开始就被遮蔽起来。

但这里要注意,"存在"被遮蔽,不代表"存在"本身不存在,不代表我们不能去探寻"存在"。所以,海德格尔要做的就是去追问"存在",揭示"存在",为"存在"去蔽,这也是他前期哲学的思路。

既然"此在"自一开始就"沉沦"于世,是不是就意味着"此在"会永远沉浸在"众人"状态中呢?不是的。我们始终不要忘记,"此在"的本真特性是"去存在"。"此在"本来就是一个"筹划自身、谋划未来"的在者,他可以对自己的存在进行领会,也可以领会自己"非本真的状态",更可以对自己的"存在"有所作为。这就意味着"此在"可以从"沉沦"状态中解放出来,以一种"本真状态"面对残酷的世界。

花草树木不能自我觉醒,但人可以自我觉醒。因为人有着自由选择的能力,人可以对自己的行为做出改变。但这个改变,需要一个境域把人从"沉沦"中带回"本真的状态"。人只有在这个境域里才可以被唤醒。

那么,这个境域是什么呢?在这个境域里,人该有着怎样的情绪状态,才能使自己醒悟呢?

这就是人的——"畏"。

当人处于一种"畏"的情绪里,人就从"非本真状态"里抽身,从温暖的家中离开。"此在"便以"筹划自身"的状态来到陌生的世界,走上了一条充满危险也充满惊喜的人生之路。未来各种可能之门就此打开,多彩的人生正式开启!

09 海德格尔：畏与死亡

什么是畏？

首先要明确，"畏"是对人的感受性的一种描述，是一种情绪的体现，这种情绪是人先天固有的。

畏与怕

"畏"是一种由心底产生的害怕的感觉，但又跟"怕"不同。说到"怕"，总是有怕的对象，比如你害怕考试、害怕失恋、害怕死亡……总是有一个外界的东西对你产生威胁，让你感到害怕。而且你可以找到一个解决办法，去对付这个害怕之物。

但"畏"不同，"畏"意味着你不知道怕的是什么，有一种莫名其妙的畏惧之感，有一种不可名状的、无形的东西威胁着你，使你感到一种不安和恐慌，而你又说不清、道不明这个东西到底是什么。

在生活中，大家或多或少都体验过"畏"。比如，有时候你会感到心里突然空荡荡的，会有一种莫名的"空虚"感。你进入一种"虚无"的境域，面对浩瀚的宇宙星空，你可能会感到自己的渺小和无助，面对充满未知的大千世界，处处都是诱惑，但又处处暗藏危险。正是这些让你感受到了一种莫名的畏惧，你也说不清自己到底在怕什么，但总是有一种莫名的怕。

这时，"畏"向你袭来。

所以人总是想办法填补自己，去做一些事情，哪怕有些事情看似没有意义，但就是为了在消磨时光中逃避"畏"。

那，这不正是"此在"陷入沉沦的过程吗？"此在"逃避自己本真的状态，逃到一种麻木的、沉沦的日常生活中，"此在"走向了"大众"。所以，"畏"可以看作沉沦的根源所在。

但海德格尔又认为，恰恰是"畏"，又把"此在"逼回到本真的自己。

当"畏"袭来，你陷入虚无的状态。此时，你被迫重新思考自己的处境。周围空无一人，无依无靠，你要独自面对前方的路。你开始躁动不安，心跳加速。你的前方是一个未知的世界，无论你想不想，无论你愿不愿意，无论你有没有勇气，哪怕前方是危险的沼泽或刀山火海，你都必须独自面对、独自前行。当你被逼到这个处境里，你只能上路。于是，你不再将自己看成是一个和其他存在物一样的存在者，你开始面对本真的自己，把自己看成一个可以"自我筹划，自我决断"，可以独自"面向未来"的存在者。

这个感觉如同你从温暖的家中离开，独自去闯荡未知的世界。你内在的那股"去存在"的冲动就此被激活。当你开始独自面对风雨、承担责任，你开始成为一个具有可塑性的人，你开始活出真正的自己。

正是"畏"的体验，让你从"沉沦"中醒来，让你有了"离家出走"的果敢。没有父母的庇护，你处于"不在家"的状态里，正是这种"无家可归"逼迫你去面对陌生的、新鲜的和刺激的环境，你被逼回到了自己的"本真状态"里。于是你开始审视当下的生活，从而做出改变。

人，只有经历过"畏"的时刻，只有经历过"虚无"的瞬间，才会对当下的生活有所领悟，本真的生存才成为可能。

可是，人们为什么会有这种"畏"的情绪呢？也就是说，为什么人不能一直处于欢乐而充实的状态里呢？

这就涉及一个终极话题——死亡。

死是此在的最本己的可能性

人不可能长生不老，"死亡"是任何人都逃避不了的一个终极结果，死神总是在不远处向你隐隐招手。"此在"之所"畏"，就是对死亡之畏惧。"死亡"让人产生一种极端的畏，只有对这种极端的情绪有所体验，对死亡有本真的领会，"此在"才可从"非本真状态"回到"本真状态"，人才可以彻底从沉沦状态解放出来，立足于自身而存在于世。

此时，我们就进入了海德格尔的死亡哲学。

"死亡"是什么？对我们常人来说，生命的终结意味着死亡。

我们大多是从医学、生理学或者心理学意义上理解死亡、领会死亡。

但，海德格尔所谓的"死亡"不是这样的。海德格尔不是去探讨什么样的生理状况是死亡，而是从生存论意义，从分析死对领会生的意义层面进行的探讨。

海德格尔说：

> 死作为此在的终结乃是此在最本己的、无所关联的、确知的、而作为其本身则不确定的、又不可逾越的可能性。①

也就是说，"死亡"是一种可能性——是尚未到来，也不知道什么时候会到来，但总是会到来的一种可能性。因为"死亡"本身就是"此在"在世的一部分，只不过死亡是最后一个环节。有了这个环节，"此在"的在世才是完整的。

人生存于世，本就是一个面向死亡的过程。但问题是，人要怎样面对死亡，怎样领会死亡呢？死亡对人的"生存"有什么意义呢？

海德格尔提出："先行到死中去"，"向死而在"。

向死而在

面对着只属于自己尚未到来的死亡时刻，人要时刻保持警醒，要先去尝试领会"死亡"——把自身投入"死"的境界里，去体会"不确定的可能性"，从而生发对"生存"的全新感悟。于是，人逐渐

---

① ［德］海德格尔. 存在与时间［M］. 陈嘉映，王庆杰，译. 北京：三联书店，2014：297.

从沉沦状态中醒来，从而积极地筹划自身，以更好的姿态面向未来，超越一切存在者，显示此在的本真存在。对"死亡"的领会，可以将人从"非本真状态"带回到"本真状态"。

在通向死亡的路上，人是孤独的，因为没有人能够代替你死，你只能独自面对自己的死亡，并且没有退路。当你真正领会到这一点时，便能振作起来。

领会"死亡"就是领会一种"无"的感觉。"死亡"意味着一切都将虚无，一切都没有了，一切可能性都不复存在了。此时，你便能真正放下很多东西。当你卸下羁绊你前行的生命负担，开始积极筹划自身时，便是活出自己的开始。

假如你的生命还有三天，你会怎么做？你还会天天沉浸于闲谈之中，沉浸在浮于表面的好奇中吗？不会了，这些活动都是在浪费生命。你会立即振作起来，告别沉闷的生存方式，积极地生活，实现自己的各种可能性。你会把自己定义为一个"去存在"的在者，你被逼回到积极筹划自身、面向未来的境域中，而不再是那个死气沉沉、碌碌无为、和别人一样的存在者。一个本真的"此在"就此被激活。

这就是"向死而在"的内涵，领会"死亡"——将自身投入到"死亡"的境界里——从而更好地去生存，更好地显示此在的本真存在。

10
海德格尔：真理的本质

总体来说，海德格尔前期哲学思想以"此在"为切入点探寻"存在"。他一直试图走向"存在"，但并未触达"存在"。可以说，他一直在通向"存在"的路上。《存在与时间》是一部未完成的著作，这条路，海德格尔并没有走完。

1930年之后，他的哲学思想发生了转向。我们这里先明确一下，海德格尔前后期思想的总目标没有变，都是对"存在"的探寻，只不过他前后期所走的道路和采取的思维路径不同。

为什么会发生转向

海德格尔前期哲学思想的总思路，是通过对"此在"生存状态的揭示来探寻"存在"，因而他的存在论也是基础本体论，整部《存在与时间》最核心的问题就是在探讨"此在"——"此在"如何显现自身、"此在"的状态（在世之在）、"此在"的烦与畏、本真与非本真状态、"此在"的向死而在等。由此可见,"此在"成为世界的核心,世界也是因"此在"的生存活动勾连形成的世界。世界是"此在"显现自身、"此在"存在的境域。

如此就会导致一个后果,世界的存在会受到"此在"的制约,因为"此在"是核心也是基础,只有揭示了"此在"的存在,才可以去谈世界的存在问题。而"此在"的存在,完全取决于"此在"自身的选择——"此在"选择哪种方式,那么"此在"就会以哪种方式存在于世①。

随着讨论的深入,我们就会发现好像一切都以"此在"为出发点了,"此在"成为中心。但我们知道,海德格尔的初衷是超越传统形而上学的主客二元思维模式——他运用现象学的方法,回到主客交融的原始境域,克服主客二元对立的思维模式,从而去除主体性。但现在,这条路好像远离了他的本意,他陷入新的主体性的境

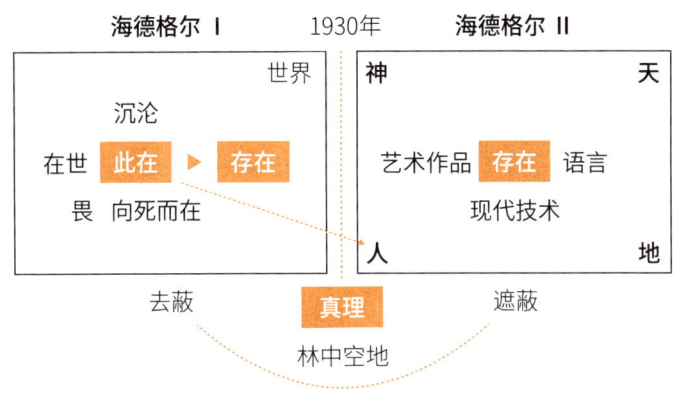

●●● **海德格尔的前后期哲学比较**

---

① "此在"可以选择非本真状态沉沦于世,也可以选择从沉沦中醒来,以本真状态筹划自身。

域——以"此在"为中心,世界的存在置于"此在"的制约之下。

这条路走到这里,有点寸步难行了。海德格尔也察觉到了这条路的不彻底性。他开始琢磨,除了"从此在通达存在"这条路以外,还有没有其他路通达"存在"呢?也就是说,能否不从"此在"的角度,而是开辟一些新的视角去探寻"存在"呢?

于是自1930年开始,他的思想逐渐发生转向。

林中空地

所谓转向,就意味着海德格尔换了一种思考方式:"此在"不再居于核心位置,他开始从新的领域(如真理、语言、艺术与技术等)探讨"存在",通达"存在"。

他构建出了一个"天、地、人、神"的四方域的世界,此时人仅仅是作为世界的一部分而存在,世界也不再完全是"此在"意义的世界。"此在"成为"存在"的看护者,诗意地栖居在大地之上。

在这个新的视域里,海德格尔要去寻找存在显现自身的场所,他用了一个比喻,这个地方就像是一块"林中空地"。在遮蔽和去蔽的过程中,存在的真理得以显现。

真理观

什么是"真理"呢?

传统意义上的真理观是一种符合论：知识和对象相符合，判断与被判断的对象相一致，主客观相符合。此真理观也是认识论意义上的真理观。海德格尔对此并未完全否定，只是换了一种思路，并从本体论意义上提出了自己的真理观。

海德格尔要探究的不是"真理是什么"[1]，而是"真理是怎样成为真理的、真理成为真理的方式和过程"，即探究"存在者如何存在"的问题。

真理的本质：从前期到后期

海德格尔在前期思想中提出了"去蔽说"的真理观："真理就是对存在者的去蔽，通过这种去蔽，敞开状态显现出来。"也就是说，真理是"存在"的无遮蔽状态，是"存在"本身的显现和澄明。[2]

正是存在者在"去蔽"的过程中发生了真理。当存在物以"无遮蔽"状态显示自身时，其自身的"存在"也就此澄明。在海德格尔前期思想中"此在"是核心，要探寻"存在"，就是探寻"此在"的"存在"，真理也是"此在"意义上的真理。"此在"是真理发生的前提和条件，离开了"此在"就根本谈不到真理问题。[3]

---

[1] "是什么"相当于凝固化了的存在者呈现出来的状态。
[2] 世间万物都以"存在者"的凝固化状态呈现，而"存在"自一开始就隐退，处于被遮蔽的状态。"去蔽"意味着揭开遮蔽的面纱，让"存在"本身得以显现。
[3] 因为世界就是"此在"意义上的世界，是"此在"勾连着的世界，自然真理也就是"此在"意义上的真理。

这是海德格尔前期思想中关于真理的诠释，他注重的是"去蔽"和"澄明"，他的真理观所强调的真理，其实是与人密切相关的生存之真理。

而到了后期，海德格尔关于"真理"的看法发生了微妙的变化，他更加注重那个"遮蔽"状态。在《真理的本质》中，海德格尔提出：真理是一个无蔽同时又是遮蔽的过程。

此时，海德格尔已不再从"此在"出发，而是从"存在"本身出发，将"存在"自身的"既去蔽又遮蔽的双重运作"理解为真理。并且他认为"被遮蔽"的领域才是更核心、更具有始源性的。①

比如我们在黑暗中行走，突然远处亮了一盏灯。海德格尔的前期思想主要关注的是这盏灯如何照亮、显现自身，而后期思想则关注光照之前那个茫茫的黑暗的领域是怎么回事——自一开始，世界是先处于黑暗状态即"被遮蔽"的，这茫茫黑暗的世界才是更为古老的原始境域。

被遮蔽的神秘的领域是真理的核心和起源，也更具有始源意义。对遮蔽的遗忘状态就会陷入迷误状态，因此不能忽略"被遮蔽"的领域。

这就是海德格尔前后期思想在真理观上的转变，前期从"此在"探寻"存在"，强调"去蔽"状态——"去蔽"相较于"遮蔽"更具有优先地位；到了后期，他从"存在"入手，逐渐转向对"遮蔽"状态的探究，并认为相较于"去蔽"而言，"遮蔽"更具有优先地位。

---

① 海德格尔前期重点关注"去蔽"状态，真理是"去蔽"，而"遮蔽"是非真理。到了后期，海德格尔转向重视"被遮蔽"的状态，认为真理的本质自身就包含非真理，且非真理比一切敞开的状态更为古老。

11 海德格尔：艺术作品的本源

在《艺术作品的本源》中，海德格尔从艺术的角度对"真理"问题做了诠释。在艺术作品中，是否也体现了真理中的"去蔽"和"遮蔽"的关系问题呢？

艺术作品的本源

艺术好似谜一样的存在，难以捉摸。要思考"艺术的本质"问题，就要以艺术作品为切入点。因为我们不可能凭空去思考艺术是什么，我们只能通过一幅画、一部电影、一首歌或者一件雕塑作品来体会艺术，我们最初遇到的东西是作品。当我们搞清艺术作品之所以能够成为艺术作品的原因，也就解开了"艺术的本质"之谜。

海德格尔指出，艺术作品首先是一个"物"。比如一幅绘画作品就是在一张纸上涂上了颜料，而纸张和颜料就是"物"。但如果仅仅从"物"的角度来理解艺术作品，或者仅仅把"物"当作艺作品，是完全不够的。"物"有很多种类：路边的小草是物，锄草用的镰刀也是物，但这些都是艺术作品吗？显然不是。

海德格尔从"物性"存在的角度，将"物"分为三种：作为艺术作品的物、作为器具的物和作为自然的纯粹的物。梵·高的绘画就是艺术作品，锄草用的镰刀就是器具，而路边的小草就是作为自然的纯粹的物。对此，我们可逐一分析。

路边的小草是纯粹的自然物。这一点很好理解，小草就是一种植物而已，它的全部规定性就在于它自身的物性规定。

镰刀作为器具的物，它是器具性的载体①。器具之所以被称为器具，或者说使器具成为器具的那个东西体现在两个方面：一方面是器具的有用性，即器具在被人使用的过程中才被赋予本质；另一方面是器具的可靠性，海德格尔认为这一点更为重要。所谓可靠性是指"我们通过器具进入一个世界并同时通向属于世界的大地（我们通常称之为'自然'）。"②大地的概念作为一个新概念出现在了海德格尔的思想中。

艺术作品不是纯然之物，也不是器具。那么，艺术作品存在的根据是什么？这就涉及艺术作品的本源问题。

大多数人会认为，艺术作品无非是某个艺术家的作品，因此有一种观点认为，艺术作品的本源就是艺术家本人，没有了艺术家，何来的艺术作品？但问题是，艺术家又是如何成为艺术家的呢？当然是通过作品。所以，作品和艺术家互为因果，这样就难以得出确切的结论了。

---

① 因为器具是被人制作出来的，因而器具不是纯粹的物。
② ［德］比梅尔. 海德格尔［M］. 刘鑫, 刘英, 译. 北京: 商务印书馆, 1996: 88.

海德格尔没有从这个角度阐述，他认为在艺术家和作品之外还有一个第三者将艺术家和作品彼此联结，这个第三者就是——艺术。正是"艺术"本身，成了艺术家和艺术作品的本源。

艺术：世界与大地的冲突

海德格尔认为，艺术就是发生在作品中的世界与大地的冲突。

我们前面在讲器具的可靠性时提到，器具的可靠性是指通过器具进入一个世界，并同时通向属于世界的大地。比如通过一双农鞋，我们便进入农民的世界，农民的世界也因这双农鞋（器具）得以展开。"世界"具有"涌现"与"外显"的特征。

农鞋又属于"大地"，这里的"大地"就是我们栖居的地方。"它并不是一个任意的场所，而是其他各个地方都以之为基础；按照希腊人的说法，它就是 physis（自然）"[1]。在海德格尔看来，"大地是一切涌现者的返身隐匿之所"[2]。因而，"大地"总是往回"收"，"大地"意味着"遮蔽"。

可见，"世界"和"大地"在本质上是有冲突的。因为世界是外显的，大地是往里收的。当两者还没有发生冲突或者冲突并没有那么激烈时，器具仍然只是器具，那双农鞋就是一双普通的农鞋。这双农鞋置身"大地"深切的呼唤之中，内敛而自持。

---

[1] ［德］比梅尔. 海德格尔［M］. 刘鑫, 刘英, 译. 北京: 商务印书馆, 1996: 91.
[2] ［德］海德格尔. 林中路［M］. 孙周兴, 译. 上海: 上海译文出版社, 2004: 28.

而当"世界"和"大地"①发生激烈的冲突时,彼此开始撕裂、激烈争执时,"艺术"就出现了,艺术的真理就此生发。器具呈现出了某种不曾出现过的东西,这个东西就是"世界和大地"在抗争撕裂中产生的"艺术"。而器具自身也成为艺术作品。

换句话说,正是"艺术"本身,使得我们能做到"通过器具进入一个世界并同时通向属于世界的大地"。"艺术"本身才是艺术作品的本源。

海德格尔对梵·高《农鞋》的解读

为什么一双普通的农鞋就不是艺术作品呢?因为"世界和大地"的抗争还不够激烈,还没有撕裂到艺术的诞生之境。而梵·高的画作《农鞋》之所以能成为一部艺术作品,就在于其蕴含"世界"和"大地"的激烈对抗、争执与撕扯,在这撕裂的过程中,艺术便油然而生。

> 从鞋具磨损的内部那黑洞洞的敞口中,凝聚着劳动步履的艰辛。这硬邦邦、沉甸甸的破旧农鞋里,聚积着那寒风陡峭中迈动在一望无际的永远单调的田垄上的步履的坚韧和滞缓。鞋皮上粘着湿润而肥沃的泥土。暮色降临,这双鞋底在田野小径上踽踽而行。在这鞋具里,回响着大地无声的召唤,显示着大地对成熟谷物的宁静馈赠,表征着大地在冬闲的荒芜田野里朦胧的冬眠。这器具浸透着对面包的稳靠性无怨无

---

① 这里的"世界"和"大地"是指通过农鞋(器具)进入的境域。

艾的焦虑,以及那战胜了贫困的无言的喜悦,隐含着分娩阵痛时的哆嗦,死亡逼近时的战栗。这器具属于大地,它在农妇的世界里得到保存。正是由于这种保存的归属关系,器具本身才得以出现而得以自持。①

——海德格尔《艺术作品的本源》中对梵·高的《农鞋》的解读

梵·高的《农鞋》,把我们带入一个农夫的世界里,这个世界充满艰辛与焦虑。"世界"拥有一种能把我们带入"敞开"境域的能力,它能把我们带入"敞亮"之中。"世界"又是外显的,也只

●○○ 梵·高《农鞋》

① [德]海德格尔. 林中路[M]. 孙周兴, 译. 上海:上海译文出版社, 2004: 18.

有在外显和敞开的境域中,"世界"得以存在。

但农鞋作为器具,它又属于大地,它要将"开显"的世界往回"收"。这意味着艺术作品在"建立"一个"世界"的同时,又"制造"了"大地"。艺术作品自身的回归使得"大地"得以出现。"大地"意味着"隐匿"和"锁闭"状态。

在这一放一收中,在这争执的过程中,撕裂出一块敞开的场所,这个地方就像一片林中空地。在这里,存在者的"存在"得以"敞开","艺术"就此诞生。艺术的真理自行植入作品之中。也就是说,艺术的真理是在"无蔽"和"遮蔽"的双重作用下产生的。

对于海德格尔的叙述,理解起来会比较困难。我们可从自身角度出发,并结合日常的艺术体验去理解。比如说,你看一部电影或者听一首歌,为什么有时会很感动,甚至能感受到心灵的震撼?因为这个作品把你内心中那个封闭着的东西给激活了,前方有一只手拉着你,把你带到了敞亮的境域里,带到了一个新的世界里,你体会到了一种审美的愉悦和快感。但这种感觉又不能一直持续下去,因为你身后方又出现了一只手把你往回拽。在这两边的一拉一拽的境域中,你更加激动了,体会到了一种更大的快感。也就是说,"世界"和"大地"在彼此撕扯中,加深了你的艺术体验。这种撕裂越剧烈,艺术的体验就越深刻。

12
海德格尔：
危险！现代技术！

海德格尔哲学对现代技术有着很深的思考和忧虑，为此他提出了技术和真理的"解蔽"与"遮蔽"的相互关系。

技术及其工具性

提到现代技术，大家或许会想到手机技术、电脑技术、互联网技术、汽车轮船飞机制造技术、生物技术、医药技术、养殖技术、发电技术和造纸技术等等。可以说，我们生活的方方面面都已被技术渗透，世界的任何角落都浸透着技术的身影。

在常人看来，技术是工具，是人为了达到某种目的采取的一种手段。技术是中性的，是不涉及善恶的。

当然，海德格尔并不否定技术的工具性，只不过他认为仅仅从工具性角度理解技术还未触达技术的本质。他的思路是以"技术的工具性"为切入点，去探究其背后的内容，从而真正挖掘技术的本质。

说到工具,大家都不陌生。吃水果时削皮用的水果刀是工具,过河时造的石桥也是工具。通过使用工具,我们达到了各种预期目的。制造水果刀和造桥的技术具有某种指向性,即通过技术可以实现某个预期的结果,这就是技术的工具性的规定。

正因为技术的工具性的规定,使得某物从一种状态进入另一种状态。制刀的技术,使得一块铁从"铁"进入"刀"的境域①;通过造桥的技术,使得自然的石头被改造成了桥的模样,供人通行。

技术:一种"解蔽"的方式

因为技术,才使得某一原始的东西"开显"为一个新的东西,这个过程也是"生产"的过程。因此我们说,技术总是跟"生产"或"产出"有点关联②。而"产生"或"产出"的过程又表征技术的本质:把存在物从"被遮蔽"状态带到一个"敞亮"的"无蔽"状态,并使其显现自身。

技术是一种"解蔽"方式,而这种"解蔽"又以"遮蔽"为基础。比如一块铁,自身处于"遮蔽"状态,即自身的各种可能性还未被挖掘。而后对其加以技术的运用,才使这块铁具有变为一把刀的存在的可能性。从一块铁到一把刀的蜕变,就是从"遮蔽"到"解蔽"的转变。因此,技术不仅是一种手段,还是一种"解蔽"和"开启"

---

① "刀"原来的样子就是一块厚厚的铁,因为人要达到某种目的,才将一块厚厚的铁制成了锋利的刀。
② 当然,"产出"的东西可以指具体的物,也可指某一场景。比如手机的通信技术,就是使"两个相隔千里的人进行实时通话"成为可能。

的方式。因为这种"开启",存在物才得以进入新的境域。

之前说到,艺术是在作品的"大地"和"世界"的撕裂中,在"解蔽"和"遮蔽"的双重作用下产生的。同样,"解蔽"和"遮蔽"的双重作用也可运用于对技术本质的诠释层面。

存在者首先处于"被遮蔽"的领域,而技术则把这些隐藏着的东西揭开,让其显现出来,使其自身的可能性得以绽放。这个"解蔽"的领域,也正是真理发生的领域,是"解蔽"和"遮蔽"双重作用下的结果。

对技术的忧虑

大家也许会认为,技术之"解蔽"的方式还是不错的,它让一切存在者都显现出来。有了这样的"生产",世界更加丰富多彩,生活更加有滋有味。但海德格尔对这种技术的"解蔽"方式,产生了淡淡的忧虑。

古人和自然打交道的方式是淳朴的,有一种田园牧歌式的美感在其中。古代的风车"任风吹拂",河流自然流淌。现代技术出现后,一切都不一样了。风车不再是那个单纯的任风吹拂的风车,变成了一个可以利用风来发电的装置;河流也不能自然流淌了,人们修建水电站、改变河流走向、用水蓄能发电,等等。

技术虽"解蔽"了自然物,但另一方面也意味着对自然的"促逼"和"摆置"。

促逼和摆置

"促逼",通俗理解就是,你本来慢悠悠地走着路,突然后面有一个人使劲儿推了你一下,逼着你赶紧往前走。把你推向前方的感觉就是一种"促逼"感,你不能再慢悠悠地走路,而是被推着,甚至跑起来差点摔倒。

技术也是一样。技术对自然的"促逼"就意味着自然不再以自然状态呈现,而是被推到了非自然的状态里。"促逼"有一种掌控、操控和改造的意味,且是非常急切地参与对自然的驾驭。

"摆置"很好理解,日常生活中桌子上东西乱了,我们收拾一下,把桌子上的杂乱物品摆放好。这样,这些物品就处在"被摆置"的状态。

技术对自然的"摆置"也是同理。自然物处在一个被动的位置任凭技术摆弄。比如大自然的花草树木、山川河流,就处在一个"被摆置"的可被利用的状态里,自然资源成为可被人攫取的资源。树木被制造为一次性筷子和纸张;风成了可以被利用的发电的资源;而河流呢,要从中间拦一道,修建水电站;动物也一样,用专业的养殖技术快速养殖出来。

这就是对技术的"促逼"和"摆置"的通俗理解。海德格尔认为"促逼"和"摆置"也正是现代技术的危险所在。紧接着,他用一个词去形容"促逼"和"摆置"的特点,那就是——"座架",这也正是技术的本质显现。

座架

从常识来说，可以把"座架"理解为一个架子或装置，就好像放在家中的一个书架。那么，海德格尔所谓的"座架"是这个意思吗？

海德格尔说：

> 座架乃是那种摆置的聚集，这种摆置摆弄人，使人以订造方式把现实事物作为持存物而解蔽出来。作为如此这般受逼迫的东西，人处于座架的本质领域之中。①

海德格尔说的"座架"并非指一个死板的框架，而是一个构造着的调控和保持机制，或者说"座架"意味着一个运作系统。这系统是各种安排的聚集——一个安排接着一个安排，事物不断地被纳入此系统中，通过此系统把事物"解蔽"出来。但又不是光"解蔽"就可以了，而是此"解蔽"的状态又成了新的"解蔽"状态中的一环，又会导致新的东西出现。

比如"利用风能发电"这件事，为了发电就要制造出更好的发电风车，发电成功之后，电又驱动了更多的机器运作，于是各类工厂开始兴建，从而生产出更多的东西，比如生产电池、手机、各类配件等。而后，发电厂将电输送给千家万户，人又用电来给手机充电，手机有了电又可以打电话、发信息……"座架"就如同不断处于运作之中的系统，它是摆置的聚集，一环紧接一环。人和物都被

---

① [德]海德格尔. 海德格尔选集[M]. 孙周兴, 译. 上海：上海三联书店, 1996: 942.

纳入这个运作体系当中，无休无止。

在海德格尔看来，"座架"是现代技术的本质所在，"座架"本身有着"促逼"和"摆置"的特点。

我们现代人处在这种状态中，会有什么后果呢？这就是海德格尔所忧虑的，也是他认为现代技术隐藏的危险所在。人总是处在一种被"促逼"的状态，周遭的一切都成了人利用的对象。这个世界被人驯化了，人强行让自然的一切臣服于人，强行对周遭的自然物乃至周遭的人进行索取。所有的事物进入一种非自然的状态，以此满足人类的各种需要。

表面上看，技术让这些事物处于"解蔽"状态，但这背后却透露出人的无限的控制欲望，甚至是一种霸道气质。人类逼迫外界交出自己想要的东西，如果一切没有按照自己的意愿进行，人类就会采取各种手段顺遂心愿。这些海德格尔都看到了，他认为现代人身处"座架"之中，不能自拔。

世间的一切都运转正常，技术不断革新，高科技产品不断迭代，人类貌似在不断超越自我，并且也总是把这种"超越"作为前进的目标。在常人看来，这些都再正常不过，或者本该如此。但海德格尔却认为，这种按部就班的发展状态，令人担忧。人们迷失在技术的世界里，为了追求技术而追求技术。技术，让一切变得便捷，但也因为技术，人们变得匆忙，失去了原有的生活味道。

现代人时常会感到生活索然无味。当两个人通过手机实现实时互动时，人们好像更加怀念以前用书信往来的日子；当技术让一切"快"起来时，人们开始向往"慢生活"。技术让生活更加便捷，也让人们充满惆怅。

现代性强调的是效率、便捷，追求的是利润以及更快、更好，而这些现象正是现代技术的本质导致的境域，人们被钳制在这"座架"之中无法抽身。

但需要指出的是，海德格尔并不是一个绝对的反技术进步论者。他也不提倡人们完全放弃现代生活，回归素朴的原始社会，他是希望通过对技术的反思，让所有现代人时刻保持警醒。

海德格尔说：

> 真正莫测高深的不是世界变成彻头彻尾的技术世界。更为可怕的是人对这场世界变化毫无准备，我们还没有能力沉思，去实事求是地辨析这个时代中真正到来的是什么。①

技术的背后还有什么？除了存在意义上的"解蔽"以外，也要看到在貌似中立的技术背后，还有人与自然、人与人之间的真切关系，不要一直深陷技术的沼泽中，无法自拔。这才是海德格尔倡导的。

---

① [德]海德格尔.海德格尔选集[M].孙周兴，译.上海：上海三联书店，1996:1238.

小结：海德格尔的存在主义

海德格尔哲学的主题始终围绕"存在",只不过前期和后期的切入点以及展开的方式不同而已。

海德格尔的前期哲学

要搞清楚什么是"存在",就要先搞清楚"存在者"和"存在"的关系。

在海德格尔看来,"存在"和"存在者"是不同的,"存在者"是凝固化的现成之物,"存在"是存在者如何显现自身的过程。一朵花是一个"存在者",而"存在"就是花开的过程。

传统的形而上学历史,特别是自巴门尼德、柏拉图以来的形而上学史是一部对"存在的遗忘"的历史。哲学家把"存在者"当成"存在",一直探寻"是什么",而忽略了"什么"如何显现自身的过程。"存在"和"存在者"的混淆,使得传统的形而上学陷入困境。

海德格尔敏锐地察觉到了问题,他对这种传统的思维方式加以

存在被遗忘			重提存在
传统形而上学史 存在的遗忘的历史	混淆 ▶	存在　"是" 存在者　是"什么"	追问存在

●● **重提"存在"问题**

批判。他认为不能再这么含混下去，要重提"存在"问题。因此追问"存在"，成了海德格尔毕生的哲学目标。

重提"存在"，是海德格尔运用现象学方法的体现。现象学的口号是"回到事情本身"——去研究对象如何显现自身的问题，回到那个主客交融的境域里。对"存在"问题的探究正是这个思路的体现——去探究存在者如何存在，如何显现自身的过程。这是海德格尔对现象学思路的继承，但他并没有全盘接受，他不同意胡塞尔的先验意识的理论，这里我们就不详细展开了。

从现象学的方法出发，海德格尔追问"存在"，走了一条属于

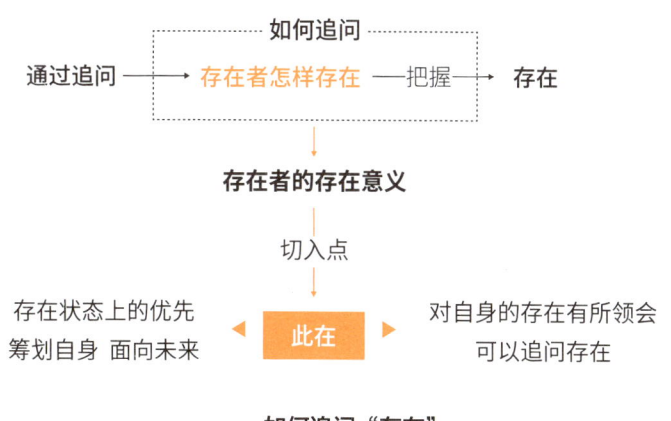

●● **如何追问"存在"**

自己的存在论之路。那海德格尔是怎么追问"存在"的呢?

因为"存在"和"存在者"自一开始就水乳交融,要探寻"存在"就一定要从存在的显现境域出发,这个境域就是"此在",即人这个特殊的存在者。

在这么多存在者中,因为"此在"(人)具有优先地位,所以海德格尔通过探寻"此在"的存在来把握最一般的"存在"。其讨论的重点以"此在"展开,人的生存问题是怎样的,状态是怎样的,这就必然涉及人真切的体验。

海德格尔认为,"此在"的本质就是"去存在"——"筹划自身面向未来的可能性","此在"存在的原始存在结构就是"在世"——在世界之中存在。世界是一个在"此在"意义上(因"此在"的生存活动勾连形成)的世界。而人类生存在世,又通过一种状态"牵挂"("烦")展现自身的"在世"状态。

"牵挂"("烦")是"此在"与世界整体牵连的状态描述。"此在"与其他物打交道叫"牵念",这个过程是从"上手之物"到"现成之物"的转变;"此在"与其他人打交道叫"牵心",人不是孤独的个体,总是要和其他人交往。这个过程中就会出现两种状态:"非本真状态"和"本真状态"。

"本真状态"是人以"去存在"("筹划自身面向未来")的方式定位自己;而"非本真状态"是人走向芸芸众生,让一个所谓的"众人"来指引自己的生活状态,人走向大众,迷失于大众。这就是"此在"的"沉沦"状态,在闲谈、好奇和两可中,浪费自己的生命时光。

有时候,"此在"特别愿意沉浸在"沉沦"状态中。"此在"自

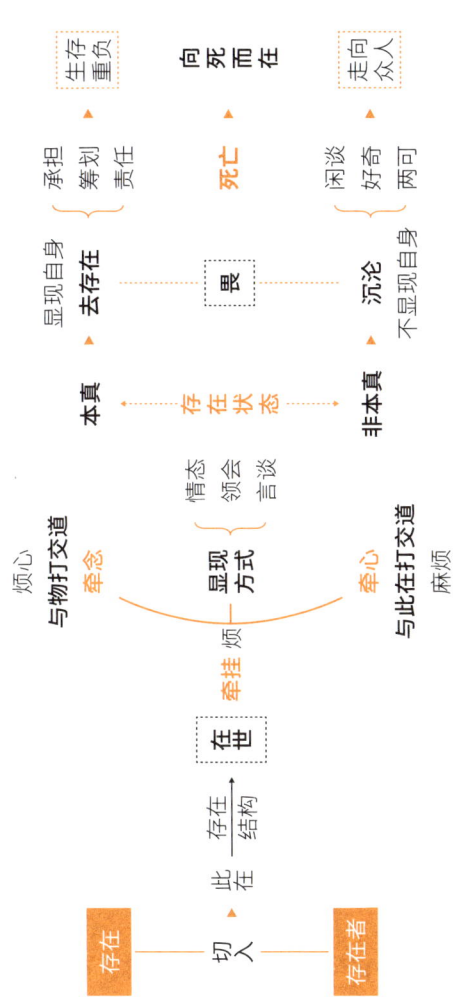

● 海德格尔的前期哲学

一开始就以"沉沦"状态生存于世,因为这样可以逃避因选择和筹划带来的生存负担。

那么人要如何从沉沦中唤醒自身,回到那个本真的状态呢?通过"畏"的情绪。当一种莫名的"畏"袭来时,人顿时振作了。

面向"死亡"会让人产生最为极端的"畏"。"先行到死中去""向死而生"才能更加真切地领会生存的意义,人因此才会以筹划自身以及以存在的态度面向生活中的每一天。

在《存在与时间》里,海德格尔虽讨论了这么多,但也只是试图分析"此在"的存在方式。他在寻找通向"存在"的路,但并没有完全触达"存在"本身。《存在与时间》没有写完,1930年后海德格尔的思想发生转向。

海德格尔的后期哲学

海德格尔隐约发现,对"此在"的探讨陷入一个新的主体性境域里。他的初衷是为了克服传统主客思维模式,可现在却寸步难行了。于是他开始寻找除了"此在"以外通达"存在"的方式,他提出了一个"天、地、神、人"的四方域世界,人不再居于核心位置。海德格尔分别从真理、艺术、语言和现代技术方面进行了分析。

在真理问题上,海德格尔不是从传统符合论的意义上理解真理,而是从"存在"本身出发,将存在的"既解蔽又遮蔽的双重运作"理解为真理。

在《艺术作品的本源》中,他从艺术的角度阐释真理。海德格

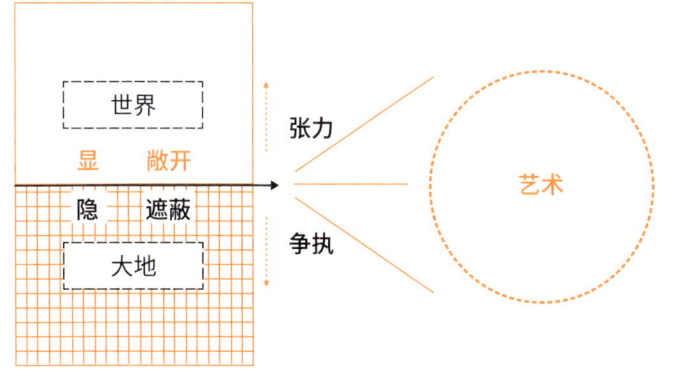

●●● **艺术：世界和大地的冲突**

尔提出了"世界"和"大地"的概念，艺术正是作品中的"世界"和"大地"彼此冲突的结果。

在海德格尔看来，艺术作品中的"世界"意味着"让……开显""敞开"的状态，而大地意味着"往回收""遮蔽"和"隐匿"的状态。在"世界"和"大地"的争执中，在这开放和锁闭的冲突里，在"解蔽"和"遮蔽"的双重运作下，艺术由此诞生，艺术的真理便被自行植入于艺术作品中向我们呈现。

对现代技术问题的追问，海德格尔也是从"解蔽"和"遮蔽"的角度进行的阐释。现代技术表现为一种"解蔽"的方式，它把存在物带入敞亮之中，让其显现。这种"解蔽"其实就是把自然物中隐藏着的、潜在着的或者是被遮蔽的能量开发出来。

海德格尔用"座架"来形容这种起支配地位的"解蔽"方式，"座架"是运作的系统，有着"促逼"和"摆置"的意味。

在技术的统治下，人为了生产的需要，"促逼"自然和周遭的一切，"摆置"一切可以摆置的资源，以实现自身的利益和诉求。

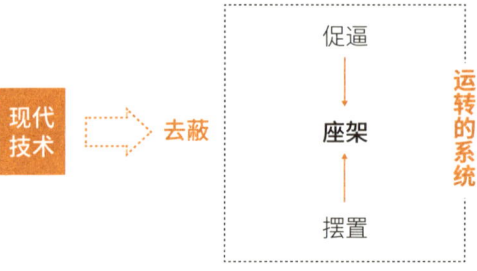

●○● **现代技术的"座架"系统**

但人和物又都被放置在这"座架"中,人们很享受这个"座架",对自身的处境没有丝毫察觉。

于是,海德格尔产生了一种忧虑,这是对现代性的忧虑,也是对人类生存前途的担忧。当然,他并不提倡我们都要倒退到原始时代,而是希望现代人能对这样的处境有所警醒:除了技术,我们还应该看到人与自然、人与人之间的真挚关系。

海德格尔倡导一种诗性的生活方式,"人,要诗意地栖居"在这片大地上,不能任凭技术的"座架"威胁人类生存的基础。

可以说,技术的"解蔽"也是真理观意义上的"解蔽",海德格尔对技术之思也是从真理的发生角度来谈问题。而真理的显现的境遇就是"存在"的境遇。所以,"技术之思"仍是围绕"存在"而展开的谈论。

纵观海德格尔的前后期哲学,有一个显著的变化:前期以"此在"为核心,按照从"此在"到"存在"的路径,"此在"是"存在"的支配者。到了后期,"此在"不再居于核心,海德格尔直接探寻"存在"。他从真理的角度——真理的"解蔽"和"遮蔽"、真理与艺术、真理与技术去探寻"存在"。此时,"此在"成为"存在"的看护者。人要去守护"存在"的显现,其实就是守护真理的发生境域。

但对所有这些的探讨,海德格尔最终指向的都是一个核心目标——"存在"。

这就是海德格尔哲学的整体脉络。

身处现代社会的我们,已然无法抽身,但这并不代表我们不能对现代文明进行反思。海德格尔为我们敲响了警钟:要时刻保持警醒,时刻保有一颗对生命、对自然、对世界的敬畏之心!

第六篇章

自由与荒谬

第二次世界大战给法国人带来了巨大的心理创伤,痛苦、绝望、荒谬以及死亡的悲观情绪笼罩着人们。人们开始思索:人的自由何在?人该怎样选择和谋划自身?人要承担怎样的责任?在这样的背景下,存在主义思潮在法国蔓延开来。

萨特、波伏娃、加缪等人是法国存在主义的代表人物。他们身兼多重身份——哲学家、文学家、作家、戏剧家,也更擅长通过文艺手法,比如小说、剧作等方式表达晦涩的思想。我们都知道文艺作品更容易被大众接受,其影响力也更大。因此存在主义在法国迅速发展,甚至成为当时的时髦哲学。

本篇章,我们将介绍两位法国的存在主义者——萨特和加缪。

不同于海德格尔存在论的哲学,萨特存在主义的核心就是探讨"人的存在"问题[1]——人活着的各种体验:人的喜怒哀乐,人的激情和欲望,人的痛苦、烦恼以及恐惧之感,人的自由与责任,人的死亡,等等,这些维度都是对"人之为人"的根本探讨。

萨特从胡塞尔的现象学理论出发,从"反思前的意识"为切入点区分了"自在的存在"和"自为的存在",进而建立了他的自由观——"人是绝对自由的"。人的自由就表现在自我选择和自我筹

---

[1] 海德格尔也探讨人的存在(即"此在")问题,但海德格尔的总目标是通达"存在",即探讨人("此在")的存在是为了找到最一般的"存在"的存在问题。海德格尔一度拒绝称自己是存在主义者,他的思想只是关于"存在"的思想。而萨特讨论的"存在"既不是指物质世界的客观存在,也不是指绝对精神的,而是指"人的存在"——人的自我精神和主观性的问题。

划之中，但正因此，人也要为自己的行为承担责任。可以说，萨特的巨著《存在与虚无》就是一部关于自由的书。

加缪则提出了"荒谬"的理论。《西西弗神话》是荒谬思想的集中爆发，而小说《局外人》则揭示了世界的荒谬性以及人与社会的对立状况。这些作品都体现出对人的存在境遇的深刻反思。

本篇章概览

哲学家

萨特｜加缪

本篇章流派

法国存在主义

本篇章话题

⊙ 自在与自为　　⊙ 存在先于本质

⊙ 绝对自由　　　⊙ 荒谬

⊙ 西西弗神话　　⊙ 局外人

01
萨特：时代的良心

1980年4月15日，法国著名存在主义者萨特在巴黎去世。当时有五万法国人自发为他送葬，场面十分隆重。这也是法国20世纪最触动公众感情的一次葬礼。当时的法国总统德斯坦对此发表言论："我们这个时代陨落了一颗明亮的智慧之星。"法国舆论说："我们失去了这个时代的良心"。

让-保罗·萨特（Jean-Paul Sartre，1905—1980年）。法国20世纪最重要的哲学家之一，法国无神论存在主义的主要代表人物，西方社会主义最积极的倡导者之一。他一生中拒绝接受任何奖项，包括1964年的诺贝尔文学奖。

萨特，法国著名的哲学家、作家，精神文化领域的一位巨人。他善于把哲学带进人们的生活——通过鲜活的文艺手法表现晦涩的理论，并对人的生存境遇加以揭示。面对现实的荒诞，萨特给人指了一条出路——自我选择。

自幼向往自由

萨特的一生充满戏剧性和传奇色彩。

1905年，萨特出生于法国巴黎的一个中产阶级家庭。在他很小的时候，他的父亲去世了，他也不记得父亲长什么样。萨特在外祖父家里长大，外祖父是一位语言学家，家中图书室的图书成为萨特的精神食粮，也可以说是外祖父把萨特带进了文学殿堂。

在萨特12岁时，他的母亲改嫁，继父是一位迷恋科学和数学的海军工程师。继父希望萨特未来也成为一名工程师，但这却使萨特对数理化更加反感。或许因为萨特自小排斥"别人安排的生活"，他不希望自己的人生道路被别人指导，他更愿意走自己选择的路。可以说，萨特从小就透露出对"自由"的渴求。

萨特身材矮小，身体状况不佳。童年时的一场疾病，使他的一只眼睛失明。生理的缺陷给萨特的幼小心灵留下了很深的阴影，但他并没有放弃自己。萨特在年轻时就给自己立下目标："我要同时成为斯宾诺莎和司汤达。"他既要做一流的哲学家，也要做一流的文学家。

他发奋读书，打小就阅读陀思妥耶夫斯基和托尔斯泰的著作，

中学开始接触柏格森、叔本华和尼采的著作。1924 年,他以优异的成绩考入巴黎高等师范学院攻读哲学专业。

柏格森的哲学让萨特对哲学产生了浓厚的兴趣,使他明白了哲学和生命的关联,但真正影响萨特一生的哲学家是笛卡尔。在《存在与虚无》里,萨特说道:"我们必须从我思开始。"

萨特和波伏娃

1928 年,萨特从巴黎高等师范学院毕业。1929 年,24 岁的萨特遇到了他的终身伴侣西蒙娜·德·波伏娃。他们相识于一次考试,并成了情侣。

有一天,萨特对波伏娃说:"我们签一个协议吧,成为不必结婚的伴侣,真诚相爱的同时又保持各自的独立……"波伏娃同意了,并在两年后又签了另一个协议——双方不应互相欺骗和隐瞒。没想到,这两个协议他们一执行就是一辈子。萨特和波伏娃是彼此一生的灵魂伴侣,他们都爱自由胜过爱一切。

走向现象学之路

1933 年,萨特从他的朋友雷蒙·阿隆那儿得知了胡塞尔的现象学。据波伏娃回忆,当时他们三人在一家咖啡馆聚餐。阿隆指着桌上的鸡尾酒对萨特说:"如果你是一个现象学家,你可以谈论这

●○● **萨特和波伏娃**

杯鸡尾酒，然后从中发掘出哲学来！"①萨特一听，一下激动起来，如其所是地谈论一个对象，并从中提炼出哲学，这不正是自己一直以来追求的吗？自此之后他开始接触胡塞尔哲学，并深受鼓舞。

1933年至1934年，萨特赴德国柏林留学，继续深入研究胡塞尔的现象学，在此期间他还读了海德格尔、雅斯贝尔斯的著作。

正是受到现象学的启发，萨特逐渐形成了自己的存在主义的思想。在柏林期间，萨特撰写《自我的超越性》，回国后正式发表。从此，萨特走向现象学之路，随后他又发表了《想象》，还有成名作《恶心》。

---

① ［英］莎拉·贝克韦尔.存在主义咖啡馆：自由，存在主义和鸡尾酒［M］.沈敏一，译.北京：北京联合出版公司，2017: 3.

1939年二战爆发，萨特应征入伍。从1940年到1941年，他被德军俘虏并关押在战俘集中营。在此期间，他研读海德格尔的《存在与时间》，并开始构思他的哲学作品《存在与虚无》。

写作与战斗

二战的经历，使萨特的思想发生了巨大转变。之前的他是一个个人主义者和无政府主义者，他追求的是个人的自由，也不会认为自己对社会有什么责任。但二战爆发后，萨特开始积极投身法国人民反纳粹占领的斗争中。

投身政治之余，他没有放弃写作。1943年他发表了三幕剧《苍蝇》，宣扬为自由而斗争，同年出版了他的哲学巨著《存在与虚无》，这本书同样也是一部关于自由的著作。

1945年，萨特与莫里斯·梅洛－庞蒂、雷蒙·阿隆等人创办了《现代》杂志，这本杂志对法国的精神文化生活产生了重大影响。同年10月，萨特在现代俱乐部发表了题为《存在主义是一种人道主义》的演讲，提出了著名观点——"存在先于本质"。

在文学方面，萨特提出了一种"介入"的方式——作家要投身于改造社会的活动中，通过作品对各种政治事件和社会问题发表自己的见解，任何文学作品都是一种召唤，向读者的自由发出召唤。文学作品要干预社会。

1964年萨特获得诺贝尔文学奖，但他拒绝领奖。他的理由是："我拒绝荣誉称号，因为这会使人受到约束，而我一心只想做个自由人，一个作家应该真诚地做人。"在萨特看来，作家应该更加关心写作本身。作家在政治、社会和文学等方面的地位，应该仅仅由他的作品来获得，而非任何荣誉。

在 1968 年巴黎"五月风暴"中，萨特支持学生运动，参加游行，并到学校和工厂进行演说。他写作，他战斗；他战斗，他写作。这就是萨特的生存方式。

1980 年 4 月 15 日，75 岁的萨特因为肺气肿在巴黎逝世。

为自由而抗争

纵观萨特的思想，他的文学和哲学理论都强调"实践性"。在揭示世界的荒诞与恶心时，给人指明了一条实践的道路：人要行动起来，积极地谋划自身并做出选择，从而改变自身的生存困境。在压迫中，人要奋起反抗获得解放，人在任何时候都不要丧失为自由而抗争的决心。

萨特就像现实生活中的一位战士，给我们带来了精神力量。

02 萨特：
从"反思前的意识"出发

提出"存在"问题的思路

传统形而上学中所谓的"存在"是指万事万物背后的本质规定性，这是本质主义的体现，即从现象出发探寻背后的本质问题——本质先于存在；海德格尔提出的"存在"是相对于"存在者"提出的，"存在"即为"存在者如何显现自身"的过程。

但萨特不同。他站在了反本质主义的立场，同时也不采用海德格尔针对"存在者"提出"存在"的思路。萨特换了一种思路，他针对"本质"提出"存在"问题，即"存在先于本质"。人怎样进行自我筹划和选择（即"存在"），就决定自身会成为怎样的人（即"本质"）。

那么，这是否意味着萨特的哲学是另起炉灶，和之前哲学家的思想没有任何联系？当然不是。萨特的理论出发点其实是受到了胡塞尔现象学方法的影响。

反思前的意识

胡塞尔现象学的总口号是"回到事情本身"——回到主客交融在一起的原初境域里,从而克服主客二元的对立性。萨特接受了胡塞尔的现象学理论,提出"反思前的意识"("反思前的我思")作为自己哲学的出发点。

接下来,我们通过对比"反思前的意识"和"反思的意识"这一组概念来理解萨特的思想。

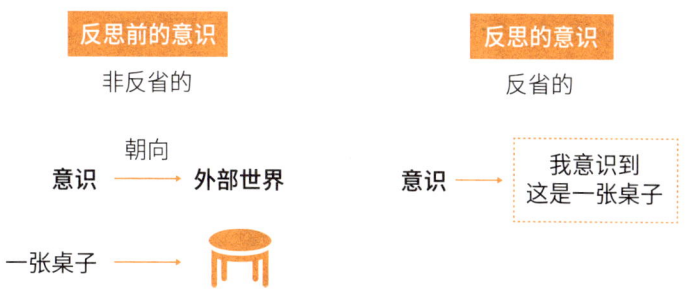

●○●▶ **反思前的意识和反思的意识**

"反思前的意识"就是"反思"之前的那部分意识。意识是直接指向某物的意识,是直接朝向外部的某个东西。比如你看到一张桌子,你意识到"这是一个桌子"——你产生的这个意识,是直接指向这个桌子本身的。桌子如其所是地呈现出来,意识中不掺杂任何你对其主观判断的因素。

而"反思的意识",是对"你意识到这是一张桌子"的思维活动有所意识了。把"你意识到这是一张桌子"这个意识活动看成一个整体,然后你把这个整体当成思考的对象,对其加以反思就形成了"反思的意识"。这里的"反思"也可理解为"反省"。

"反思前的意识"是第一位的、原始的,"反思的意识"是第二位的。在有"反思前的意识"的基础上,才可以对对象的意识本身进行"反思",从而形成"反思的意识"。"非反思的意识"是"反思的意识"的基础,正是"非反思的意识"使"反思"成为可能。

分析下来,我们会发现,"反思前的意识"不正是胡塞尔"回到事情本身"中的"事情本身"吗?"反思前的意识"(非反省的意识)就是事物原初的样子,是对象是其所是的呈现。而"反思的意识"是主体对"关于对象的意识"进行反思后形成的。主体挖掘客体的特点、本质等,无形中已经体现出"主体认识客体的思维模式"——主体指向客体,从而使自我和对象分离。传统哲学的思维模式就是基于这样的主客二元对立而展开的。

萨特强调,哲学研究要从"反思前的意识"出发。这一点,正是萨特沿用胡塞尔现象学方法的体现,只不过他以自己的方式表达——回到主客还未分化时的境域里,以"纯粹意识"作为哲学研究的出发点。

但萨特并没有完全赞同胡塞尔,他反对胡塞尔学说中的"先验自我"的概念。胡塞尔的理论最后回到了"先验自我"的层面——"先验自我"是意识的来源,意识的背后有一个"先验自我"在起作用。萨特认为这里存在问题。既然在"纯粹意识"(即"反思前的意识")里,意识直接指向意向对象,意识本身应处在流动和自由的状态里,不应受到其他东西的束缚。但这时他又提出,还有一个"先验自我"

在其背后起作用，那就意味着"纯粹意识"还是受制于其他要素的影响，"纯粹意识"并不"纯粹"。

萨特认为，"反思前的意识"里其实没有"自我"。在"纯粹意识"里应该是"无我"的，"自我"完全是多余的。只有在进行反思时才会出现"自我"。因而萨特摒弃了"先验自我"的概念，他认为"先验自我"是意识的死亡。

由此，可做如下总结：

第一，萨特针对"本质"提出"存在"问题。

第二，萨特接受了胡塞尔现象学的基本方法，对"反思的意识"和"反思前的意识"进行了区分，以一元论取代和消除传统的二元论思维模式。

第三，萨特以"反思前的意识"作为哲学的出发点，但他不同意胡塞尔的"先验自我"的概念，他更加注重的是意识和外部世界的关系问题。

基于这样的出发点，萨特是如何表达意识和外部世界的关系问题的？最后又是如何体现他的自由观的呢？接下来我们将通过对"自在的存在"和"自为的存在"的解析回答以上问题。

03
萨特：自在和自为

萨特将"存在"区分为"自在的存在"和"自为的存在"。这两种"存在"和意识的关系是怎样的，它们又都有着怎样的特点呢？

自在的存在

"自在的存在"即客观的外部世界。世界上的一切存在物（山川河流、动物植物乃至自然现象等）都不以意识为转移。在萨特看来，客观的世界就是"自在的存在"。

萨特将"自在的存在"的特性归纳为三句话：

存在存在。存在是自在的。存在是其所是。①

---

① ［法］萨特.存在与虚无［M］.陈宣良，译.北京：三联书店，2010: 26.

下面我们以"一棵树"为例来理解这三句话：

存在存在。一棵树在那里静静地存在。树的存在是纯粹的、没有理由也没有目的，它就在那里自然地生长，不会因为人的意识能否显现它而转移。

存在是自在的。在生活中，"自在"意味着一种不受束缚的状态。这棵树的存在是"自在"的，意味着树本身的存在就在其自身之中——不与他物发生关系，也不与自身发生关系。树不会因为要怎么样或者要实现什么目的而生长，树的生长并不处在某种关系之中，它既不是被动的也不是能动的，这就是"自在"状态。

存在是其所是。这棵树的存在就是这棵树本身，它不以自身以外的东西维持自身的存在，它就是它自己。树不可能变为别的东西，如石头等。这样的存在方式，其实也是孤立、封闭的存在方式。

总体来说，"自在的存在"就是纯粹客观世界的存在。自在的世界也是一个混沌的、有着无限内容的世界，一切美好和不美好本来就是浑然一体的。在现实世界中，自然美景和自然灾害都是偶然发生的。即使"面朝大海，春暖花开"，也有发生地震海啸的可能。

在萨特看来，"自在的存在"是一个荒诞的世界。因为世界存在各种偶然性，才会使人产生某种不可名状的情绪，比如苦闷、烦恼甚至绝望。因为一切混沌而琢磨不透的才会让人感到不安全，内心才无法平静。这就是自在的世界：它存在着，它是自在的，它是其所是。

自为的存在

"自为的存在"和"自在的存在"完全不同。"自在"有一种命中注定的感觉,"自在的存在"是本该如此的一种存在。而"自为"不是命中注定的存在。

萨特阐述的"自为的存在"是指人的主观意识。我们可回到萨特的出发点"反思前的意识"("纯粹意识")去理解。根据意识的意向性特征,意识总是朝向某一个对象,并总是指向一个什么东西,不可能出现一个空的意识。在意识活动中意识所指向的存在就是"自为",即经由感性材料奠基后,在意识领域形成的关于对象的意识。关于此对象的意识的存在就是"自为的存在"。

这时你也许会问,既然意识总是指向某一个外在的事物,这个事物不就是外部世界的"自在的存在"吗?但这是有区别的。"意识意向对象"是在意识领域内发生的活动。意识所呈现出来的存在,是现象的存在,是"自为的存在"。而客观世界实实在在的对象是存在的现象,是"自在的存在"。

"树"作为客观世界的一个存在物,是"自在的存在"。当意识意向到这棵树(即意向活动发生)时,这棵树就被"拽"进意识的领域,从而在意识领域形成了这棵树的意识。关于此意识的存在,就是"自为的存在"。在意识活动的过程中,当这棵树成为意识对象时,树也被意识活动赋予了各种意义。

就好比说,树作为"自在的存在",就是一棵树而已,树就是它自己;但当人的意识意向这棵树时,就对其赋予了各种意义——人可以将这棵树做成筷子或纸张等。

我们会发现,"自为的存在"模式其实有一些能动色彩,不像"自在的存在"那样死气沉沉。在萨特看来,人就是在"自为的存在"模式下生存的。

"自为的存在"模式有什么特性呢?还是有三句话:

> 它不是存在,而是对存在的否定,即非存在、虚无;
> 它不是自在的,而必然超越自身;
> 它不是其所是,而是其所不是。①

"自为"以一种"不是自己"的方式存在——它永远不是什么,但又趋于成为什么。这种趋向性的结构是一种虚无化或否定运动。

萨特说:"意识生来就是被一个不是自身的存在支撑着。"由于意识的意向性,意识总要朝向一个"不是自己"的东西②。意识也正因为在这"趋向不是自己"的过程中,才得以存在。

比如"这是一棵树",在意识领域中要形成一棵树的意向对象,则意味着首先得有一个非意识的树做支撑,那么意向活动正是在趋向于这个不是自己的"树"的存在的时候,关于这棵树的意识才能得以呈现。

比如你要去实现一个目标,但这个目标太大,是现在的你根本没有办法完成的。但是你不怕,你要去挑战一下,于是你奔向目标。你在奔向这个你根本完成不了的目标的过程中,成为你自己。你在趋向那个"不是自己的自己"时,才能真正实现自我超越。当你在

---

① 刘放桐.新编现代西方哲学[M].北京:人民出版社,2000:371.
② 为什么说朝向的是"不是自己"的东西呢?因为朝向"是自己"的东西意味着意识朝向自身,但意识不可能自己朝向自身,意识只能朝向自身以外的东西,即"不是自己"的东西。

追求自己不能完成的目标时,这个过程就是一个"自为的存在"过程。

以"不是自己"的存在方式存在,其实就是以"非存在"的方式存在,这也是一个虚无化的方式。萨特说:"自为不是别的,只不过是自在的纯粹虚无化。"①

拿一幅世界地图来说。地图上呈现的所有元素(国家版图、地貌、名胜古迹、街道等)交融一起,就是"自在的存在"。当这张世界地图摆在你面前时,你能意识到什么?这是一幅融合所有元素于一体的地图,世界就是一个整体。但是,当你的意识聚焦在"喜马拉雅山","喜马拉雅山"在地图上的位置和范围就逐渐形成了一个轮廓,从这个混沌的复杂的地图元素中凸显出来,甚至有一种一座山拔地而起的感觉,山的其他部分就被虚化了。因为你的意识聚焦在这座山,意识朝向了这个对象,你的注意力就放在"喜马拉雅山"这个轮廓范围里,地图上其他部分被虚无化、变模糊了。你寻找"喜马拉雅山"的过程,其实就是"自为的存在"方式的体现。这个意识的显现过程就是一个虚无化的过程,正因为这种虚无,才使得你要找的"喜马拉雅山"的轮廓逐渐清晰起来。

我们会发现,"自为的存在"作为"虚无"暗含某种超越性和否定性——正是通过把一部分内容虚无化了,才使得聚焦的那部分能够凸现出来,使其轮廓清晰可见。之前说到,萨特提出的"存在"是针对"本质"提出的,那么"自在的存在"和"自为的存在"与"本质"之间又有着怎样的关系呢?

---

① [法]萨特.存在与虚无[M].陈宣良,译.北京:三联书店,2010:745.

04 萨特：存在先于本质

关于"自在的存在"和"自为的存在"与"本质"之间的关系，可以概括为："自在的存在"是"本质先于存在"的体现；"自为的存在"是"存在先于本质"的体现。

本质

什么是本质？通俗理解，就是事物所具有的内在规定性，即使得事物成为事物本身的那个东西[①]。在人的层面，人的本质就是这个人之所以是这个人所具有的质的规定性。每个人的不同特性（比如性格、生活理念、生活方式以及职业等）构成了每个人独有的本质特征。

关于本质和存在的关系问题，我们该如何理解？

---

① 花和草是不同的事物，苹果和梨是不同的事物，剪刀和锤子是不同的事物，这些事物的不同之处在于每个事物的本质不同。

本质先于存在

"自在的存在",是"本质先于存在"的体现。

从字面上看,"本质"在先,"存在"在后。这意味着事物的存在是按照某种既定的规定性展开的。"自在的存在"一经产生,便注定了其本质是给定的,无可选择。

你盖一所房子,在造房子之前,脑子里已经形成了关于房子的模样、结构和功能等,这些就是房子的本质规定性。这些规定性在先,然后你按照脑子里关于房子的观念将其建造出来。所以对房子而言,它的本质先于它的存在。

苹果树上结出的水果一定是苹果,不可能是梨。因为在水果还未长出之前——"苹果树要长成苹果"就已被注定。对苹果而言,它的本质在先,或者说它的本质已被苹果树决定。按照这个预定的本质进行生长,苹果自己不能选择长成别的东西(比如梨或香蕉),因为它的本质先于它的存在。

"自在的存在",其存在模式便是"本质先于存在"。

存在先于本质

萨特的关注点最终落脚于人的层面。人的存在是"自为的存在"模式,是"存在先于本质"的体现。

人的本质不是既定的。不是先给你规定出你要成为一个什么样的人，然后你按照这个给定的模式成长为这样的人。一个人要成为什么样的人，取决这个人自己的主观选择。换言之，人自身的各种规定性（即"本质"）是由人自身创造出来的。

这就是"自为的存在"的存在模式：总是要趋向成为什么，总是要进行选择，进行自我超越。只有在自我塑造（即"存在"）的过程中，才能创造出人的规定性（即"本质"）。

萨特说：

> 首先是人存在、露面、出场，后来才说明自身。……人之初，是空无所有；只在后来人要变成某种东西，于是人就照自己的意志而造成他自身。[①]

人们出生来到世界，即"露面"与"出场"。人们要生存下去，就意味着人们要面向未来，面向未来就意味着人生充满各种可能性。在这么多可能性面前，人们一定要做出选择。每个人的选择不同，人生之路便不同。

你是成为科学家还是医生；你是成为一个道德高尚的人，还是成为一个盗窃犯，这些都是你自己选择的结果。因为选择，每个人成为独一无二的自己。在自我选择、筹划的过程中，人塑造了自身的规定性，即人的本质。

人不是一个现成之物，也不是一个死气沉沉的不能自我决断的客观物体。人，不外乎就是"自己要成为的那个人"。人，可以自

---

① 中国科学院哲学研究所西方哲学史组. 存在主义哲学［M］. 北京：商务印书馆，1963：337.

我选择，可以把自己推向未来无限的可能性之中。人主观上怎样谋划和设计自己，自己就会成为一个怎样的人。人的本质在于人的自我塑造，归根到底在于人自身的选择。

"存在先于本质"强调人具有积极的能动性。当面对这个荒诞恶心的世界时，人可以积极主动地改变自身的困境，去做自己的主人。如此一来，萨特其实将人和他物区别开来，强调了人自身具有的价值和尊严。

萨特说："人不外是人所涉及的蓝图。人实现自己有多少，他就有多少存在，因此，他就只是他的行动的总体，他就只是他的生活。"

当这样的学说贯彻于小说、戏剧作品中并传播开来后，特别能引发大家的共鸣。二战结束后，人们内心充满苦闷和惶恐不安，而萨特的学说恰好给人一种动力。人可以去改变自己，未来的人生之路是幸福还是不幸，是快乐还是压抑，都将取决于人自己的选择和行动。

05
萨特：
人是绝对自由的吗

萨特的"存在先于本质"的理论，已经表达出了他的自由观：人是绝对自由的。人自身具有的特性和特质，是由自己的行动创造的。人要成为怎样的人，决定权在自己手中。

人是绝对自由的

我们会认为，人只有相对自由而没有绝对自由。但萨特为什么说"人是绝对自由的"？

这里要明确，萨特所谓的"自由"不同于我们常识理解的自由。萨特说的"自由"是指人们在思想上的自由——在面临各种可能性时选择的自由。比如监狱里的囚犯，虽然身体不自由，但思想是自由的。从这个意义上来说，人是绝对自由的。

绝对的意义就是"无条件"。人一生下来就要面对各种选择、面临各种未知的可能性。而人要生存下去，就必须向前迈出选择的

步伐。无论人们选择什么,前提都是要进行选择。从这个意义上说,"自由"就是绝对的。

在萨特看来,"自由"是人存在的本身的结构。"自由"并不是人具有的某种性质或者某个功能,也不是人去选择和追求的结果,人的存在意味着"自由"。

萨特反对一切形式的决定论。他认为没有什么能决定人的本质,能够决定自身本质的就是人自己的选择和行动,因此"自由"是"选择"层面的自由。

自由意味着选择

萨特在《存在主义是一种人道主义》中举了一个例子:有一位青年学生陷入人生的迷茫——是选择上前线为祖国奋斗,还是留在孤寡母亲身边照料母亲?这位青年学生为此犹豫不决,萨特说:"你自由挑选,自由创造罢。"

在人生的十字路口,人是绝对自由的,这意味着人可以自己做选择。没有任何既定的选择标准,一切都由自己决定。只有自己进行选择,才会得到自己想要的结果。那么,有没有"不去选择"的情况呢?"不去选择"是否意味着逃避自由?

萨特认为,"不去选择"本身就是一种选择——你选择了"不选择"的方式来对待"选择"。人们常说要逃避选择,无非就是自欺欺人。因此,人是不可能逃避自由的。

我们人生在世是不是总要不断做出选择?选择去哪个城市生

活，选择一份怎样的职业，选择一个什么样的对象，我们每天要吃什么，上班时是选择乘坐公交车还是地铁……所有一切都是我们自我选择的结果，选择无处不在。也正因为人们可以在思想上进行自我选择，所以人是绝对自由的。

选择意味着责任的担当

当人有了选择的绝对自由，进行自我选择并付诸行动后，也意味着烦恼将随之而来。

在"选择"这件事上，人是无依无靠的，人始终要自己独自进行选择①。你独自面对自己选择的道路，独自迎接即将到来的风雨和挑战，这也必将带来烦恼——你要为自己的选择承担责任，要独自承担自身行为带来的一切后果。

你选择成为一名教师，就要对你的学生负责；你选择结婚生子，就要对你的家庭负责；你选择闯红灯，就要为闯红灯带来的后果负责；你选择越狱，就要对越狱之后更严重的法律制裁负责。所以，"绝对自由"带给人巨大的责任感。每个选择看似轻盈，实则是沉重的。

萨特说：

> 存在主义的核心思想是什么呢？是自由承担责任的绝对性质；通过自由承担责任，任何人在体现一种人类类型时，也体现了自己——这样的承担责任，不论对什么人，也不管在任何

---

① 也许你会说你是受到了外界的影响，比如是受到了他人的指引而做出的选择，但最后的选择权确实是在你自己手中的。

时代，始终是可理解的——以及因这种绝对承担责任而产生的对文化模式的相对性的影响。①

萨特还强调，个人在选择时，不仅是对自己负责也要对全人类和世界负责。萨特说：

> 我们认为人是处于一种包括自己在内的有组织的处境中，通过他的选择，他牵连到全人类，他是不得不选择：他或持节操独身，或结婚而无子女，或结婚而有子女，不管怎么样，他都不能不对解决这问题的方法负完全的责任。②

这就是萨特的自由理论。总体而言，他的自由观带有明显的个人主义倾向，但也是一种乐观的行动学说——唯有行动才可以改变现状。这样的理论很鼓舞人心，不亚于给当时迷茫、失落的法国人打了一剂强心剂。20世纪五六十年代，萨特的存在主义风靡全球。我们中国在20世纪80年代初，也掀起了一场波澜壮阔的"萨特热"。

---

① ［法］萨特．存在主义是一种人道主义［M］．上海：上海译文出版社，2012：26．
② 中国科学院哲学研究所西方哲学史组．存在主义哲学［M］．北京：商务印书馆，1963：353．

加缪：遭遇荒谬

他是一位肺癌患者；

他在第一次世界大战的战鼓声中长大；

他的父亲在战争中死去，贫困和死亡的阴影交织于他的童年时光；

他对人生的荒诞与无常有着深刻的体会；

他经历二战，活跃于抵抗运动；

参政的经历加深了他对生存困境的思考；

他创作戏剧和小说以表达思想；

他是法国最年轻的诺贝尔文学奖获得者；

他的文字透露深刻的哲思；

他是法国著名存在主义者——阿尔贝·加缪。

提到加缪，大家会想到加缪的小说《局外人》《鼠疫》，还有他的哲学随笔《西西弗神话》《反抗者》等。在这些作品中，加缪表达了一个核心思想——荒谬（荒诞）。加缪的人生之路，也都在跟

阿尔贝·加缪（Albert Camus，1913—1960年）。法国作家、哲学家，存在主义文学、"荒诞哲学"的代表人物。主要作品有《局外人》《鼠疫》等。

荒谬做斗争。因而，加缪的哲学思想也被称为"荒谬哲学"。接下来，我们将从两个方面介绍加缪的哲学思想：一是觉醒的维度——领悟荒谬；二是行动的维度——反抗荒谬。

领悟荒谬

到底什么是荒谬？荒谬感是如何产生的？在加缪看来，荒谬是人的一种主观的感受。

我们每天重复着同样的生活，起床、洗漱、吃早饭、出门上班、工作、吃午饭、继续工作、下班回家、吃晚饭、睡觉……第二天起床后，又重复这样的生活。如果你对此不以为然，说明你还未遭遇荒谬。

如果某一天，你突然对重复的生活模式产生怀疑，那此时你就产生了荒谬感。比如你早晨刷牙时看着镜子中的自己觉得很陌生，然后问自己："每天如此生活，究竟是为了什么呢？"当你提出"为什么"时,这说明你遭遇了荒谬。在人生这场大戏中,此时的你"出戏"了。"出戏"就是荒谬的体现。

如何理解"出戏"感呢?

比如你去戏院看戏,戏剧舞台有一个大背景(舞台上的幕布以及各种道具),演员在这个大环境中进行表演。作为观众的你,正全神贯注地欣赏这部戏,此时布景突然倒塌了,舞台上一片混乱,演员的表演也受到影响。此时你有什么感觉?一下子"出戏"了。本来你很沉浸在看戏的状态中,由于舞台背景突然崩塌,你沉浸于其中的感觉被干扰,而后你试图找寻之前"入戏"的感觉,但怎么也找不到了。这说明你正在遭受荒谬。

荒诞本质上是一种分裂

"一个能用歪理来解释的世界,还是一个熟悉的世界,但是在一个突然被剥夺了幻觉和光明的宇宙中,人就会感到自己是个局外人。这种流放无可救药,因为人被剥夺了对故乡的回忆和对乐土的希望。这种人和生活的分离,演员和布景的分离,正是荒诞感。"[①]

加缪在这里用了一个词——"分离"。在他看来,荒诞的本质就体现在——人和生活的"分离"。这种分离也可看作分裂或者断裂。

荒诞产生于人和世界两者分离的裂痕中——荒诞既不单独地产生于人,也不单独地产生于世界,而是产生于两者的对立中。而人和世界的对立又恰恰表现为一种共存状态——人类社会。荒诞的存

---

① [法]加缪.孤独,团结与反抗[M].郭宏安,译.广州:花城出版社,2014:10-11.

在以人为前提，荒诞是在人联系着的世界与人对立的过程中产生的。

在加缪看来，所谓荒诞是指非理性和非弄清楚不可的愿望之间的冲突，"荒诞就产生于这种人的呼唤和世界不合理的沉默之间的对抗。"[①]

每个人心中都有理想的生活方式，但现实并非如你所愿。当人对世界合理的期望和残酷现实形成落差时，人和世界之间就产生了断裂，这种断裂让人感到荒谬。你不得不每天面对柴、米、油、盐、酱、醋、茶，不得不朝九晚五无休止地工作、挣钱养家……你不禁问自己：每天做这么多事情，究竟有什么意义呢？但更可怕的是，你明明知道没有意义，还要继续去做这些事。这就是人生的荒谬！

加缪发现了这种荒谬感，原来世界是一个非理性的、带有神秘色彩的世界。说地震就地震，说海啸就海啸，说发洪水就发洪水，人拿这个世界没有办法。世界也总是无视人的愿望，甚至对人充满敌意。在这种境况下，人是渺小而孤独的，是无助而绝望的。人与世界的"分离"，正是人的荒谬感产生的原因。

---

① ［法］加缪.西西弗神话［M］.杜小真，译.北京：人民文学出版社，2011：35.

07
加缪：反抗荒谬

既然认识到了世界的荒谬性，那么，我们该如何应对荒谬呢？

有人会说：既然世界如此绝望，还不如去自杀，一死了之也就不会有什么荒谬感了。加缪认为这是错误的。一死了之的想法，是一种虚无主义的表现，是一种逃避。

在加缪看来：面对荒谬，人真正的职责是义无反顾地活下去。承认荒谬、直面荒谬并且学会反抗。

反抗荒谬

当有人侵犯你的合法权益时，你会怎么办？拿起法律武器或者采取其他手段奋起反抗，保护自己，总之不能坐以待毙。加缪提倡的反抗精神，也是这样的。凡是违背生命价值和普遍规范的行为和主张，人都要对其进行反抗。

但反抗荒谬并不是为了消除荒谬。在加缪看来，荒谬是既定事

实，人要接受荒谬并带着荒谬（人和世界之间的裂痕）直面生活。面对现实的压迫、非正义以及各种残酷事实，人要对其进行反抗。

反抗的态度也可以理解为一种积极的创造态度。虽然生活是荒谬的，但人可以藐视荒谬，并采取行动对抗荒谬，以肯定自身的生命价值。

接下来我们将通过加缪的两部作品《西西弗神话》和《局外人》，去看看他是如何表达对荒谬的反抗精神的。

西西弗：对"荒谬"的藐视

西西弗是古希腊神话里的一个国王，他因为触怒了天神而受到诸神的惩罚。诸神让他把一块巨大的岩石推向山顶，但石头因为自身的重量一次次滚下山去，然后西西弗再重复同样的动作，把巨石搬向山顶，岩石再次滚落，就这么一直来来回回没有尽头。诸神认为这种既无用又无望的劳动是最可怕的惩罚。

可以想象，西西弗做的这件事是毫无意义的，整个画面充满荒谬感。但西西弗并没有因其毫无意义就放弃。相反，他坚定不移地一次次去搬巨石，从不停歇。他意识到了世界的荒谬，但又勇敢地走向荒谬。他直面惨淡的人生、直面沉重的磨难，他没有放弃，并通过自己的行动表现出对诸神的藐视，反抗荒谬。

也许你会说，既然是"反抗"，那就不要去搬动石头啦，这才是彻彻底底的"反抗"。但换一个角度，这是不是一种逃避呢？在加缪看来，对荒谬的反抗是在承认荒谬的基础上进行的反抗。对生活本身说"是"，就是一种反抗。意识到岩石会落下，但仍然一次次搬岩石，这是对生活说"是"的一种体现。在直面荒谬的过程中，通过行动表达出对荒谬的蔑视。

正如加缪所说：

> 西西弗是个荒谬的英雄。他之所以是荒谬的英雄，还因为他的激情和他所经受的磨难。他蔑视神明，仇恨死亡，对生活充满激情，这必然使他受到难以尽述的非人折磨：他全身心地投入于没有效果的事业之中。而为了对大地的无限热爱这是必须付出的代价。①

西西弗意识到生活的荒谬，并通过自己的行动对抗荒谬，"给他带来痛苦的，同时也造成了他的胜利"②。

所以，西西弗是幸福的。

局外人：对真实的激情

小说《局外人》的主人公叫莫尔索，他对生活中的一切都抱持无所谓的态度，他和这个约定俗成的世界格格不入。

面对妈妈的死，莫尔索表现出了异乎寻常的淡定。在小说的开头是这样描述的："今天，妈妈死了。也许是昨天，我不知道。"或

---

① [法]加缪.西西弗神话[M].杜小真，译.北京：人民文学出版社，2011：148.
② [法]加缪.西西弗神话[M].杜小真，译.北京：人民文学出版社，2011：157.

许你会纳闷，怎么连妈妈去世的日子也记不清呢？是的，这就是莫尔索。在母亲的葬礼上，莫尔索没有痛哭流涕，也没有表现出悲伤的情绪。

葬礼之后，莫尔索没有沉浸在悲痛中，而是想要睡一个好觉，然后第二天他便和新女友约会、游泳、看电影。在婚姻方面，他也表现出一副无所谓的态度，对事业的升迁丝毫没有兴趣。

莫尔索总是和这个社会格格不入。最后他被判处死刑，理由是他没有遵守社会习俗。他没有在母亲的葬礼上哭泣，对爱情和事业也表现得无所谓，对法庭上的辩论也是冷漠置之。莫尔索因对社会规则表现出的冷淡而被视为社会的敌人。这就是《局外人》里塑造的莫尔索——一个离经叛道的局外人。

我们大多数人都是从一个约定俗成的规则出发去看待莫尔索，自然就会对他的行为产生质疑。但现在就要思考，为什么在母亲的葬礼上一定要痛哭流涕才能表达对母亲的爱呢？为什么一定要在母亲死后很长一段时间中，都要表现出悲伤的情绪呢？为什么葬礼之后的第二天就不可以和女友约会、看电影呢？面对工作的升迁，为什么一定要表现出积极进取的态度呢？这一切，难道不是约定俗成的外在规则对我们的无形要求吗？

只不过，莫尔索敢于面对真实的自己。他做到了诚实、活出了自己，他通过自己的方式，表达出对既定规则的蔑视。

加缪说："他远非麻木不仁，他怀有一种执着而深沉的激情，对于绝对和真实的激情。"[①]

他只相信自己内心最真实的情感，而不用去刻意伪装。他看似

---

① [法]加缪.孤独，团结与反抗[M].郭宏安，译.广州：花城出版社，2014:9.

不近人情，但他正是在用这种方式对抗世界的荒谬。他不愿像其他人那样，在社会这个舞台上演戏，他更愿意坦诚地面对真实的自己，并将这份真实表现出来。

当然，莫尔索是加缪在小说里刻画出来的形象。加缪无意去讽刺什么，他只是通过塑造一个和我们的正常生活相背离的人物形象，表达出对人的真切的关怀。

莫尔索最可贵的地方，就在于他表现出的真实感。很多时候，我们会感到人生的无奈和无助，那是因为我们总是被外在的规则裹挟前行，既身不由己又无能为力，我们没办法真切地表达自我，我们不得不成为"局中人"。

面对荒谬，不是以"死"来结束这一切，而是要"义无反顾地生活"，直面荒谬，蔑视荒谬。

我们心怀热切的希望，但很有可能迎来的是凌乱的世界。我们一生都活在忙碌的重复的生活里，换来的只有短暂的闲暇。面对"人生的无意义"，我们不能畏手畏脚，要勇敢地对抗人生的枷锁。不把希望寄托在未来和明天，要活在当下。在这个冰冷的世界中，在这个有限的世界中，我们要去生活、去行动、去反抗、去直面绝望的深渊，并在苦难中绝处逢生。

这就是加缪对人的生存思考，他热情而冷静地阐明当代人面临的种种问题，他毫不留情地揭示世界的荒诞，但他并没有陷入悲观主义，而是倡导反抗荒谬。

人生，就像一首含着微笑的悲歌。尽管悲痛，但仍然要含着微笑前行。在加缪的文字中，我们感受到了人道主义的光辉。

小结：
法国存在主义

本篇章我们主要介绍了法国存在主义及其两位代表人物——萨特和加缪。

萨特

出发点

首先强调一点，萨特和海德格尔对"存在"探讨的方式是不同的。海德格尔以"存在"和"存在者"的区分为切入点探讨"存在"，

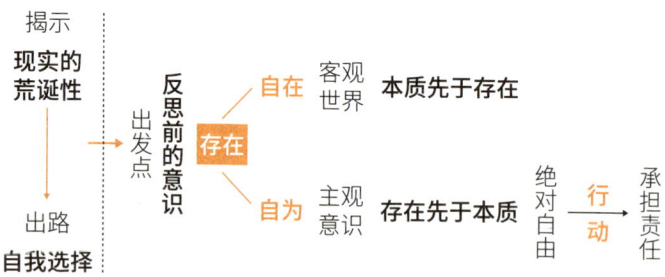

●○● 萨特的存在主义

他将"存在"定义为存在者如何存在的过程、存在者如何显现自身等。海德格尔探讨"此在"（人），最终是为了抵达"存在"本身。而萨特的"存在"是针对"本质"提出的，其落脚点在"人的存在"问题——人的生存境遇，人如何存在，等等。萨特对"存在"本身是什么，并没有兴趣。

虽然海德格尔和萨特的探索方式不同，但他们的理论都有一个源头——胡塞尔的现象学。现象学主张回到主客交融的境域，以最为纯粹的意识为出发点。以此为起点，海德格尔和萨特走上了各自不同的道路。

萨特在接受了胡塞尔理论的基础上，从"反思前的意识"出发探讨"存在"。但萨特并没有完全赞同胡塞尔，他摒弃胡塞尔学说中的"先验自我"的概念。

自在和自为

萨特将存在的模式分为了"自在的存在"和"自为的存在"。

"自在的存在"是不以意识为转移的客观世界的存在，其特点是：

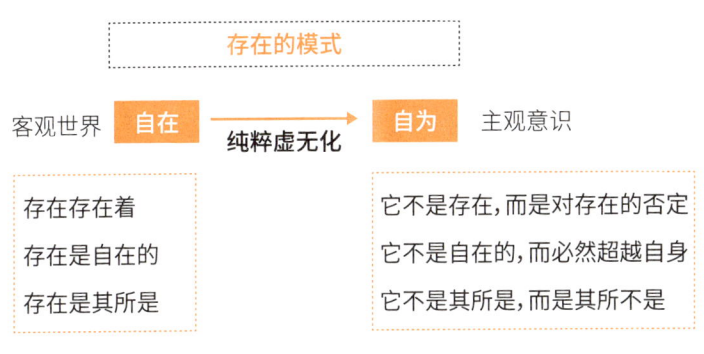

●○● 自在与在为

存在存在；存在是自在的；存在是其所是。"自在"以"是其所是"的方式存在。

"自为的存在"是人的存在模式。"自为"是人的主观意识的存在，其特点是：它不是存在，而是对存在的否定，即非存在、虚无；它不是自在的，而必然超越自身；它不是其所是，而是其所不是。"自为"以"不是自己"的方式（"虚无化"的方式）存在——它永远不是什么，但又趋向于成为什么。

存在与本质的关系

"自在的存在"是"本质先于存在"的体现，而"自为的存在"是"存在先于本质"的体现。

一所房子在建造之前，这所房子的本质就已经被规定，这是自在的存在方式——"本质先于存在"。

人要成为什么样的人，取决于每个人的不同选择。每个人的本

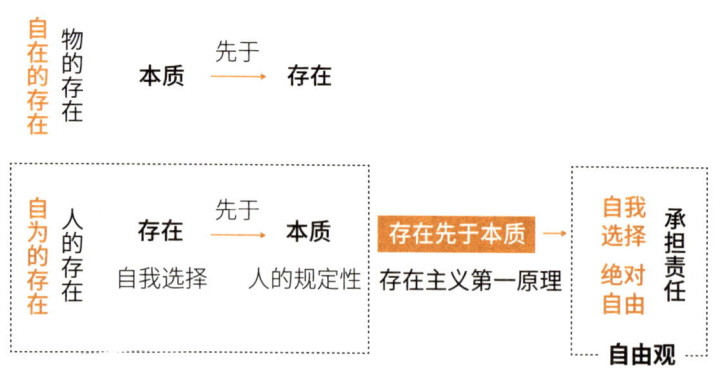

●○● "存在先于本质"及萨特的自由观

质并不是事先规定好的，人的本质取决于人的自身筹划，人的本质是人的行动造就的结果。这是自为的存在方式——"存在先于本质"。

自由观

"存在先于本质"是存在主义的第一原理，萨特基于此提出了他的自由观——人是绝对自由的。

人的自由指思想上的自由，即每个人面临各种可能性的时候有选择的自由。生命之旅一旦开启，便难以停止。这意味着人总会面临各种选择，人是绝对自由的。随之而来的便是责任的担当，人要为自己的选择承担责任，承担行为的后果。人要对自己负责，也要对全人类和全世界负责。

纵观萨特的理论，一个核心关键词就是"自由"。从"反思前的意识"到"自在与自为"，从存在与本质的关系到自由选择、承担责任……这些都传达一个核心思想——人是自由的。人因为做出选择才成为自己，并塑造出自己的本质，人也可以采取行动改变自身。

加缪

"荒谬"是加缪哲学的关键词，也是他理论的出发点。

领悟荒谬

在"领悟荒谬"这部分，我们探讨什么是荒谬、荒谬的本质等。

人的愿望总是和现实有着巨大的差异，所以人和世界之间的裂

●●● 加缪的荒谬哲学

痕就会产生荒谬感。就像西西弗一次又一次地将岩石搬到山顶,就像《局外人》中莫尔索被社会规则处以死刑,这些无不透露一个信息:世界是荒诞的,人生是绝望而无助的。那么,该怎么应对这荒谬之感呢?

反抗荒谬

加缪反抗荒谬的方式不是一死了之,而是义无反顾地活下去,直面荒诞,直面人生的绝望和苦难,带着世界和人之间的裂痕去生活,大声地唱一首含着微笑的悲歌。人生的意义是每个人自己去赋予的,不要逃避荒诞,在苦难的深渊绝处逢生。

加缪的文字虽然看似冷漠决绝,但这是发自心底的对人生存困境的揭示,也是对人类生存的至深关怀。

第七篇章

人的幸福与解放

在 1999 年的世纪之交，英国广播公司（BBC）在全球范围内发起了"千年思想家"的评选活动。投票结果是：马克思排第一，爱因斯坦排第二。

2005 年，英国广播公司又以"古今最伟大的哲学家"为题，调查了 3 万名听众，结果仍然是马克思得票率排第一，休谟排第二。而西方其他著名思想家如柏拉图、康德、苏格拉底、亚里士多德等人则被甩在了后面，黑格尔甚至连前 20 名都没有进入。

值得一提的是，这一评选活动不是由社会主义国家的媒体组织的，而是由资本主义国家的媒体组织的，这样的结果令人深思。

2008 年 9 月，美国第四大投资银行雷曼兄弟申请破产，新一轮的金融危机就此爆发。当时，《资本论》成为人们探寻经济危机根源的热点读物。据说，在德国法兰克福一家名为卡尔·马克思的书店，《资本论》这本书被疯狂抢购，卖到脱销。

那么，马克思到底是谁？他究竟提出了怎样的理论？他的思想对人类发展有哪些伟大的贡献？带着这些疑问，我们开启本篇章的学习①。

我们将通过对马克思的两大发现（剩余价值理论和历史唯物主义）以及共产主义学说的介绍，把握马克思学说的总主题——人的幸福与解放。

---

① 我们本章的内容只介绍马克思本人的思想，马克思主义的发展问题不在本书的阐述范围。

第七篇章 人的幸福与解放

本篇章概览
哲学家

马克思

本篇章流派
马克思学说

本篇章话题
- 马克思的生平
- 经济危机的爆发
- 历史唯物主义的总逻辑
- 共产主义的原貌
- 资本主义经济的秘密
- 异化劳动
- 生活决定意识

01
马克思:
一位熟悉的陌生人

他的一生,是流亡漂泊的一生;

他的一生,是贫寒困苦的一生。

他出身中产阶级上层,却投身于捍卫工人阶级的利益;

他本可优渥过一生,却将全部精力投入人类解放事业。

他义无反顾地追求真理,

他探寻资本的秘密,

他挖掘历史的真相,

他的学说不仅在于解释世界,更在于改变世界。

他生前受到各国政府的驱逐,

忍受着难以想象的贫困与疾病,嫉恨与诽谤。

他的著作曾在多个国家遭禁,

他是被曲解最多的哲学家之一,

我们熟悉他,但对他又备感陌生。

他就是——卡尔·马克思。

卡尔·海因里希·马克思（Karl Heinrich Marx，1818—1883年）。马克思主义的创始人之一，第一国际的组织者和领导者，马克思主义政党的缔造者，全世界无产阶级和劳动人民的革命导师，无产阶级的精神领袖，国际共产主义运动的开创者。

对于我们中国人而言，马克思是我们最熟悉的哲学家之一。在学生时代，我们都学过马克思哲学。在中学语文课本中，我们都读过恩格斯的那篇《在马克思墓前的讲话》。通过现代各类媒介，我们也总能接触到有关马克思主义的各类信息。但马克思到底是一个怎样的人？他的一生都经历了什么？他的思想发生了哪些转变……对这些，我们又备感陌生。

无忧的童年时光

1818年5月5日，马克思出生在德国最古老的城市特里尔。这座城市坐落在摩塞尔山谷中，山谷四周环绕有葡萄果园，环境优美，教堂众多。马克思的家族是犹太血统，父族和母族的很多成员都是当地颇具声望的拉比。但马克思本人并没有继承犹太教的信仰，事实上他的律师父亲早已改信新教。

马克思自幼聪明伶俐、充满活力。在良好的家庭条件下，他度过了无忧无虑的童年时光。

少年的志向

12岁时,马克思进入特里尔中学学习。这所中学以贯彻自由主义精神著称,马克思在这里受到了典型而纯粹的人道主义教育。他天资聪颖,接受能力强,很早就表现出独立思考的能力和创造力。

1835年,17岁的马克思即将中学毕业。在毕业前夕,他撰写的德语作文《青年在选择职业时的考虑》中,他立下了崇高的志向:

> 如果我们选择了最能为人类而工作的职业,那么,重担就不能把我们压倒,因为这是为大家做出的牺牲;那时我们所享受的就不是可怜的、有限的、自私的乐趣,我们的幸福将属于千百万人,我们的事业将悄然无声地存在下去,但是它会永远发挥作用,而面对我们的骨灰,高尚的人们将洒下热泪。①

从那时起,马克思就树立了"为全人类服务"的崇高理想,后来他一生都在践行自己的诺言。

---

① [德]卡尔·马克思,[德]弗里德里希·恩格斯. 马克思恩格斯全集(第1卷).2版. 中共中央马克思恩格斯列宁斯大林著作编译局,编译. 北京:人民出版社,2001:459.

大学时代

1835年，马克思离家来到波恩大学攻读法学专业，他的父亲希望他毕业后成为一名律师。进入大学后，马克思立刻被丰富多彩的大学生活吸引。在勤奋学习的同时，他还加入了同乡会社团，和伙伴们一起学习击剑、骑马，也经常和伙伴们一起聚会和郊游，还曾因为醉酒而被校方关了一夜禁闭。这段时期，浪漫主义思潮点燃了马克思，他将大部分时间花在了写诗上。

在父亲看来，波恩大学的自由氛围似乎惯坏了马克思，他不希望儿子将来成为一个平庸的诗人。1836年，老马克思将儿子转学到了柏林大学。在柏林，马克思起初沉浸于浪漫主义诗歌中，光是诗集他就给燕妮寄去了三大本。后期，马克思逐渐将精力转向学术研究，尤其是对哲学和历史的研究。

1837年，马克思因为过度学习导致身体极度虚弱，他来到柏林附近的斯特拉劳小村庄修养，在这里他的思想发生了根本性的转变。他从康德和费希特的追随者转向了对黑格尔哲学的研究，这种转向也是马克思整个思想发展中最重要的一步。不论马克思后期如何批判黑格尔，他一直承认自己的方法就是来自黑格尔。

因为钻研黑格尔哲学，他在博士俱乐部里也结识了青年黑格尔分子。自此，他对哲学的兴趣越来越浓厚。

1841年4月，马克思通过了博士论文《德谟克利特的自然哲学和伊壁鸠鲁的自然哲学的差别》，在耶拿大学获得博士学位证书。

《莱茵报》期间

在他毕业后的 1842 年,马克思成为《莱茵报》的撰稿人和主编。这段时期,也是马克思思想发展的一个重要转折时期。

当时的《莱茵报》已经成为德国自由主义思想论说的重要平台。在报纸的评论文章中,马克思认为哲学作为"时代精神的精华",它的权利在于可以自由地评论一切问题。但因为《莱茵报》对政府的批评和对敏感问题的报道,很快遭到普鲁士政府的查封。

《莱茵报》的工作经历,对马克思的内心世界产生了强烈的冲击。可以说,报社的工作为他提供了一个了解社会的窗口。他走上街头、深入车间,全面了解了工人的生活状态,他深切地感受了底层劳动人民生活的困苦……这些经历,对马克思的一生都产生了重要影响,他萌生了要为贫困群众代言的想法。

●○● 马克思与燕妮

《莱茵报》虽被判了死刑,但马克思

并没有停止战斗。1843年，离开《莱茵报》的马克思与朋友卢格创办了新的刊物——《德法年鉴》。这一年，马克思同少年时代的恋人燕妮结婚了。

流亡岁月

没过多久，马克思便被普鲁士政府驱逐，他和妻子流亡到法国巴黎。在马克思的一生中，他常年遭到各国保守势力的排挤和驱逐，多半生都在流亡和漂泊中度过，对此他倒也很坦然，自嘲是"世界公民"。

在巴黎，马克思的立场转向了对黑格尔哲学的批判。在费尔巴哈的影响下，他发现黑格尔哲学无法与社会现实相融合。在《黑格尔法哲学批判导言》中，马克思第一次提出"无产阶级是资产阶级掘墓人"的观点。他认为，要使人类得到真正解放，必须撕掉资产阶级统治的遮羞布。

这一时期，马克思系统研究了政治经济学，完成了《1844年经济学哲学手稿》，这是马克思学说创立前的最后一部著作。这部手稿对共产主义、政治经济学批判和哲学变革等都做了突破性的融合。马克思在世时，这部手稿从未发表。全文公开发表的时间是1932年，也就是在马克思去世49年之后。这部手稿一经发表，西方学界对马克思的研究立即从政治学、经济学等方面转向哲学方面。

马克思与恩格斯

1844年,恩格斯到访巴黎。在法兰西剧院广场旁的咖啡馆,马克思和富家子弟恩格斯热烈地交谈。他们发现彼此是那么有默契,很多观点几乎到了不谋而合的地步。基于彼此思想的一致性,他俩开始了毕生的友谊。

为了支持马克思搞理论,恩格斯放下了自己的研究,甘愿从事自己最不喜欢的经商活动,以此来维持马克思的活动与生活费用。

1845年,他们合写了第一部著作《神圣家族》。在书中,他们批判了青年黑格尔派的主观唯心主义,并开始论述历史唯物主义思想。随后,马克思和恩格斯又合写了《德意志意识形态》,系统批判了黑格尔的辩证法,分析了费尔巴哈唯物主义的不彻底性。《德意志意识形态》第一次系统阐述了历史唯物主义的概念,这本著作标志着唯物史观的诞生[1]。

共产主义与唯物史观

1845年秋,马克思又被法国政府驱逐,他被迫来到比利时的布鲁塞尔,在此之前马克思已经转向了对共产主义的研究。在这个过程中,马克思和恩格斯认识到组建无产阶级政党的必要性。

---

[1] 《德意志意识形态》同《资本论》《共产党宣言》等书一起,被列为马克思、恩格斯最重要的著作。

1847年，马克思和恩格斯改组正义者同盟为共产主义同盟，并在布鲁塞尔的白天鹅咖啡馆里起草了共产主义同盟的纲领，也就是著名的《共产党宣言》。在《共产党宣言》中，他们对新世界做了科学的表述。

同时期，马克思完成了著名的《关于费尔巴哈的提纲》。这份仅仅五页的提纲阐明了马克思主义哲学的基本观点，蕴含了辩证唯物主义世界观的基本内容。

1848年欧洲革命时期，马克思对无产阶级革命取得国家政权抱以极大的乐观情绪。随着资产阶级力量的日益强大，他认识到《共产党宣言》只是对无产阶级专政必将到来的一种科学假说，缺乏对资本主义经济运行规律的实证分析。

《资本论》发表

1850年以后，马克思远离工人运动，他潜下心来研究资本主义经济的秘密。1859年发表了《政治经济学批判》，为论证剩余价值理论奠定了基础。1867年，《资本论》第一卷出版。在这部巨著中，他详细阐明了剩余价值理论，揭示了资本主义社会的内部矛盾问题。19世纪七八十年代，马克思继续撰写《资本论》第二、三卷，同时关心国际共产主义运动的发展。

晚年关注"卡夫丁峡谷"问题

晚年的马克思将眼光转向东方，研究殖民地半殖民地革命问题，也就是"卡夫丁峡谷"问题——未经历过资本主义发展的社会，能否不经过资本主义发展的阵痛而直接过渡到共产主义社会。对这个问题的研究直到马克思逝世也未完成，他一定想不到在他逝世后的几十年里，他的学说在东方被实践，他的学说被苏联和中国奉为指导思想，他本人也被尊为革命导师。

由于长期的贫困、疾病和劳累，1883年，伟人的心脏停止了跳动，马克思在安乐椅上与世长辞。在葬礼上，马克思的亲密战友恩格斯发表了庄严讲话。现在将其原文引录在此：

> 3月14日下午两点三刻，当代最伟大的思想家停止思想了。让他一个人留在房里还不到两分钟，当我们进去的时候，便发现他在安乐椅上安静地睡着了——但已经永远地睡着了。
>
> 这个人的逝世，对于欧美战斗的无产阶级，对于历史科学，都是不可估量的损失。这位巨人逝世以后所形成的空白，不久就会使人感觉到。
>
> 正像达尔文发现有机界的发展规律一样，马克思发现了人类历史的发展规律，即历来为繁芜丛杂的意识形态所掩盖着的一个简单事实：人们首先必须吃、喝、住、穿，然后才能从事政治、科学、艺术、宗教等等；所以，直接的物质的生活资料的生产，从而一个民族或一个时代的一定的经济发展阶段，便构成基础，人们的国家设施、法的观点、艺术以至宗教观念，

就是从这个基础上发展起来的,因而,也必须由这个基础来解释,而不是像过去那样做得相反。

不仅如此。马克思还发现了现代资本主义生产方式和它所产生的资产阶级社会的特殊的运动规律。由于剩余价值的发现,这里就豁然开朗了,而先前无论资产阶级经济学家或者社会主义批评家所做的一切研究都只是在黑暗中摸索。

一生中能有这样两个发现,该是很够的了。即使只能做出一个这样的发现,也已经是幸福的了。但是马克思在他所研究的每一个领域,甚至在数学领域,都有独到的发现,这样的领域是很多的,而且其中任何一个领域他都不是浅尝辄止。

他作为科学家就是这样。但是这在他身上远不是主要的。在马克思看来,科学是一种在历史上起推动作用的、革命的力量。任何一门理论科学中的每一个新发现——它的实际应用也许还根本无法预见——都使马克思感到衷心喜悦,而当他看到那种对工业、对一般历史发展立即产生革命性影响的发现的时候,他的喜悦就非同寻常了。例如,他曾经密切注视电学方面各种发现的进展情况,不久以前,他还密切注视马赛尔·德普勒的发现。

因为马克思首先是一个革命家。他毕生的真正使命,就是以这种或那种方式参加推翻资本主义社会及其所建立的国家设施的事业,参加现代无产阶级的解放事业,正是他第一次使现代无产阶级意识到自身的地位和需要,意识到自身解放的条件。斗争是他的生命要素。很少有人像他那样满腔热情、坚韧不拔和卓有成效地进行斗争。最早的《莱茵报》(1842年),巴黎的《前进报》(1844年),《德意志—布鲁塞尔报》(1847年),《新莱茵报》(1848—1849年),《纽约每日论坛报》(1852—1861年),以及许多富有战斗性的小册子,在巴黎、布鲁塞尔和伦敦各组织中的工作,最后,作为全部活动的顶峰,创立伟大的国际工人协会,做为这一切工作的完成——老实说,协会的这位创始人即使没有别的什么建树,单凭这一成果也可以自豪。

　　正因为这样,所以马克思是当代最遭忌恨和最受诬蔑的人。各国政府——无论专制政府或共和政府,都驱逐他;资产者——无论保守派或极端民主派,都竞相诽谤他,诅咒他。他对这一切毫不在意,把它们当作蛛丝一样轻轻拂去,只是在万不得已时才给以回敬。现在他逝世了,在整个欧洲和美洲,从西伯利亚矿井到加利福尼亚,千百万革命战友无不对他表示尊敬、爱戴和悼念,而我敢大胆地说:他可能有过许多敌人,但未必有一个私敌。

　　他的英名和事业将永垂不朽!

02 马克思：解释世界，更在于改变世界

马克思主义是马克思和恩格斯在19世纪40年代创立的、以《共产党宣言》的发表为标志的一套理论体系。

从狭义层面来讲，马克思主义的理论仅仅指马克思、恩格斯的思想；从广义层面来说，马克思主义既包括由马克思、恩格斯创立的马克思主义的基本理论和方法，也包括马克思逝世之后，其理论在各个国家、各个领域的发展而形成的理论体系[1]。

我们本篇章主要介绍的是马克思本人的思想。为了和广义的马克思主义有所区分，我们在文中采用"马克思的学说"这个提法。

两大发现

马克思有两个重要的理论贡献，即两大发现：历史唯物主义和

---

[1] 广义层面的"马克思主义"是一个不断发展着的思想体系，其以马克思和恩格斯的思想作为源头，结合各国的实际情况而产生的最新理论。

剩余价值理论。

马克思曾说:"哲学家们只是用不同的方式解释世界,问题在于改变世界。"[1]下面,我们结合"解释世界"和"改变世界"的内涵,来理解马克思的两大发现。

解释世界与解决问题

所谓"解释世界",就是对"世界是什么"做出解释。以往的哲学家以不同的方式提出问题,并试图按照自己的思路对其进行解释。我们通过对古希腊哲学(探问世界的本原)、近代理性主义(追问认识的模式)、现代哲学的分析哲学(语言与逻辑分析)、现象学(对现象的追问)以及存在主义(对人的生存问题的探索)的研习得出:哲学家往往以个体主义方式对哲学问题做出的解释,仅仅停留于世界"是什么"的层面,并未真正"解决问题"。而只有当一套理论对所有人都行之有效时,这套理论才能"解决问题"。

马克思要提出的理论是一套针对人类共同体(即由所有人组成的社会)都有效的理论,因此这套理论可以达到"解决问题"的效果。

这时你不禁要问,为什么马克思的理论能对所有人有效呢?

不同于传统哲学家以本质、规律、思维方式、认识模式等为研究对象,马克思以"社会"为研究对象,他从客观的、历史的角度探究这些问题。人组成的社会是如何发展的?人类社会都经历了哪

---

[1] 谭培文,陈新夏,吕世荣. 马克思主义经典著作选编与导读[M]. 北京:人民出版社,2016: 41.

些阶段？社会发展过程有没有规律可寻……对这些问题的探究所形成的理论，正是历史唯物主义的核心内容。

每个人都是社会的一份子，像"社会发展的普遍规律"这类问题，是对所有人都行之有效的理论。最终，这套理论也就达到"解决问题"的效果了。

那么，马克思的学说要"解决"的是什么问题，他又是如何"解决"问题的？

改变世界

在马克思生活的时代，资本主义社会已经发展起来。劳苦大众处在一种普遍贫困的境况中，"人被束缚和压抑"成为普通大众都要面临的一个社会问题。

马克思从资本主义的社会制度层面，挖掘出社会问题产生的原因。基于对"资本主义的经济运作方式、资本家如何发家致富、资本主义的内部矛盾"等问题的探究，马克思提出了剩余价值理论，找到了资本主义的经济秘密。

那么，马克思是如何"解决"问题的，即如何使劳苦大众摆脱被束缚和压抑的境况，实现"人的解放"？

首先让劳苦大众知道历史发展的真相问题（资本主义的秘密、社会发展的历史阶段等）[1]，达成统一的思想；而后采取行动，依靠现实的力量进行社会革命，以暴力的方式夺取政权，推翻资本主义

---

[1] 这要运用历史唯物主义的方法，并以此来分析资本主义的问题。

制度；最后走向共产主义社会①，从而实现人的解放与幸福。

这些听起来似乎是一个线性的发展过程，即先有了历史唯物主义，然后转向对资本主义的批判。但实际上，对历史观的阐明以及对资本主义制度的批判是同时进行的，这两者同时内化于马克思的思想发展中，没有绝对的时间界限。在批判资本主义时，会运用历史唯物主义的方法；而阐述历史的发展规律时，又涉及对资本主义必然灭亡理论的分析。

当我们从整体上梳理马克思理论的全貌时就会发现，马克思的学说已经不仅停留于"解释世界"的层面，而是上升到了"改变世界"的层面——对社会发展的变革，以及对每个人的生存状态的改变。

---

① 关于资本主义的原理、社会革命、共产主义社会的内涵等问题，就形成了科学社会主义学说。

03 马克思：资本主义的经济秘密

马克思的政治经济学著作《资本论》[①]集中阐述了他对资本主义的经济研究。在第一卷中，马克思详细阐述了剩余价值理论。接下来，我们从剩余价值理论的前提——劳动价值理论开始讲起。

劳动价值论

对"商品"的分析是马克思对资本主义经济分析的逻辑起点，所以我们先从"商品"这个概念切入。

商品与商品的特点

在《资本论》第一卷，马克思说：

[①] 《资本论》总共分为四卷。第一卷出版于1867年，主要研究了资本的生产过程，分析了剩余价值的生产问题；第二卷和第三卷，由恩格斯分别于1885年和1894年整理出版，主要考察了资本的流通过程和资本主义生产的总过程。我们本篇章主要介绍《资本论》第一卷中关于"剩余价值"的理论。

> 商品首先是一个外界的对象，一个靠自己的属性来满足人的某种需要的物。①
>
> 要成为商品，产品必须通过交换，转到把它当做使用价值使用的人的手里。②

我们由此可总结出：商品就是为了交换而生产的对他人或社会有用的劳动产品。"具有使用价值""是劳动产品""可用于交换"是物成为商品必须具备的三个条件。

商品的交换价值与价值

在商品交换的过程中，如何让双方做到平等交换，这就涉及商品的"交换价值"的概念。马克思说：

> 交换价值首先表现为一种使用价值同另一种使用价值相交换的量的关系或比例。③

比如"一把椅子交换五件衣服"（一把椅子＝五件衣服），椅子和衣服这两种商品之间存在的这种"物质"的"量"的关系，就是商品的交换价值。这"量"指的就是凝结在商品中的无差别的人类劳动，即商品的"价值"。

---

① ［德］卡尔·马克思．资本论（第1卷）[M]．中共中央马克思恩格斯列宁斯大林著作编译局，编译．北京：人民出版社，2004：47．
② ［德］卡尔·马克思．资本论（第1卷）[M]．中共中央马克思恩格斯列宁斯大林著作编译局，编译．北京：人民出版社，2004：54．
③ ［德］卡尔·马克思．资本论（第1卷）[M]．中共中央马克思恩格斯列宁斯大林著作编译局，编译．北京：人民出版社，2004：49．

"价值"是内化在商品之中的,"交换价值"是商品用于交换时对商品"价值"的外在表现。商品之所以能够进行交换,就在于它们之间有"等量的共同的东西",即凝结在各自商品中的人类劳动体现出的价值量。

> 尽管缝和织是不同质的生产活动,但二者都是人的脑、肌肉、神经、手等等的生产耗费,从这个意义上说,二者都是人类劳动。这只是耗费人类劳动力的两种不同的形式。①

大家干的具体工作不一样,但付出的劳动(体力劳动和脑力劳动)是无差别的。也就是说,凝结在商品中的劳动是"无差别的""抽象的",于是对"无差别的劳动"进行衡量就会得出商品的价值量,当找到"等量的共同的东西"时,商品便可以交换了。

商品的二重性与劳动的二重性

商品的二重属性是指使用价值和价值。商品是使用价值和价值的统一。"价值"是凝结在商品中的无差别的人类劳动,"交换价值"是对"价值"的外化体现;"使用价值"是商品对人们产生的效用的体现。我们通常会用"交换价值"去衡量"价值",但实际上这两个概念是有所差别的。

马克思由商品的二重性问题引出了劳动的二重性:抽象劳动和具体劳动。抽象劳动决定了商品的"价值",而具体劳动决定了商

---

① [德]卡尔·马克思.资本论(第1卷)[M].中共中央马克思恩格斯列宁斯大林著作编译局,编译.北京:人民出版社,2004:57.

品的"使用价值"。这里我们要注意,抽象劳动和具体劳动其实是一种劳动,只不过表现形式不同罢了。

社会必要劳动时间

怎么衡量不同商品的价值量呢?这里涉及一个概念——社会必要劳动时间。

在马克思看来,社会必要劳动时间是指在现有社会正常的生产条件下,在社会平均劳动熟练程度和劳动强度下,制造某种使用价值所需要的劳动时间。商品的价值量由社会必要劳动时间决定。

当两个商品进行交换时,只要确保它们由社会必要劳动时间决定的价值量相等,就可以进行等价交换。比如生产一件衣服需要的社会必要劳动时间是 5 个小时,生产一个碗需要的社会必要劳动时间是 1 个小时,于是一件衣服就需要用五个碗进行等价交换。

此时会有这么两种情况:A 服装厂设备先进、机器速度快、裁缝的技术更加娴熟,所以生产一件衣服只用 4 个小时就完成;B 服装厂由于设备落后、裁缝技术不太娴熟,所以需要 6 个小时才生产一件衣服。具体到每一家工厂生产一件衣服所用的时间就叫个别必要劳动时间。

在市场上评估衣服的价值时,是按照个别劳动时间去评估的吗?不是的,是按照社会必要劳动时间去评估的。也就是说,一件值 100 元的衣服,其价值量是由 5 个小时的社会必要劳动时间来定的。由此就会有一个后果:明明用 5 个小时完成的工作,A 工厂只用了 4 个小时,B 工厂要用 6 小时,最后生产出来的价值量却是一样的——在市场上都卖 100 元。于是,在单位时间里 A 工厂生产的产品数量就多一些，B工厂生产的数量就少一些，自然A的利润就更大一些，而B就有可能面临亏本的风险。

当社会必要劳动时间一定时，B工厂的老板需要想办法减少自己的个别必要劳动时间，将其降到社会必要劳动时间的程度甚至更低。只有这样，单位时间才能制作更多的产品，赚取更多的利润。当资本家在想办法减少个别必要劳动时间时，剩余价值在这个过程中就产生了。

到这里我们就搞清楚了：商品进行等价交换，其背后由社会必要劳动时间起作用，从而就有了个别必要劳动时间和社会必要劳动时间的时间差的问题。资本家要想尽一切办法降低个别必要劳动时间。

"剩余价值"的产生，还有一个关键步骤：把货币转化为资本。

剩余价值理论

货币转化为资本

商品在进行交换过程中，出现了一般等价物——货币。

如果仅仅是拿着货币去买别的消费品，这时货币还仅仅是作为流通手段的货币。这样的流通模式，还不是资本主义交易方式的体现。当货币转化为资本时，当货币成为作为资本的货币时，这就进入了资本主义生产的模式。

"资本"意味着一种能够带来价值增值、创造利润的东西。货币如何才能成为带来价值增值的货币，成为作为资本的货币呢？答

案是货币持有者通过购买特殊的商品——劳动力来实现。也就是说,通过购买劳动力商品,货币就转化为了资本。这样,资本主义的时代就到来了。

那么,为什么资本家用货币购买的是劳动力?

前面已经说到劳动具有二重性,劳动的二重性决定了商品的二重性。抽象劳动决定了商品的价值,而具体劳动决定了商品的使用价值。于是,人可以通过劳动创造价值。裁缝做衣服,木匠做家具,做出来的劳动产品正是价值的体现。所以工人出卖自己的劳动力换取了工资,劳动力就成为了商品。而资本家用货币购买劳动力,从而换取劳动力创造的价值。

这就形成了资本主义的生产方式,资本家就在这里大做文章。

剩余价值

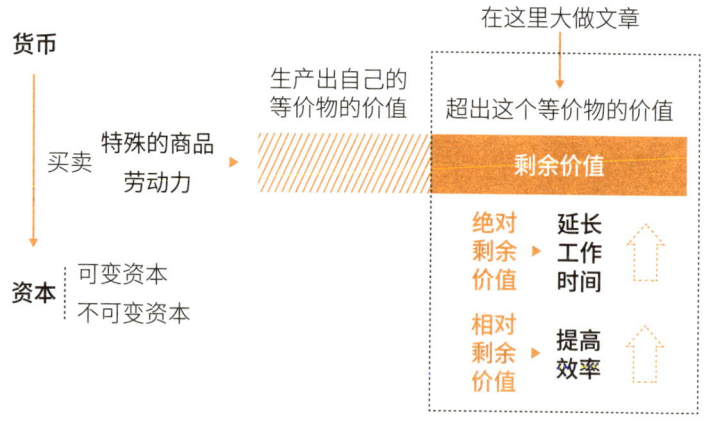

● ● **剩余价值理论**

比如一个工人一天的工资是 100 元，按理说工人一天创造 100 元的价值就可以了，谁也不吃亏，这是等价交换。

但实际上，资本家会想办法，让工人创造出超出他自身价值的价值。当工人一天能为工厂带来 150 元的价值时，那么这个差值就是剩余价值。

这也正是劳动力这个商品的特殊之处：劳动力商品不仅仅能够创造价值，还能够创造出比自身价值更大的价值，创造出一个增值的价值。

在这个过程中，货币就转化为了资本。因为资本家起初花了 100 元，但却获得了 150 元的效果，这 50 元就是增值的部分。货币就成了作为资本的货币。而剩余价值则被资本家无偿占有。

马克思发现了资本主义的经济秘密——资本家通过攫取剩余价值，发财致富。

如何创造更多的剩余价值

资本家通过两种手段创造更多的剩余价值：

第一，延长工人的劳动时间；

第二，提高劳动生产的效率。

这两种手段的总目的是为了降低个别必要劳动时间，在单位时间内创造更多的价值，获得更大的利润。

绝对剩余价值和相对剩余价值

在必要劳动时间不变的条件下，延长工作日的长度和提高劳动强度，由此产生的剩余价值叫绝对剩余价值。工作的时间越长、单

位时间内劳动的强度越强,当然产值就会越高。这种方法,通俗理解就是"加班"。

在 19 世纪中期,工人每日的平均劳动时间达到了 12—18 个小时。1886 年芝加哥工人大罢工时,工人们明确提出"8 小时工作制"的口号。8 小时工作制直到此时才在各主要资本主义国家逐步确立,并延续至今。

通过提升劳动生产效率来获得更多的剩余价值,叫相对剩余价值。也就是说,在工作日长度不变的前提下,通过缩短必要劳动时间来获取更多的利润。资本家通过提升劳动生产效率(比如采用先进的技术以及管理方法等)获取更多的利润。

资本家和资本家之间也有竞争。你采用先进的技术,我也采用先进的技术,甚至比你的更先进,进而整个社会的劳动生产率就提高了。从另一个角度来说,资本家努力提高劳动生产效率,进行技术革新,也促进了整个社会生产力的发展。这也是它的历史功绩。

马克思的批判视角

读到这里,大家可能会认为资本家对劳动人民进行剥削,真的是罪大恶极,劳动工人实在太苦了……进而在无形中,我们对资本家也会产生仇视的情绪。其实,产生这种想法的很大一部分原因是我们对这个事进行了道德层面的评判(对弱者的同情,对强者的批判)。

但是，马克思的《资本论》并不是站在道德的角度批判资本主义，也不是从"公平正义"的角度讨伐资本家①。因为就"剩余价值理论"来讲，它本身是不带任何感情色彩的，也不带有道德的价值判断。资本家支付给工人工资，剩余价值归资本家占有，这个过程本来就是在等价交换的原则下进行的。只不过，这个"契约对契约、权利对权利"的过程，模糊了工人的必要劳动和剩余劳动的界限，掩盖了资本主义的剥削关系。马克思就是将这层被掩盖的内容客观地揭示出来。

马克思从现代社会的经济规律的角度批判资本主义。他"把经济的社会形态的发展理解为一种自然史的过程"②，"过去一系列社会经济形态的更替造就了劳动者与生产资料的分离，从而孕育出了资本主义生产方式。"③而资本主义按照自己的这套方式运行后，虽说促进了生产力的发展，"但是，它越是在自己的经济必然性的推动下发展生产力，就越是不自觉地创造着让自己在经济上过时的必然性。"④这个过程就像一个人来到一片沼泽地，沼泽中央有一件宝物，他为了夺宝就必须朝前走，但当他迈进沼泽后发现自己越陷越深，以致无法自拔。

马克思看到的资本主义的经济问题也是如此：资本家的初衷是通过各种手段（延长工作时间、技术革新等）发展生产，以获得更大的剩余价值。但实际上，资本主义经济越是按照这套逻辑发展，就越会导致问题，引发更大的危机。

---

① 追求"公平正义"是马克思的目的之一，但这不是其最根本的出发点。
② 张光明，罗传芳. 马克思传 [M]. 成都：天地出版社，2017：314.
③ 同上。
④ 同上。

04
马克思：
经济危机是如何爆发的

资本主义经济制度引发的一个更大问题，便是资本主义经济危机的周期性爆发。回溯历史，每隔一段时间，资本主义经济危机就会爆发一次：

（1）1825年英国爆发第一次经济危机；

（2）1857年爆发第一次世界性的经济危机；

（3）1929—1933年世界经济大萧条；

（4）1997年亚洲金融危机；

（5）2008年全球金融危机。

在马克思看来，资本主义经济危机的爆发正是生产的社会性与资本主义私人占有形式之间的矛盾所致。

接下来，我们将从"资本主义私有制"这个概念切入，详细梳理资本主义经济危机的爆发过程。

资本主义私有制

从字面意思理解,"私有制"就是私人占有生产资料的制度。我们知道有两种私有制:一种是劳动者以自己劳动为基础的私有制,比如独立的农民或者手工业者,他们占有生产资料且生产的劳动产品归自己所有;另一种私有制是建立在他人劳动基础上,以占有他人劳动成果为基础的私有制,比如奴隶主私有制、封建主私有制以及资本主义私有制。

既然资本主义私有制是建立在剥削他人劳动成果的基础上,是以获得剩余价值为目的的制度①,那么资本家为了赚取更多剩余价值,一方面要不断扩大再生产②,另一方面要加大对工人的剥削程度。

随着资本的不断积累和规模的不断扩大,资本越来越集中于少数资本家手中。市场上哪里有利润,哪个行业赚钱,资本家就会将资本投向哪里。要生产什么、生产多少、如何生产,这些都由资本家来决定。

但这时,一个最重要的问题——资本主义的私有制和生产的社会性的矛盾——逐渐显露出来。

---

① 资本家掠夺直接生产者的劳动成果,实现资本的原始积累;而后占有生产资料,雇用工人,进行生产劳动;劳动的成果以及剩余价值又归资本家所有。
② 资本家将赚来的钱用于购买更多的生产资料(比如机器)或更多的劳动力商品,扩大生产从而增加利润。

经济危机的爆发

由于利益导向，当资本家们一哄而上生产同一种商品时，市场上就会出现"生产的相对过剩和需求的相对不足"。通俗理解就是资本家生产出了过剩的商品，但对其有需求的工人阶级（由于被剥削而处于贫困状态），却没有购买这些商品的能力。

由于"生产的社会性"[①]和资本主义私有制之间的矛盾，导致商品滞销。此时，资本家亏钱，工厂倒闭，工人失业。

比如"面包"，购买面包的主力军是工人阶级，但由于资本主义私有制，工人不断受到剥削，工资太低以致根本买不起面包。而买得起面包的这一群人（比如工厂主）必定是少数，且这些人也未必对面包有需求，他们可能会去吃其他美味佳肴。于是，面包卖不掉，面包厂就会倒闭。

当这种现象蔓延到整个社会后，商店里的商品都卖不掉了，纷纷甩卖；工厂由于开不了工纷纷倒闭；工人失业之后，就更没有钱去购买商品。整个市场呈现大萧条的状态，经济危机就此爆发。

有一个故事，很贴切地揭示了资本主义经济危机的状况和实质：

> 一个小女孩问她的爸爸：家里为啥这么冷？
> 爸爸说：咱家没有煤了啊。
> 小女孩又问：为啥没有煤？
> 爸爸答道：我失业了啊。

---

① 通俗理解就是，对一个商品来说，市场有一个需求饱和度的问题。如果按照社会的需求量来生产，商品就能够销售出去，如果生产的东西太多，市场是消化不掉的。

小女孩对这个答案并不满意,又问了一句:那你为什么失业了?

爸爸回答道:因为煤太多了啊……

05
马克思：
为什么工作让你不快乐

在《1844年经济学哲学手稿》①中，马克思集中阐述了"异化劳动"问题。

生产劳动及其特点

在马克思看来，劳动是人的生命活动。生产劳动是人之所以为人的一个基本条件，是人区别于动物的一个本质特征。

当然，动物也要进行劳动生产，比如鸟儿会衔来树枝做鸟巢。但动物的生产仅仅停留于自身的层面——在直接的肉体需要下进行生产，因此动物的生产是生产自身片面的生产。

人的生产劳动是全面的生产。人不仅生产自身肉体需要的东西，还生产精神需要的东西。人对自然界进行改造，然后再生产整个自

---

① 1932年，这部沉寂了88年的《1844年经济学哲学手稿》得以公开问世，之后便引发了世界范围的普遍关注。

然界。除了进行物质生产，人还可以进行精神方面的生产，比如哲学、艺术、法律、道德、科学等都是高级的精神产品。

人的生产劳动是一种自由的、有意识的活动。通俗理解，人自愿进行劳动，劳动后获得的劳动产品又为劳动者所用。劳动者和劳动产品之间具有同一性，而非彼此分离、彼此排斥。人在自由劳动的过程中，感受到的是幸福、满足与快乐。这样的状态，才是人进行生产劳动时本应具有的状态。

但由于资本主义私有制的出现，"异化劳动"现象也随之产生。

异化与异化劳动

从哲学上说，"异化"就是主体活动的后果变成了主体的异己力量，反过来危害主体、支配主体自身的现象。

在劳动生产层面，人不再自由快乐地劳动，而是被迫去劳动；劳动者与劳动过程及劳动产品之间变为"对立"状态，劳动者生产出的劳动产品变为"异己的力量""支配""奴役"劳动者。这样的现象便是"异化劳动"现象。

比如一个木匠做家具，之前他自愿制作出一把精美的椅子供自己使用，这个劳动的过程让他感到快乐。但在资本主义私有制下，制作家具成为木匠必须要完成的工作和任务，制作家具成为木匠谋生的手段。木匠为了达到另外的目的被迫去劳动，劳动产品成为"奴役"人的工具。在这个过程中，人自然就不快乐了。

异化劳动的形式

第一,劳动者和自己的劳动产品相异化。

在资本主义方式下,劳动产品不归劳动者所有,劳动者享受不到劳动产品带来的好处。于是,劳动产品成了一个异己的存在物。

第二,劳动者与自己的劳动活动相异化。

原先,劳动者自愿劳动,并享受到了劳动的快乐过程;现在,劳动者被迫劳动,在劳动过程中感到痛苦。

工人在自己的劳动中"不是肯定自己,而是否定自己,不是感到幸福,而是感到不幸,不是自由地发挥自己的体力和智力,而是使自己的肉体受折磨、精神受摧残"。[1]纺纱的工人一年到头只能围着机器打转,与机器人没有差别;煤矿工人在矿井下工作,没有安全保证。此时,人变成劳动的工具。人就像逃避瘟疫一样逃避劳动。

在这两点基础上,马克思推出了第三点和第四点。

第三,人同人的类本质相异化。

自由的、有意识的生产劳动是人的"类本质"[2],即人区别于动物的本质所在。对于人来说,劳动生产是人自觉自愿从事的活动,人处于自由自主的状态,进行劳动生产本身就是人自主活动的目的。但在资本主义现实中,异化劳动现象的发生,使得劳动沦为劳动者谋生(维持肉体生存)的手段了。此时,人的劳动变得不自由、不自主了,那么人也就必然不自由、不自主了。在这样状态下生活的人,就同人的"类本质"相异化。

---

[1] [德]卡尔·马克思,1844年经济学哲学手稿[M]. 中共中央马克思恩格斯列宁斯大林著作编译局,编译. 北京:人民出版社,2000:54-55.

[2] 马克思借用费尔巴哈的说法并加以改造而成。

工人自觉地劳动，变成了受压迫的不自由的苦役，人成为片面的而不是全面的人。人雄心勃勃地占有对象却反过来被对象所束缚，异化劳动使劳动者如戴着镣铐"舞蹈"，痛苦不堪，避之不及。

第四，人与人相异化。

当一个人同自己的劳动产品、劳动活动以及自己的类本质相异化后，直接后果就是人与人相异化。

劳动者的劳动过程不属于自己，生产出来的劳动产品也不属于自己，那么它（劳动过程与劳动产品）属于谁？属于一个有别于劳动者的异己的存在物。马克思指出，这个异己存在物既不是神，也不是自然界，只能是另一个有别于自己的"他人"。对劳动者来说，这个"他人"就是资本家。

人与人相异化，最后就体现于劳动者和资本家之间形成的对立局面。

异化劳动产生的根源

"异化劳动"现象产生的根源在于资本主义私有制。

在资本主义私有制出现之前，劳动者以快乐、自由的方式进行劳动，实现自给自足。社会上并不存在剥削与被剥削的问题。

由于资本主义私有制的出现，"异化劳动"现象随之产生。资本家占有生产资料，劳动者一无所有，只有出卖自身的劳动力才可以维持生计。于是，劳动者把劳动本身看作实现其他目的的手段。劳动产品不再属于劳动者，而是成为与劳动者对立的存在物。

可以说，资本主义私有制要维持和强化的正是"异化劳动"，而"异化劳动"越是被强化，就越会加剧资本家对工人的剥削程度，从而巩固资本主义制度。这就是一个恶性循环。

那么，该如何解决这个问题呢？马克思认为是共产主义。马克思认为不仅要消灭私有制，推翻资本主义制度，更重要的是对人的自我异化的积极扬弃。关于共产主义的理论，我们后面会详细展开。

06 马克思：历史唯物主义的总逻辑

马克思的第二个伟大的发现便是历史唯物主义，这部分理论就是大家通常说的马克思哲学。①

那么，历史唯物主义是怎样的一种理论？马克思哲学的思维方式有什么特别之处？我们不妨以哲学史中的几种思维模式为切入点，理解上述问题。

传统形而上学：探寻"逻各斯"

从古希腊到黑格尔阶段，哲学家们以探究现象背后的"逻各斯"为使命，在感性世界、经验世界以外寻找一个超感性的、超验的领域，并以此作为世界的理性根基。这便是传统形而上学的思维模式。

哲学家以主客二元模式为前提展开哲学探究，哲学家通过理性

---

① 传统上，我们按照几大模块（物质观、辩证法、实践观和历史观）学习马克思哲学。但从马克思理论的原貌角度上看，这几个模块本身是内化交织在一起的整体理论，我们不能将其割裂开进行理解。

推理和逻辑论证的方式，挖掘客体背后的"理性存在"。随着这种模式的发展，哲学离人的生活越来越遥远，哲学研究变为一种纯粹的思辨活动。

现代哲学：反传统的倾向

黑格尔之后，哲学家以新的方式开启了现代哲学的探索之路。非理性主义、分析哲学、现象学运动以及存在主义等理论，都具有反传统形而上学的倾向。

虽然现代哲学家克服了传统思维模式的束缚，表现出了"反传统"的特质，但从另一个角度说，现代哲学家是不是也是以克服传统思维模式，即"反传统"的方式，构建另一套真理性的思维框架，寻找另一种变中不变的确定性呢？

如此一来，现代哲学仍然是哲学家在思辨领域展开的研究，现代的哲学问题仍然归于思维的大范畴之中。现代哲学家仍然通过抽象论证和逻辑推演等方式构建哲学体系。

马克思哲学：实践的思维模式

不同于以往的哲学家，马克思并非以探寻超感性的、超验的"理性存在"和绝对的思想实体为出发点，他的初衷也并非是在思辨领域进行理论的论证。恰恰相反，他要走出观念的领域以及纯粹思辨的理论世界，走进现实领域探究哲学。

马克思将社会、历史、实践和现实的人这几个因素结合起来，来把握社会历史的发展规律、探寻历史的理性。他深入历史、社会以及人的现实活动，去探索实践本身的哲学意义，从而找到历史蕴含的真相。他更加强调行动对人认识和把握世界的意义。因此，马克思的哲学思想蕴含着一种全新的思维模式，即实践的思维模式。

马克思在《关于费尔巴哈的提纲》里说道：

> 人的思维是否具有客观的真理性，这不是一个理论的问题，而是一个实践的问题。人应该在实践中证明自己思维的真理性，即自己思维的现实性和力量，自己思维的此岸性。关于思维——离开实践的思维——的现实性或非现实性的争论，是一个纯粹经院哲学的问题。[①]

我们不能通过思辨论证的方式，得出"人的思维是否具有客观的真理性"的问题。"人的思维的真理性"问题，应该在人的实践中得以证明。

这里我们需要说明一点：以上三种方式是我们对哲学家不同的思维模式的概括，不存在哪种方式更优越的问题。我们只是通过对三种模式的对比，让大家更深刻地把握马克思的哲学模式。

那么，在马克思实践的思维模式中，"社会、历史、实践和现实的人"这几个要素之间有着怎样的逻辑性？历史唯物主义的总思

---

① 谭培文，陈新夏，吕世荣.马克思主义经典著作选编与导读[M].北京：人民出版社，2016: 40.

路是什么,其最终的指向又是什么?

社会、历史、实践与现实的人

马克思跳出纯思辨领域的哲学框架,走向现实领域,研究现实问题。他转向了对具有现实性和实践性的对象——"社会"的研究。

那么,马克思又是以何种角度、何种方式研究"社会"的呢?他从"历史"的角度,以包含了人的实践活动和物质生活的"现实的人"为逻辑起点,通过对人的"实践"活动的研究,探明社会历史的发展阶段及其蕴含的规律问题。

这就是马克思的历史唯物主义的总逻辑。

人的解放和幸福

但是,马克思的理论并非仅以揭示历史的发展规律为目的,而是有着一个更高的终极指向——人的解放和幸福。

马克思用他的理论反观当时的现实,发现了资本主义社会存在着严重问题:资本主义制度使大多数劳苦大众处于被压抑的状态中,人们生活得并不幸福。那么,如何才能把人从压迫中解放出来?马克思认为要通过彻底的革命方式,推翻资产阶级统治走向共产主义,从而实现人的真正解放。

可见,马克思理论的最终目的是实现人的自由与解放,使人获得幸福。革命手段与走向共产主义，是实现人的解放与幸福的途径。

马克思以"现实的人"为逻辑起点，阐明历史发展的规律，最终又复归于"人的问题"——人的解放与人的幸福。所以，"人的问题"是马克思始终讨论的终极话题。马克思的理论也体现出对"人"的深切关怀之情。

基于这样的整体框架，马克思对"世界的物质性、实践、分工与交往、私有制、商品经济的发展、意识与存在、生产力与生产关系的辩证关系"等问题做出了丰富而全面的阐述。

接下来，我们将深入历史唯物主义的具体理论中，从"现实的人""物质与意识的关系""分工问题"等角度[1]，去理解马克思哲学的内涵。

---

[1] 历史唯物主义的理论十分庞大，本书选取几个可能会被大家忽视的知识点进行阐述。对于大家较熟悉的理论，如生产力与生产关系、经济基础与上层建筑、社会历史发展的阶段等，本书不做过多解释。

07 马克思：现实的人

1845年，马克思撰写了一篇提纲式的笔记《关于费尔巴哈的提纲》，以说明新历史观的研究方法。沿着这个提纲的思路，马克思与恩格斯于1846年共同完成《德意志意识形态》①，这是马克思主义的第一部成熟作品，也是唯物史观正式诞生的标志。

"现实的人"是马克思的历史唯物主义的逻辑起点。那么，马克思为什么以"现实的人"作为其理论研究的起点呢？

与旧唯物主义彻底划清界限

在《关于费尔巴哈的提纲》中，马克思和以往的旧唯物主义彻底划清界限，他对费尔巴哈的哲学进行了批判。

费尔巴哈的唯物主义是以"抽象的人"为出发点的人本主义哲

---

① 在《德意志意识形态》中，马克思和恩格斯对历史唯物主义理论体系进行了全面阐发，马克思的哲学观也体现在这部著作中。

学观。他认为，人是一种"类"的存在物，即具有某一类特征的存在物。他将人的本质抽象为自然性的规定（比如把人的本质归为吃、喝、繁殖等自然属性）。

马克思不认同费尔巴哈的观点，他说：

> 从前的一切唯物主义（包括费尔巴哈的唯物主义）的主要缺点是：对对象、现实、感性，只是从客体的或者直观的形式去理解，而不是把它们当作感性的人的活动，当作实践去理解，不是从主体方面去理解。[①]

费尔巴哈以直观的形式，从"抽象的人"的角度认识人的本质，而忽略了对人的实践活动层面的把握，即没有从人的实践活动及其形成的社会关系中来认识人的本质。费尔巴哈的唯物主义有一些机械色彩，他没有把人理解为一个"活"的人。

马克思认为，在看待人的本质问题上，不能机械地从人的自然属性层面（即将人当作感性的存在）进行研究，不能把人与实践活动割裂开去研究，而是要把"人"当成"综合的、活动着的、有着丰富性存在的人"去研究，要以"感性的人的活动"，即实践着的人这个角度去研究。"人"是"活"的、灵动的人，而不是"死"的物一样的存在。

可以说，马克思与旧唯物主义彻底划清界限，以"现实的人"为理论出发点，开启了全新的世界观。

[①] 谭培文，陈新夏，吕世荣. 马克思主义经典著作选编与导读［M］. 北京：人民出版社，2016: 39.。

现实的人

"现实的人"的实践活动具体指什么？人类的实践活动在历史上又是如何展开的？马克思将其概括为了五个方面，也是"现实的人"要具备的五个要素。

（1）生产物质生活本身

马克思说："全部人类历史的第一个前提无疑是有生命的个人的存在"[①]。有生命的人，是历史发展的前提。因为只有人才能创造历史，书写历史。

马克思又说："人们为了能够'创造历史'，必须能够生活。"人要"生活"下去，就需要生活用品（物质生活资料）以满足人的日常需求。那么，人如何获得生活必需品？通过劳动生产获得。

在马克思看来，生产满足人所需要的生活资料，就是人的第一个历史活动，即生产物质生活本身。

（2）满足新需要进行的生产

人在生活中总会不断产生新的需求[②]，这就意味着人要进行新的劳动生产。新的需要构成了新的活动的内在动因。

（3）对他人生命的生产：繁殖

除了人自身进行的物质生产活动以延续自身生命外，马克思提出对他人生命的生产活动，即繁殖或生育。

以上提到的人类活动的三个方面并不是按照某个先后顺序发展

---

① 谭培文，陈新夏，吕世荣.马克思主义经典著作选编与导读[M].北京：人民出版社，2016：50.

② 比如你这一顿吃了米饭，下一顿想吃肉；今天穿了一件衬衣，明天想穿一件T恤。

的，而是同时存在着的。"从历史的最初时期起，从第一批人出现时，这三个方面就同时存在着，而且现在也还在历史上起着作用。"① 基于这三个方面的生产活动，人类社会慢慢发展起来。

（4）两重关系：自然关系与社会关系

人的生产活动的三个方面表现为两重关系：自然关系与社会关系。在生产物质生活的层面，"自然关系"表现为人与物的历史的自然关系②；在对他人生命的生产层面，"自然关系"则表现为人与人之间的血缘关系。

而"社会关系"指人们从事某个共同的生产活动③时，形成的人与人之间的交往关系。到这里，马克思考察了原初的人的历史活动的四个方面后发现：人还具有"意识"。

（5）人具有"意识"

说到"意识"，大家可能会想到"物质决定意识"这个观点。那么，我们该如何理解"物质和意识的关系问题"呢？马克思所谓的"物质"是指什么，"意识"又指什么呢？

---

① 谭培文，陈新夏，吕世荣. 马克思主义经典著作选编与导读 [M]. 北京：人民出版社，2016: 59.
② 比如原始人用石头打猎，在工业时代人用猎枪去打猎。这其实也是"生产力"的体现。
③ 活动方式与当时的生产方式紧密联系。

08 马克思：生活决定意识

生活决定意识

在《德意志意识形态》里，马克思说：

> 人还具有"意识"。但是这种意识并非一开始就是"纯粹的"的意识。"精神"一开始就很倒霉，受到物质的"纠缠"，物质在这里表现为振动着的空气层、声音，简言之，即语言。……语言也和意识一样，只是由于需要，由于和他人交往的迫切需要才产生的。[①]

一开始，意识便受到表现为语言的"物质"的影响。在人与人的交往过程中，人们通过语言表达自己的诉求从而完成交往活动。语言表达出的内容便是对世界的物质活动的反映。

---

① 谭培文，陈新夏，吕世荣. 马克思主义经典著作选编与导读 [M]. 北京：人民出版社，2016: 29.

在马克思看来，思想、观念和意识最初是直接与人们的物质活动以及现实生活的语言等交织在一起的。人们的想象、思维、精神交往等活动是人们物质活动的直接产物。

意识在任何时候都只能是被意识到了的存在，而人们的存在就是他们的现实生活的过程。

因此，马克思说：

不是意识决定生活，而是生活决定意识。①

人的意识是"生活"（即物质生产活动与人的交往活动）的产物。

回到之前提及的"物质决定意识"这个观点上，马克思原本意义上说的"物质"其实指的是具有实践性的"物质生活"，而非某个具体的静止的物质。在物质生活和社会生活的基础上，才产生人的观念与精神。处在不同历史阶段的人，由于过着不同的"生活"，就会产生不同的"意识"。

如果我们对物质生活的生产再进行抽象分析，那就涉及"生产力与生产关系"的理论了，大家在以往的教材中对此都有所了解，我们就不再展开论述。

下面我们说一说"分工"的问题。

---

① 谭培文，陈新夏，吕世荣.马克思主义经典著作选编与导读[M].北京：人民出版社，2016: 54.

分工问题

在《德意志意识形态》中,马克思对分工问题进行了考察。

> 分工起初只是性行为方面的分工,后来由于天赋(例如体力)、需要、偶然性等等才自发地或"自然形成"分工。[①]

随着生产力的发展以及人口的增长,人类的分工从"自发分工"发展为"自觉分工"。比如在最开始时,人们用石头打猎,随着生产工具的改进,人们逐渐意识到可以用射箭的方式打猎。于是,有些人专门从事制作弓箭的劳动,有些人则专门从事射箭打猎的活动。

关于"分工"问题,我们从两方面对其把握:

一方面,分工的出现是社会生产力发展的标志。因为只有当生产力水平提升时,社会才会出现分工的状况,同时,随着社会分工的产生,也会反过来促进生产力的发展。

另一方面,分工现象会造成诸多的问题:

第一,分工导致人类的不平等。人类一切不平等关系都可以在分工及其产生的异化中找到根源,私有制也是分工扩大化的结果。

第二,分工产生了单个人的利益或单个家庭的利益与所有互相交往的个人的利益之间的矛盾。"正是由于特殊利益与共同利益之间的这种矛盾,共同利益才采取国家这种与实际的单个利益和全体

[①] 谭培文,陈新夏,吕世荣.马克思主义经典著作选编与导读[M].北京:人民出版社,2016:60.

利益相脱离的独立形式。"①

第三，在"自发分工"阶段，人的活动"异化"为一种异己的力量。这种力量是对人的压迫和束缚。

由于分工的出现，每个人必须按照规定好的分工方式去劳动，以获得生活资料生存下去。于是，每个人的社会活动被固化，每个人只能在自己特殊的范围内活动。比如，你是一个猎人，你就在森林里打猎；你是一个渔夫，你就在河里捕鱼。每个人都被贴上一个标签，按照固化的模式生活。

因此，人们会感到被压迫和被束缚。人不能根据自己的兴趣从事不同的活动②，无法成为一个丰富的人。

总体来说，马克思以历史唯物主义的方法反观当时的社会现实，发现了资本主义制度存在的诸多问题——人处于"异化"的状态，人们生活得并不幸福。

当人们被这种异化状况折磨得难以忍受的时候，人就会产生革命的意识，以改变这样的状态，获得解放与自由。这就涉及马克思的"共产主义"的学说了。

---

① 谭培文，陈新夏，吕世荣.马克思主义经典著作选编与导读[M].北京：人民出版社，2016: 61.
② 比如，一个人上午打猎，下午捕鱼，傍晚从事畜牧，晚饭后进行思考与批判活动。

09 马克思：共产主义的原貌

从感性层面说，很多人认为"共产主义"是一个理想的乌托邦社会：财产归大家共同享有；不存在人的剥削问题；没有矛盾，没有压迫；每个人都是绝对平等的，社会是绝对公平的。

基于这样的认识，历史上一些政客和学者也将"共产主义"视为20世纪最大的幻想、基督教天国理念的现代版以及乌托邦的旗帜，甚至也有一些人认为"共产主义"是一种政治的信仰或者是一个社会理想的蓝图。

但，马克思的"共产主义"真的是这样吗？如果我们没有从马克思学说的发展体系的角度，没有站在"共产主义"理论的来龙去脉中去理解的话，就会对"共产主义"产生很多误解。

接下来，我们慢慢还原马克思"共产主义"理论的原貌。

什么是共产主义

先要明确一点,"共产主义"不是一种关于某种社会理想和社会目标的纯粹理论的设想。马克思和恩格斯也不主张对未来社会进行详尽的细节描绘,马克思说:"共产主义对我们来说不是应当确立的状况,不是现实应当与之相适应的理想。"

因此,"共产主义"并不是一种乌托邦的学说,不是对未来社会应该怎样进行描绘的理论,也不是通过描绘推断未来的一劳永逸的方案。

马克思说:"我们称为共产主义的是那种消灭现存状况的现实的运动。"

"消灭现存状况",就是对现存社会状况的一种批判、否定和改造。而"现实的运动"可以理解为一种实践性的社会运动——随着社会、经济和政治关系的不断变化而日益趋近理想状态的现实的社会运动。

"共产主义"并不是对新的社会形态的具体细节进行描绘的理论,而是对怎样进入这个新的社会形态,这个新的社会形态为何必然是这样而不是那样的发展趋势,以及这个新的社会形态要具备什么基本原则的阐述。所以"共产主义"的理论是宏观上对未来社会"方向性"的预测。

"共产主义"理论提出的背景

(1)资本主义工业发展出现的问题以及物质基础

马克思生活的时期是欧洲工业大发展的时期。那时,生产力的大发展已经给资本主义世界带来了翻天覆地的变化。

基于历史唯物主义的思考方式以及对资本主义经济社会发展的实际分析，马克思发现了资本主义社会"现存状况"存在的两大问题：一是资本主义私有制导致人处于被剥削与被压迫的状态；二是异化劳动现象的产生，使得人们不再快乐地劳动，并逐渐丧失自己的劳动本质。

那么该怎么办？马克思提出要对现状进行批判、否定和改造，即"消灭现存状况"。但马克思所谓的"消灭"不是将其一棍子打死，不是对资本主义所创造的一切（包括社会财富和文明）进行全盘否定，而是进行"积极的改造"——承认资本主义制度的历史作用（工业革命极大地提高了社会生产力、积累了巨大的社会财富，生产方式的改变也极大地提高了劳动效率），在继承人类社会所取得的一切积极成果（包括私有制条件下创造的文明成果）的基础上，进行社会制度的变革。这其实正是"积极的扬弃"的体现——对"私有财产"以及"人的自我异化"这两个要素进行积极的扬弃，从而达到"消灭现存状况"，实现"共产主义"的目的。通过对资本主义的深刻剖析，马克思在后期认为要通过资本主义更充分的发展阶段，才有可能为以后进入共产主义社会积累巨大的物质基础。

这是马克思"共产主义"理论背景的第一点。在资本主义工业大发展的历史时期，马克思承认资本主义制度对人类物质财富与文明的积极成果，但也看到了其中不合理的对人的压迫的因素。

（2）自由思想的基础

欧洲资产阶级革命中宣告的"人人平等"的思想，是共产主义自由思想的基础。"共产主义"提倡的是人的解放和对自由的追求，而关于"自由"的理论在之前的文艺复兴和启蒙运动中，都有体现。

文艺复兴运动所提倡的人文精神，主张人类个性的解放，提倡人性，反对神性，宣告人生而平等，每个人都拥有追求自由、幸福的权利，认为人是现实生活的创造者和主人，肯定人的价值和尊严。

启蒙运动提倡用科学代替迷信，用人权反对神权，用理性追逐光明。这种思想启蒙运动逐渐深入人心，使"自由"成为人类追求的永恒目标，为马克思人本共产主义的产生奠定了基础。

暴力革命理论

在怎样实现"共产主义"的问题上，不得不提到"暴力革命"的理论。

《共产党宣言》结尾写道："全世界无产者，联合起来！"联合起来做什么呢？通过暴力革命的手段，推翻资本主义的统治，凭借武力夺取政权。而两大阶级——无产阶级和资产阶级的对立，是暴力革命的前提。

关于这一部分内容，有人会认为，暴力革命的理论就是马克思理论的最后归宿。而且在学界有这么一种看法：早期马克思提倡的共产主义，是在资本主义充分发展的前提下，通过阶级斗争与暴力革命的手段推翻资本主义统治的理论。

但我们要注意，暴力革命并不是马克思主义创立者的初衷，暴力也不是进行革命的唯一手段。只不过基于当时欧洲的历史环境，才有了暴力革命的主张。

我们知道,《共产党宣言》是在 19 世纪 40 年代,马克思为"共产主义同盟"撰写的纲领。在 1848 年欧洲革命之前,整个资本主义的统治是具有野蛮与血腥色彩的。随着历史社会的变化,马克思本身的思想也在发展变化中。

在后期,马克思和恩格斯看到了资本主义生产方式及其基本矛盾发生了重大变化:资本和劳动之间的对立被扬弃,股份公司的出现又让私人资本变成社会资本。换言之,工人作为联合体成为他们自己的资本家。在资本主义财富日益增长的同时,工人阶级的生活状况也日益得到改善,而不再是越劳动越贫困。

马克思和恩格斯所阐述的革命的前提——两大阶级的对立也发生了变化。在两大阶级的中间,出现了中产阶级。中产阶级在社会结构中的比重日益壮大。中产阶级的构成,既包括了资产阶级也包括了无产阶级。

马克思曾经用"野蛮""血腥""掠夺"等词汇来描述资本主义,但马克思也看到了发展的资本主义又是走向文明、进步、民主的。

于是到了晚期,马克思和恩格斯走向了以社会民主主义为直接目标的社会主义转变,主张用一种改良的方式实现变革。但这也并不意味着其完全放弃暴力革命的手段。

所以总体而言,马克思采取的是灵活的方式——灵活地运用暴力与非暴力的手段。但这些终究还只是手段,不是目的。马克思理论的目的是实现共产主义,实现人的真正解放,使人获得幸福。

10 马克思：人的解放与复归

马克思和恩格斯并不是第一个研究共产主义思想的人，在当时已经出现了一些空想共产主义的最初的理论形式[①]。马克思对曾提到的三种共产主义进行了批判，从而提出了自己的共产主义观。

对三种共产主义的批判

"粗陋的共产主义"：要求否定私有财产，提倡绝对的平均主义，财产归大家共同所有，物质财富在社会成员中实现平均分配，也就是说，人们为共同的利益工作，平均分享所有的物质财富，并且赤裸裸地主张"公妻制"。

在马克思看来，追求私有财产平均化的共产主义，是一种"粗陋的共产主义"。平均分配私有财产的做法并不能真正消灭私有制，最后只会使人人都成为私有者，而且有一点回到原始社会的意味。

---

① 在《1844年经济学哲学手稿》中，马克思说到了三种空想共产主义理论。

马克思说：

> 共产主义决不是人所创造的对象世界的消逝、舍弃和丧失，即决不是人的采取对象形式的本质力量的消逝、舍弃和丧失，决不是返回到非自然的、不发达的简单状态去的贫困[①]。

也就是说，共产主义社会是要以资本主义所创造的一切物质条件为基础的，决不是简单回到原始社会里。所谓的"共产"也不是指社会财富共同所有，而是指的"生产资料"共同所有。

另外两种共产主义分别指"还具有政治性质，是民主的或专制的"共产主义，和"是废除国家的，但同时还是未完成的，总还是处于私有财产即人的异化影响下"。

在《1844年经济学哲学手稿》中，马克思批判说："这两种形式的共产主义都已经认识到自己是人向自身的还原或复归，是人的自我异化的扬弃；但是，因为它还没有理解私有财产的积极的本质，也还不了解需要所具有的人的本性，所以他还受私有财产的束缚和感染。"[②]

在马克思看来，私有财产的本质就在于异化劳动或者说人的本质的异化。这两种共产主义虽然已经开始对私有财产进行积极扬弃，但仍然没有认识到私有财产的本质问题。归根到底，人仍然受到了私有制的统治和支配。

[①] [德]卡尔·马克思.1844年经济学哲学手稿[M].中共中央马克思恩格斯列宁斯大林著作编译局，编译.北京：人民出版社，2000: 112–113.

[②] 谭培文，陈新夏，吕世荣.马克思主义经典著作选编与导读[M].北京：人民出版社，2016: 15.

关于后两种共产主义，马克思在《1844年经济学哲学手稿》中论述的比较少。我们重点掌握对"粗陋的共产主义"的批判即可。

马克思的共产主义观

基于对三种空想共产主义的批判，马克思表达出了自己的共产主义观。

在《1844年经济学哲学手稿》中，马克思是这么说的：

> 共产主义是私有财产即人的自我异化的积极的扬弃，因而是通过人并且为了人而对人的本质的真正占有；因此，它是人向自身、向社会的即合乎人性的人的复归，这种复归是完全的，自觉的和在以往发展的全部财富的范围内生成的。这种共产主义，作为完成了的自然主义＝人道主义，而作为完成了的人道主义＝自然主义，它是人和自然界之间、人和人之间的矛盾的真正解决，是存在和本质、对象化和自我确证、自由和必然、个体和类之间的斗争的真正解决。它是历史之谜的解答，而且知道自己就是这种解答。①

我们仔细分析这段话，可解看出以下几个要点。

第一，共产主义是对私有财产的积极的扬弃。

---

① ［德］卡尔·马克思，1844年经济学哲学手稿［M］. 中共中央马克思恩格斯列宁斯大林著作编译局，编译. 北京：人民出版社，2000:81.

前面已经提及，资本主义私有制会导致诸多问题。在人被剥削的劳动过程中，人就会发生自我异化的现象。人的一切感觉和特性都受到私有财产和异化劳动的束缚和影响，换言之，人本身的自由的天性被遮蔽住了。

马克思说：

> 私有制使我们变得如此愚蠢而片面，以致一个对象，只有当它为我们拥有的时候，就是说，当它对我们来说作为资本而存在，或者它被我们直接占有，被我们吃、喝、穿、住等等的时候，简言之，在它被我们使用的时候，才是我们的。①

在私有制模式下，每个人都去追求对"物"的占有。只有这些"物"被自己占有和使用时，人才会感觉到这些东西是自己的。人总想寻求某种对物的"拥有感"，总想满足自己的"占有欲"。渐渐地，人变得不能自觉支配自己的活动，而沦为"物"的奴隶。

因此，马克思认为，只有对私有财产进行"积极的扬弃"，人才能从"异化劳动"状态解放出来。

马克思说：

> 对私有财产的积极扬弃，就是说，为了人并且通过人对人的本质和人的生命、对象性的人和人的作品的感性的占有，不应当仅仅被理解为直接的、片面的享受，不应当仅仅被理解为

---

① 谭培文,陈新夏,吕世荣.马克思主义经典著作选编与导读[M].北京：人民出版社，2016：18.

占有、拥有。人以一种全面的方式，就是说，作为一个总体的人，占有自己的全面的本质。①

第二，共产主义是对人的本质的真正占有。

马克思从"人是人的最高本质"的基本原则出发，去理解共产主义的问题。

在共产主义社会中，人可以进行全面的发展。人不再是被某个特质固化的人，而是全面的、立体的人，是各方面自由发展的人。人们可以根据自己的兴趣从事活动，比如上午打猎、下午捕鱼、傍晚从事畜牧、晚上再进行哲学的批判。人们过着随心所欲的生活，颇有一点"世外桃源"之感。每个人不再被自身的标签禁锢，可以实现对自身各个方面的发展。

人们从自然、社会和自身中获得最大限度的自由，这一点恰恰就是"人的本质的解放"的体现。需要注意的是，马克思的共产主义不仅实现每个人的全方位的自由发展，而且还要实现"一切人"（所有个人的联合体即整个社会）的自由发展。

以上两点，我们可理解为共产主义阐释的人与自身的解放问题②。除此之外，共产主义还包含着人与自然关系的解放。

第三，人与自然关系的彻底和解。

前面提道："共产主义，作为完成了的自然主义＝人道主义，而作为完成了的人道主义＝自然主义"。

---

① 谭培文，陈新夏，吕世荣. 马克思主义经典著作选编与导读［M］. 北京：人民出版社，2016: 18.
② 对私有制和自我异化的积极扬弃，实现人的全面发展，最后实现自由人的联合体（社会）的全面发展。

接下来，我们通过对"完成了的自然主义和人道主义"的理解，来剖析共产主义是怎样实现"人与自然关系的彻底和解"的。

（1）什么是"自然主义"和"人道主义"

通俗理解，"自然主义"其实就是把自然界看成是世界唯一的真正主体和基础；而"人道主义"就是以人为核心的理论。人才是这个世界的主人，人本身具有最高的价值，也是历史上一切创造物的主体本质和基础。

"自然主义"和"人道主义"：一个尊崇自然，一个以人为本。

（2）如何把握自然和人的关系

完全按照"自然主义"的方式：尊崇自然界的一切，那么人还要不要发展了？人当然还是要发展的。

但完全尊崇"人道主义"的方式，完全以人为核心，完全不顾自然界的状况，也是不行的。因为人的发展必然会对自然界有所改造，自然界也成了一个人化的自然。

这两者各自都有合理的价值。那么，有没有一种方式将两者的合理之处结合了呢？马克思找到了，就是"作为完成了的自然主义等于人道主义，而作为完成了的人道主义等于自然主义"，恰恰也是共产主义的理念。

在共产主义社会里，"完成了的自然主义"与"完成了的人道主义"可以彼此结合在一起。

（3）"完成了的自然主义和人道主义"

"完成了的"就是"完善的""完备的"意思。

完备的"自然主义"是以自然界为基础的唯物主义，应该以人为中心；完备的"人道主义"应该把人首先看作自然界的一部分。

我们发现，自然主义和人道主义两者结合，达到一种平衡。自然与人处在一种和谐的状态，有一点"你中有我,我中有你"的感觉。而这正是"自然主义"与"人道主义"的统一——自然界是人的发展的前提；同时，人进行发展之前，首先要把自身看成自然界的一部分——这样的状态正是共产主义所倡导的。

我们反观资本主义的社会状态发现：在利益的驱动下人们逐渐忘记甚至忽视了自身与自然的关系。为了赚取更多的利益，自然界成为人们获得资源的一个直接的对象，自然界也成为人被征服的对象。

马克思认为，只有消灭了私有制才可以实现复归，达到人与自然的和谐状态。完善的自然主义与人道主义的统一，正是社会主义所倡导的理念。

小结：
马克思的学说

我们首先要明确，马克思学说的总指向问题是"人的问题"，即"人的幸福与解放"。

接着，我们从马克思的两个伟大发现——资本主义的经济秘密

```
                    两大
  资本主义的经济秘密  发现   历史唯物主义
解
释  剩余价值 | 异化劳动      实践|历史|社会|现实的人
世
界  私有制   社会化大生产   生产力      生产关系
    人被剥削  人被压迫      社会存在    社会意识
                    ↓   ↓
                   共产主义
改           消灭现存状况的现实的运动
变
世      积极扬弃    ▶ 人的解放  对人的本质的真正占有
界      私有制与自我异化            人与自然的彻底和解
```

●○● **马克思的学说**

和历史唯物主义①——展开论述。

最后,我们讲到了马克思的"共产主义"理论。

剩余价值理论

在《资本论》第一卷,马克思通过对劳动价值论,即商品和劳动的二重属性的揭示,发现了剩余价值理论。

当货币要成为资本时,需要通过买卖一种特殊的商品——劳动力来实现。资本家想办法让劳动力生产出超过他自身的等价物的价值,通过延长工作时间以及提高劳动效率的方式,提升相对剩余价

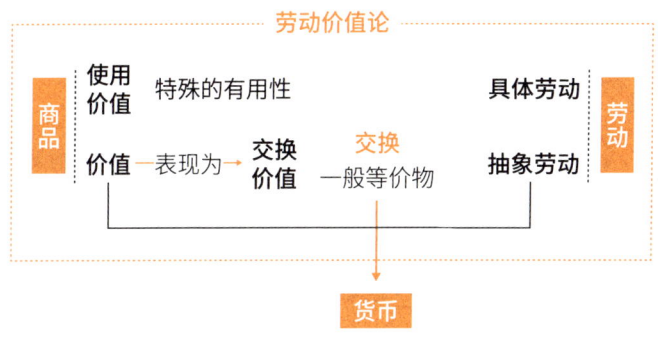

●○● **劳动价值论**

---

① 关于资本主义掌握两个要点:一个是剩余价值理论,这是资本主义的经济秘密;另一个就是劳动异化,这是资本主义私有制的必然结果。这两个要点又有一个总指向,那就是对人的压迫,人的本质力量的丧失。马克思的历史唯物主义的内容,就是马克思哲学的部分。这两者一直贯穿于马克思整个思想发展之中,不存在谁先谁后,只不过因我们的论述需要按照模块先后来进行。

值和绝对剩余价值。

由于剩余价值的驱使、资本家贪婪的欲望以及资本主义私有制等诸多因素，资本家盲目扩大生产，导致商品无法在流通领域实现

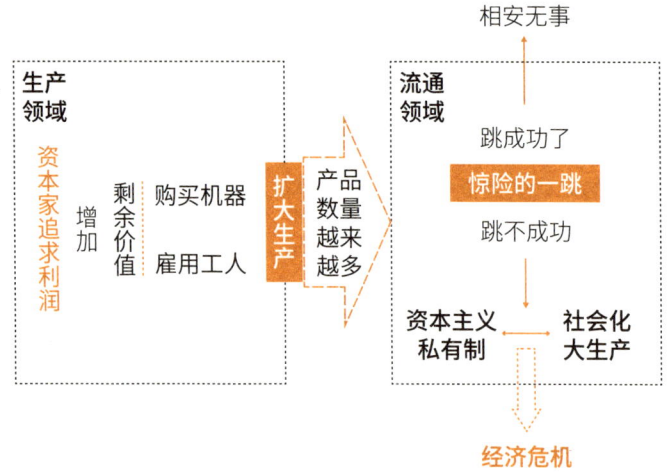

●○○● **经济危机的爆发**

"惊险的一跳"，于是经济危机就此爆发。这个爆发的根源就是资本主义私有制与社会化大生产之间的矛盾。

异化劳动

《1844年经济学哲学手稿》中，马克思详细阐述了"异化劳动"理论。

在马克思看来，劳动本应该是人的生命活动，是一种自由的、有意识的活动。但因为资本主义私有制的问题，劳动发生了异化现象。出现了四种异化形式：劳动者与自己的劳动产品相异化、劳动者与自己的劳动形式相异化、人同人的类本质相异化以及人与人相异化。劳动本身的活动变味儿了，最后体现为一种人的本质的丧失。

以上就是马克思对资本主义制度的分析，剩余价值理论和"异化劳动"问题，都体现出对"人的压迫"。要改变人的被压迫状态，就要进行变革。而进行变革的思想的武器，就涉及马克思的第二个伟大的发现——历史唯物主义。

历史唯物主义

不同于其他哲学家研究哲学的方式，马克思不是从传统形而上学的方式，也不是从反形而上学的方式切入，而是以一个全新的方式，将社会、历史、实践和现实的人这几个要素交织在一起，去探寻社会历史发展的内在规律。

马克思要达到的目的，是从宏观角度对历史发展以及社会进行阐述。但具体的论述，却是以微观的"现实的人"为切入点。"现实的人"包含着现实的实践活动和物质生活的人。

"现实的人"要具备的五个要素：生产物质生活、满足新需要进行的再生产、繁殖与生育以及由这三个方面而来的自然关系与社会关系，最后人还具有"意识"。从人的实践活动与物质生活出发，我们便理解了那句"生活决定意识"的内涵。

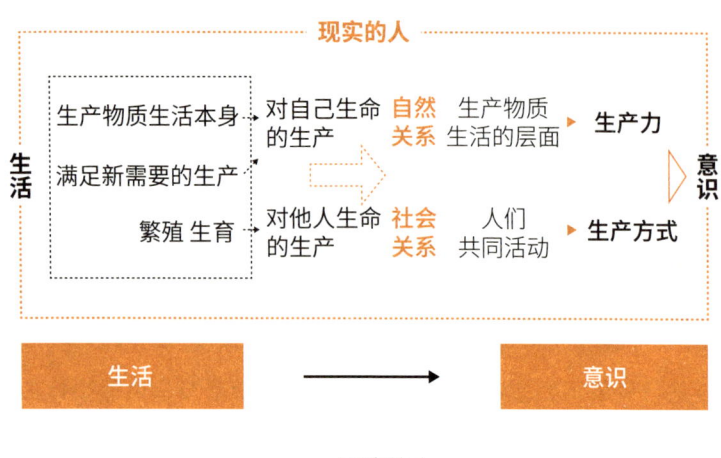

●○● **现实的人**

而随着"现实的人"的实践活动的展开,人口不断增长,对生活需求的提升,劳动工具的改进也提升了劳动效率,于是社会分工就出现了。生产力和生产关系也随之发生变化。

通过对这一系列问题的考察,马克思将历史发展的根本原因概括为:生产力与交往形式之间的矛盾。这种矛盾不断地出现和解决,

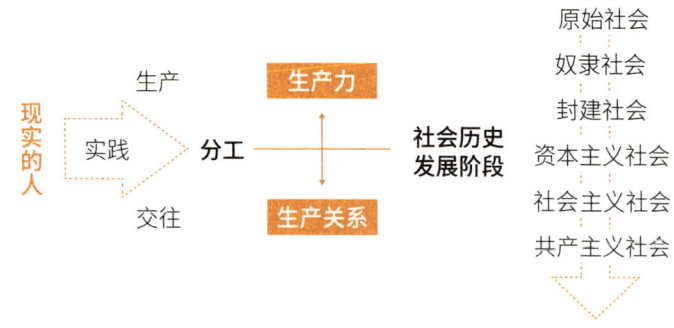

●○● **社会历史发展的根本原因**

推动社会经历了各个不同的阶段。

当然，对于历史唯物主义，马克思是从多维度进行论述的，我们很难做到面面俱到，只是把精要的部分给大家提炼了出来。

共产主义理论

基于唯物史观的方式，马克思对资本主义的现实问题进行考察得出，私有制问题和劳动异化问题深深压抑着人的本性，使人不断丧失自由的力量。

于是，马克思提出了对未来社会发展方向的预测，即"共产主义"学说。通过变革社会现实，对私有财产以及人的自我异化进行积极的扬弃，实现共产主义，最后达到人的解放与自由之终极目的。

"共产主义"不是马克思为未来人类社会所做的细节描绘，而

前提	发现问题	怎么办	结果	终极目的
人类历史发展规律	资本主义的问题	变革社会现实	实现共产主义	人的解放 人的自由 人的幸福
	私有制	对私有财产积极扬弃	对人的本质的占有	
	异化劳动	对人的自我异化积极扬弃		

一场变革社会现实的运动 ➡

● ● **共产主义：一场变革社会现实的运动**

是一场消灭现存状况的现实的运动，一场变革社会现实的社会历史运动。

在怎样实现"共产主义"的问题上，马克思提出了"暴力革命"的理论。但值得注意的是，"暴力革命"理论是特定历史条件下的产物。到了晚期，马克思和恩格斯提出了通过"改良"手段实现变革的方式。无论"革命"还是"改良"，这些都只是手段。马克思理论的终极目的是实现人的解放、自由和幸福。

参考书目

［美］撒穆尔·伊诺克·斯通普夫，［美］詹姆斯·菲泽．西方哲学史：从苏格拉底到萨特及其后［M］．修订第8版．匡宏，邓晓芒，等译．北京：世界图书出版公司，2009．

［美］威尔·杜兰特．哲学的故事［M］．蒋建峰，张程程，译．北京：新星出版社，2013．

［英］罗素．西方哲学史（上、下）［M］．何兆武，李约瑟，译．北京：商务印书馆，1963．

［美］梯利，［美］埃文·蕾切尔·伍德．西方哲学史［M］．增补修订版．葛力，译．北京：商务印书馆，2015．

赵敦华．现代西方哲学新编［M］．北京：北京大学出版社，2001．

刘放桐．新编现代西方哲学［M］．北京：人民出版社，2000．

张汝伦．现代西方哲学十五讲［M］．北京：北京大学出版社，2004．

刘放桐．西方近现代过渡时期［M］．北京：人民出版社，2009．

马抗美，胡明，常绍舜，解战原．现代西方哲学评介［M］．北京：

中国政法大学出版社，2003.

韩秋红，王艳华，庞立生.现代西方哲学概论［M］.北京：北京大学出版社，2010.

李超杰.现代西方哲学的精神［M］.北京：商务印书馆，2009.

李朝东,姜宗强.现代西方哲学思潮[M].北京:高等教育出版社，2011.

陈嘉明.现代西方哲学方法论讲演录［M］.桂林：广西师范大学出版社，2009.

［德］叔本华.作为意志和表象的世界［M］.石冲白,译.北京：商务印书馆，1982.

［德］叔本华.人生的智慧［M］.韦启昌，译.上海：上海人民出版社，2016.

［德］弗里德里希·尼采.悲剧的诞生［M］.周国平，译.南京：译林出版社，2011.

［德］弗里德里希·尼采.查拉图斯特拉如是说［M］.钱春绮，译.北京：生活·读书·新知三联书店，2007.

［法］吉尔·德勒兹.尼采与哲学［M］.周颖，刘玉宇，译.郑州：河南大学出社，2016.

［英］卢多维奇.尼采艺术论［M］.李关富，译.北京：新星出版社，2010.

汪民安.尼采与身体［M］.北京：北京大学出版社，2008.

周国平.尼采:在世纪的转折点上[M].北京：上海人民出版社，2014.

吴增定.尼采与柏拉图主义［M］.上海：上海人民出版社，

2005.

段建军，彭智.透视与身体[M].北京：人民出版社，2013.

[奥]康拉德·保罗·李斯曼.克尔凯郭尔[M].王彤，译.北京：中国人民大学出版社，2010.

[法]亨利·柏格森.创造进化论[M].肖聿，译.南京：译林出版社，2011.

[奥地利]西格蒙德·弗洛伊德.梦的解析[M].孙名之等，译.北京：国际文化出版社，2013.

[奥]弗洛伊德.文明及其缺憾[M].傅雅芳，郝冬瑾，译.安徽：安徽文艺出版社，1987.

[英]密尔.功用主义[M].唐钺，译.北京：商务印书馆，1962.

[美]詹姆士.实用主义[M].李步楼，译.北京：商务印书馆，1979.

[英]罗素.逻辑与知识[M].苑莉均，译.北京：商务印书馆，1996.

[奥]路德维希·维特根斯坦.文化与价值[M].黄正东，唐少杰，译.南京：译林出版社，2011.

[英]瑞·蒙克.维特根斯坦传[M].王宇光，译.杭州：浙江大学出版社，2011.

[德]埃德蒙德·胡塞尔.现象学的观念[M].倪梁康，译.北京：商务印书馆，2017.

[美]维克多·维拉德-梅欧.胡塞尔[M].杨富斌，译.北京：中华书局，2002.

倪梁康.胡塞尔与海德格尔［M］.北京：商务印书馆，2016.

倪梁康.胡塞尔文集［M］.北京：商务印书馆，2017.

［德］马丁·海德格尔.存在与时间［M］.陈嘉映，王庆节，译.北京：生活·读书·新知三联书店，2006.

［德］马丁·海德格尔.林中路［M］.孙周兴，译.上海：上海译文出版社，2004.

［美］乔治·斯坦纳.海德格尔［M］.李河，刘季，译.杭州：浙江大学出版社，2012.

［德］比梅尔.海德格尔［M］.刘鑫，刘英，译.北京：商务印书馆，1996.

［英］迈克尔·英伍德.海德格尔［M］.刘华文，译.南京：译林出版社，2009.

陈嘉映.海德格尔哲学概论［M］.北京：商务印书馆，2014.

［法］让-保罗·萨特.存在与虚无［M］.陈宣良等，译.北京：生活·读书·新知三联书店，2007.

［法］让-保罗·萨特.存在主义是一种人道主义［M］.汤永宽，周煦良，译.上海：上海译文出版社，2008.

［加］克里斯汀·达伊格尔.导读萨特［M］.傅俊宁，译.重庆：重庆大学出版社，2015.

［美］理查德·坎伯.萨特［M］.李智，译.北京：中华书局，2014.

［英］莎拉·贝克韦尔.存在主义咖啡馆［M］.沈敏一，译.北京：北京联合出版公司，2017.

中国科学院哲学研究所西方哲学史组.存在主义哲学［M］.北

京：商务印书馆，1963.

柳鸣九.为什么要萨特［M］.北京：金城出版社，2012.

［法］加缪.孤独，团结与反抗［M］.郭宏安，译.广州：花城出版社，2014.

［法］加缪.西西弗神话［M］.杜小真，译.北京：人民文学出版社，2012.

［德］卡尔·马克思，［德］弗里德里希·恩格斯.马克思恩格斯全集（第2版第1卷）［M］.中共中央马克思恩格斯列宁斯大林著作编译局，译.北京：人民出版社，2001.

［德］卡尔·马克思.资本论（第1卷）［M］中共中央马克思恩格斯列宁斯大林著作编译局，译.北京：人民出版社，2004.

［德］卡尔·马克思.1844年经济学哲学手稿［M］.中共中央马克思恩格斯列宁斯大林著作编译局，译.北京：人民出版社，2000.

［德］卡尔·马克思，［德］弗里德里希·恩格斯.共产党宣言［M］.中共中央马克思恩格斯列宁斯大林著作编译局，译.北京：人民出版社，2015.

［美］乔恩·埃尔斯特.理解马克思［M］.何怀远，等译.北京：中国人民大学出版社，2008.

［日］内田树，石川康宏.倾听马克思［M］.池田香代子，鲍忆涵，译.北京：东方出版社，2018.

［日］内田树，石川康宏.青年们，读马克思吧［M］.李春霞，译.北京：东方出版社，2018.

谭培文,陈新夏,吕世荣.马克思主义经典著作选编与导读［M］.

北京：人民出版社，2005.

张光明，罗传芳．马克思传［M］．成都：天地出版社，2017.

王虎学．《1844年经济学哲学手稿》导读［M］．北京：中共中央党校出版社，2014.

内蒙轩．马克思靠谱［M］．北京：东方出版社，2016.

陈学明，黄力之，吴新文．中国为什么还需要马克思主义［M］．北京：人民出版社，2013.

赵甲明，韦正翔．马克思主义基本观点18讲［M］．北京：中国社会科学出版社，2011.

韦正翔．大众化的马克思主义［M］．北京：中国社会科学出版社，2012.

陈先达．马克思和马克思主义［M］．北京：中国人民大学出版社，2016.

孙承叔．真正的马克思［M］．北京：人民出版社，2009.

后 记

《哲学100问》第2季的内容,到此全部结束。通过七个篇章,我们一共学习了18位哲学家的思想精髓,厘清了现代西方哲学发展的基本脉络。在此感谢大家的一路相伴与支持!

《哲学100问》从最初的音频课到如今出版成书,这一路走得十分艰辛。此时,我心中感慨颇多,竟不知从何说起。

《哲学100问》的文稿内容均由我逐字撰写、整理,包括逻辑图也由我亲自绘制。巨大的压力曾让我经常失眠,焦灼的情绪也时常困扰着我的日常生活。我曾自我打趣说:"《哲学100问》的宣传语是'治愈心灵的焦虑',但作为作者的我却没能自我治愈。"我想原因只有一个:我希望把最好的作品呈现给听众与读者。我的焦虑源于对作品精美度的苛求。

其实,完成一部面向大众的哲学入门作品,这项工作本身就异常困难。作品既要体现哲学的专业性,又要具备通俗性和审美性。所以,从内容策划、架构设计、文本撰写、音频录制到图书出版,每一步我都精心打磨,做到精益求精,只希望给大众带来最好的哲学体验。

哲学教会我的事

在这个略显功利和快节奏的社会，我为什么要向大众传播"无用"的哲学？

在我的青春年少时代，我曾有过一段抑郁的痛苦时光。当时，我无意中读到了叔本华的哲学，仿佛突然间找到了知己。叔本华的痛苦与绝望的情绪给了我精神的慰藉，我才发现原来这个世界上还有比自己更痛苦的人。与哲学家的思想交流，让我感到前所未有的平静和超脱，我的内心变得温和、淡定与从容。

叔本华带给我的触动或许只是一瞬间，但正是这一瞬间的触动为我开启了一扇通向哲学的大门。可以说，哲学对我个人的品格塑造产生了重大影响。

哲学，教会我批判性的思维，让我学会独立思考、不随波逐流，对习以为常的信息、信念加以重新审视。在我失意落魄时，是哲学给了我一个精神的寄托，让我拥有了应对生活难题的勇气；在认清世界的真相时，依然能与这个世界和平相处。

所以，我希望把哲学带给我的感动与力量传递给普通大众，让更多人了解哲学、学习并喜爱哲学。我想说，哲学并非冰冷的、枯燥乏味的理论，哲学充满着诗意的美感、有着人性的温度。

学进去与走出来

对普通大众来说，学习哲学的意义就在于培养反省生活的思考力，以便能更好地"去生活"。如何度过这一生，是我们学习哲学中要思考的一个终极命题。

我一直强调，如果不是从事学术工作，普通人学哲学要能"学进去"，也要能"走出来"，做到进退有度、收放自如。

所谓"学进去"就是对哲学史的基本理论、脉络做一个整体的把握，从中汲取对自身生活有益的营养。对普通大众来说，学习哲学做到这一步，足矣！

如果你"陷进"哲学走不出来了，那就背道而驰了。因为如果没有专业的驾驭能力，哲学中晦涩的理论和拗口的术语可能会将你引向一个更大的深渊。这对你的日常生活是无意义的，甚至会让你陷入更大的困惑。所以，我们也要"走出来"，对哲学中晦涩的理论要学会适当"放弃"。唯有这样，我们才能在"思想与现实"中找到一个平衡点；唯有这样，哲学的思考，才会让你的内心获得某种温和的力量，从而更好地度过一生。

这也是我在《哲学100问》中尽量用通俗的语言去阐述哲学的原因。我在文中省略很多晦涩的术语，只为让普通大众先明白道理，以此达到理论指导生活的目的。

人，诗意地栖居

通过撰写第 2 季的内容，我对"人与世界、人与人自身的关系"

也有了更加深刻的理解。

叔本华告诉我"禁止欲望,获得人生的永恒宁静"。

尼采教会我"面对生活,不妨大胆一些""活出真正的自己"。

维特根斯坦的"纯粹忠于自己度过一生的严肃态度",令我感动。

海德格尔的"向死而在"让我从"沉沦"中醒来,筹划自身面向未来。

萨特"为自由而抗争"的勇气,成为了我的精神支柱。

加缪的荒谬哲学,则以更加豁达的态度给予我生活的动力,"重要的不是治愈,而是带着病痛活下去"。

从这一个个鲜活的哲学家的世界里,我感受到了生活的多彩、人性的多元。我们要学会与世界、他人相处,更要学会与自己相处。无论这个世界多么荒诞不堪,我们都不要丧失生活的勇气。这才是一种哲学式的生活态度。

"人,诗意地栖居。"这不是一句理想的诗句,而是对待生命的审美态度。无论何时,我们都要保持一颗敬畏之心,以诗意而审美的方式"去生活",做一个果敢、笃定、激情、温和的性情中人。

于你而言,《哲学100问》是一部通俗易懂的哲学史读物。但对我来说,它是一件融合了我对哲学的理解、对生活的体验以及生命情绪的艺术品。它既深邃又浪漫,既古典又诗意。

希望每位读者因《哲学100问》而更加热爱哲学、热爱生活!

感恩相遇

最后,特别感谢中国出版集团旗下华文出版社宋志军社长的大力支持,感谢责任编辑方昊飞老师对这本书的倾心付出,感谢华文出版社营销中心的老师们对本书的营销推广。

同时,也要感谢喜马拉雅的叶骅老师和方思源老师对《哲学100问》音频课程的支持。感谢我读研究生时的同学沈敏一、那顺乌力吉、戴珺以及俞跃、祁程这两位师长给予我的帮助。感谢父母和家人的一路陪伴。

当然,最要感谢的是所有的听众与读者朋友。正因为有你们的默默支持,才给了我无限动力。是你们一次又一次的鼓励,让我有了坚持下去的勇气。感谢你们的长情陪伴!

《哲学100问》第2季到此结束,但西方哲学史并未就此结束,后现代哲学部分将会是一个更加绚丽的篇章。

我是书杰,我们后现代哲学部分见!